ŒUVRES
COMPLÈTES
DE JACQUES-HENRI-BERNARDIN
DE
SAINT-PIERRE.

TOME SEPTIÈME.

DE L'IMPRIMERIE DE L.-T. CELLOT.

ŒUVRES

COMPLÈTES

DE JACQUES-HENRI-BERNARDIN

DE

SAINT-PIERRE,

MISES EN ORDRE ET PRÉCÉDÉES DE LA VIE DE L'AUTEUR,

PAR L. AIMÉ-MARTIN.

. . . . . Miseris succurrere disco.
ÆN., lib. I.

ÉTUDES DE LA NATURE.
TOME CINQUIÈME.

A PARIS,

CHEZ MÉQUIGNON-MARVIS, LIBRAIRE,
RUE DE L'ÉCOLE DE MÉDECINE, N° 3.

M. DCCC. XVIII.

L'ARCADIE.

FRAGMENT

SERVANT DE PRÉAMBULE

A L'ARCADIE.

——

..... Lorsqu'ils virent qu'après une si fâcheuse expérience des hommes, je ne soupirais qu'après une vie solitaire; que j'avais des principes dont je ne me départais pas; que mes opinions sur la nature étaient contraires à leurs systèmes; que je n'étais propre à être ni leur prôneur ni leur protégé; et qu'enfin ils m'avaient brouillé avec mon protecteur, dont ils m'avaient dit souvent du mal pour m'en éloigner, et auquel ils faisaient assidûment la cour; alors ils devinrent mes ennemis. On reproche bien des vices aux grands; mais j'en ai toujours trouvé davantage dans les petits qui cherchent à leur plaire.

Ceux-ci étaient trop rusés pour m'attaquer

ouvertement auprès d'une personne à laquelle j'avais donné, au milieu même de mes infortunes, des preuves si désintéressées de mon amitié. Au contraire, ils faisaient devant elle, ainsi que devant moi, de grands éloges de mes principes, et de quelques actes faciles de modération qui en avaient été la suite; mais ils y mettaient tant d'exagération, et ils paraissaient si inquiets de l'opinion qu'en prendrait le monde, qu'il était aisé de voir qu'ils ne cherchaient qu'à m'y faire renoncer, et qu'ils ne louaient tant ma patience que pour me la faire perdre. Ainsi ils me calomnièrent en faisant semblant de me louer, et me perdirent de réputation en feignant de me plaindre: comme ces sorcières de Thessalie, dont parle Pline, qui faisaient périr les moissons, les troupeaux et les laboureurs, en disant du bien d'eux.

Je m'éloignai donc de ces hommes artificieux, qui se justifièrent encore à mes dépens, en me faisant passer pour méfiant, après avoir abusé en tant de manières de ma confiance.

Ce n'est pas que je n'aie à reprendre en moi une sensibilité trop vive pour la douleur, soit physique, soit morale. Une seule épine me fait plus de mal, que l'odeur de cent roses ne me fait de plaisir. La meilleure compagnie me semble mauvaise, si j'y rencontre un important, un envieux, un médisant, un méchant, un perfide. Je sais bien que de fort honnêtes gens vivent tous les jours avec tous ces gens-là, les supportent, les flattent même, et en tirent parti ; mais je sais bien aussi que ces honnêtes gens n'apportent dans la société que le jargon du monde, et que moi, j'y mets mon cœur ; qu'ils payent les trompeurs de leur propre monnaie, et que moi, je les paye de tout mon avoir, c'est-à-dire de mes sentimens. Quoique mes ennemis m'aient fait passer pour méfiant, la plupart des erreurs de ma vie, sur-tout à leur égard, sont venues de trop de confiance ; et après tout, j'aime mieux qu'ils se plaignent que je me suis méfié d'eux sans raison, que s'ils avaient eu eux-mêmes quelque raison de se méfier de moi.

Je cherchai des amis dans des hommes d'un parti contraire, qui m'avaient témoigné le plus grand désir de m'y attirer quand je n'en étais pas, mais qui, dès que j'en fus, ne firent plus aucun compte de mon prétendu mérite. Quand ils virent que je n'adoptais pas tous leurs préjugés; que je ne cherchais que la vérité; que, ne voulant médire ni de leurs ennemis ni des miens, je n'étais propre ni à intriguer ni à cabaler; que mes faibles vertus, qu'ils avaient tant exaltées, ne m'avaient mené à rien d'utile, qu'elles ne pouvaient nuire à personne; et qu'enfin je ne tenais plus ni à eux, ni à leurs antagonistes; ils me négligèrent tout-à-fait, et me persécutèrent même à leur tour. Ainsi j'éprouvai que, dans un siècle faible et corrompu, nos amis ne mesurent leur considération pour nous, que sur celle que nous portent leurs propres ennemis, et qu'ils ne nous recherchent qu'autant que nous leur sommes utiles ou à craindre. J'ai vu par-tout bien des sortes de confédérations, et j'y ai toujours trouvé la même espèce d'hommes. Ils marchent, à la vérité, sous des drapeaux de diverses couleurs; mais ce sont toujours ceux de l'ambition. Ils n'ont tous qu'un but, celui de dominer. Cependant, l'intérêt de leur corps excepté, je n'en ai pas rencontré deux dont les opinions ne différassent comme leurs visages. Ce qui fait la joie de l'un, fait le désespoir de l'autre : à l'un, l'évidence paraît absurdité; à l'autre, l'absurdité, évidence. Que dis-je? dans l'exacte étude que j'ai faite des hommes pour y trouver un consolateur, j'ai vu les mieux renommés différer totalement d'eux-mêmes du matin au soir, à jeun ou après dîner, en particulier ou en public. Les livres, même les plus vantés, sont remplis de contradictions. Ainsi, je sentis que les maux de l'ame n'avaient pas moins de systèmes pour leur guérison, que ceux du corps; et que c'était bien imprudemment que j'ajoutais l'impéritie des médecins à mes propres infirmités, puisqu'il y a plus de malades en tous genres tués par les remèdes que par les maladies.

Cependant mes malheurs n'étaient pas encore à leur dernier période. L'ingratitude des hommes dont j'avais le mieux mérité, des chagrins de famille imprévus, l'épuisement total de mon faible patrimoine dispersé dans des voyages entrepris pour le service de ma patrie, les dettes dont j'étais resté grevé à cette occasion, mes espérances de fortune évanouies, tous ces maux combinés ébranlèrent à-la-fois ma santé et ma raison

Je fus frappé d'un mal étrange : des feux semblables à ceux des éclairs sillonnaient ma vue. Tous les objets se présentaient à moi doubles et mouvants : comme OEdipe, je voyais deux soleils. Mon cœur n'était pas moins troublé que ma tête. Dans le plus beau jour d'été, je ne pouvais traverser la Seine en bateau, sans éprouver des anxiétés intolérables, moi qui avais conservé le calme de mon ame dans une tempête du cap de Bonne-Espérance, sur un vaisseau frappé de la foudre. Si je passais seulement dans un jardin public, près d'un bassin plein d'eau, j'éprouvais des mouvements de spasme et d'horreur. Il y avait des moments où je croyais avoir été mordu, sans le savoir, par quelque chien enragé. Il m'était arrivé bien pis : je l'avais été par la calomnie.

Ce qu'il y a de certain, c'est que mon mal ne me prenait que dans la société des hommes. Il m'était impossible de rester dans un appartement où il y avait du monde, surtout si les portes en étaient fermées. Je ne pouvais même traverser une allée de jardin public où se trouvaient plusieurs personnes rassemblées. Dès qu'elles jetaient les yeux sur moi, je les croyais occupées à en médire. Elles avaient beau m'être inconnues : je me rappelais que j'avais été calomnié par mes propres amis, et pour les actions les plus honnêtes de ma vie. Lorsque j'étais seul, mon mal se dissipait : il se calmait encore dans les lieux où je ne voyais que des enfants. J'allais, pour cet effet, m'asseoir assez souvent sur les buis du fer-à-cheval aux Tuileries, pour voir des enfants se jouer sur les gazons du parterre, avec de jeunes chiens qui couraient après eux. C'étaient là mes spectacles et mes tournois. Leur innocence me réconciliait avec l'espèce humaine, bien mieux que tout l'esprit de nos drames et que les sentences de nos philosophes. Mais, à la vue de quelque promeneur dans mon voisinage, je me sentais tout agité, et je m'éloignais. Je me disais souvent : Je n'ai cherché qu'à bien mériter des hommes; pourquoi est-ce que je me trouble à leur vue ? En vain j'appelais la raison à mon secours : ma raison ne pouvait rien contre un mal qui lui ôtait ses propres forces. Les efforts mêmes qu'elle faisait pour le surmonter, l'affaiblissaient encore, parce qu'elle les employait contre elle-même.

Il ne lui fallait pas de combats, mais du repos.

A la vérité, la médecine m'offrit des secours. Elle m'apprit que le foyer de mon mal était dans les nerfs. Je le sentais bien mieux qu'elle ne pouvait me le définir. Mais quand je n'aurais pas été trop pauvre pour exécuter ses ordonnances, j'étais trop expérimenté pour y croire. Trois hommes, à ma connaissance, tourmentés du même mal, périrent en peu de temps de trois remèdes différents, et soi-disant spécifiques pour la guérison du mal de nerfs. Le premier, par les bains et les saignées; le second, par l'usage de l'opium; et le troisième, par celui de l'éther. Ces deux derniers étaient deux fameux médecins [2] de la faculté de Paris, tous deux renommés par leurs écrits sur la médecine, et particulièrement sur les maladies du genre nerveux.

J'éprouvai de nouveau, mais cette fois par l'expérience d'autrui, combien je m'étais fait illusion en attendant des hommes la guérison de mes maux; combien vaines étaient leurs opinions et leurs doctrines; et combien j'avais été insensé, dans tous les temps de ma vie, de me rendre misérable en cherchant à les rendre heureux, et de me détordre moi-même pour redresser les autres.

Cependant je tirai de la multitude de mes infortunes un grand motif de résignation. En comparant les biens et les maux dont nos jours si rapides étaient mélangés, j'entrevis une grande vérité bien peu connue : c'est qu'il n'y a rien de haïssable dans la nature, et que son Auteur nous ayant mis dans une carrière où nous devons nécessairement mourir, il nous a donné autant de raisons d'aimer la mort que d'aimer la vie.

Toutes les branches de notre vie en sont mortelles comme le tronc. Nos fortunes, nos réputations, nos amitiés, nos amours, tous les objets de nos affections les plus chères, périssent plus d'une fois avant nous; et si les destinées les plus heureuses se manifestaient avec tous les malheurs qui les ont accompagnées, elles nous paraîtraient comme ces chênes qui embellissent la terre de leurs vastes rameaux, mais qui en élèvent vers le ciel encore de plus grands, que la foudre a frappés.

Pour moi, faible arbrisseau brisé par tant

d'orages, il ne me restait plus rien à perdre. Voyant, de plus, que désormais je n'avais rien à espérer ni des autres ni de moi-même, je m'abandonnai à Dieu seul, et je lui promis de ne jamais rien attendre d'essentiel à mon bonheur d'aucun homme en particulier, à quelque extrémité que je me trouvasse réduit, et dans quelque genre que ce pût être.

Ma confiance fut agréable à celui que jamais on n'implore en vain. Le premier fruit de ma résignation, fut le soulagement de mes maux. Mes anxiétés se calmèrent dès que je n'y résistai plus. Bientôt il m'échut, sans la moindre sollicitation, par le crédit d'une personne que je ne connaissais pas;[3] et dans le département d'un ministère auquel je n'avais jamais été utile, un secours annuel du roi. Comme Virgile, j'eus part au pain d'Auguste. C'était un bienfait médiocre, annuel, incertain, dépendant de la volonté d'un ministre fort sujet lui-même aux révolutions, du caprice des intermédiaires, et de la malignité de mes ennemis qui pouvaient m'en priver tôt ou tard par leurs intrigues; mais après y avoir un peu réfléchi, je trouvai que la Providence me traitait précisément comme le genre humain, auquel elle ne donne, depuis l'origine du monde, dans la récolte des moissons, qu'une subsistance annuelle, incertaine, portée par des herbes sans cesse battues des vents, et exposée aux déprédations des oiseaux et des insectes. Mais elle me distinguait bien avantageusement de la plupart des hommes, en ce que ma récolte ne me coûtait ni sueurs ni travaux, et qu'elle me laissait l'exercice plein de ma liberté.

Le premier usage que j'en fis, fut de m'éloigner des hommes trompeurs que je n'avais plus besoin de solliciter. Dès que je ne les vis plus, mon ame se calma. La solitude est une grande montagne d'où ils paraissent bien petits. La solitude m'était cependant contraire, en ce qu'elle porte trop à la méditation. Ce fut à J.-J. Rousseau que je dus le retour de ma santé. J'avais lu dans ses immortels écrits, entre autres vérités naturelles, que l'homme est fait pour travailler, et non pour méditer. Jusqu'alors, j'avais exercé mon ame et reposé mon corps; je changeai de régime : j'exerçai le corps et je reposai l'ame. Je renonçai à la plupart des livres. Je jetai les yeux sur les ouvrages de la nature, qui parlait à tous mes sens un langage que ni le temps ni les nations ne peuvent altérer. Mon histoire et mes journaux, étaient les herbes des champs et des prairies. Ce n'étaient pas mes pensées qui allaient péniblement à elles, comme dans les systèmes des hommes, mais leurs pensées qui venaient paisiblement à moi, sous mille formes agréables. J'y étudiais, sans effort, les lois de cette sagesse universelle qui m'environnait dès le berceau, et à laquelle je n'avais jamais donné qu'une attention frivole. J'en suivais les traces dans toutes les parties du monde, par la lecture des livres de voyages. Ces furent les seuls des livres modernes pour lesquels je conservai du goût, parce qu'ils me transportaient dans d'autres sociétés que celle où j'étais malheureux, et sur-tout parce qu'ils me parlaient des divers ouvrages de la nature.

Je connus, par leur moyen, qu'il y avait dans chaque partie de la terre une portion de bonheur pour tous les hommes, dont presque par-tout ils étaient privés; et qu'en état de guerre dans notre ordre politique, qui les divise, ils étaient en état de paix dans l'ordre de la nature, qui les invite à se rapprocher. Ces consolantes méditations me ramenèrent insensiblement à mes anciens projets de félicité publique, non pas pour les exécuter moi-même, comme autrefois, mais au moins pour en faire un tableau intéressant. La simple spéculation d'un bonheur général suffisait maintenant à mon bonheur particulier. Je pensais aussi que mes plans imaginaires pourraient un jour se réaliser par des hommes plus heureux. Ce désir redoublait en moi, à la vue des malheureux dont nos sociétés sont composées. Je sentais, sur-tout par mes propres privations, la nécessité d'un ordre politique conforme à l'ordre naturel. Enfin, j'en composai un d'après l'instinct et les besoins de mon propre cœur.

A portée, par mes voyages, et plus encore par la lecture de ceux d'autrui, de choisir, à la surface du globe, un site propre à tracer le plan d'une société heureuse, je le plaçai au sein de l'Amérique méridionale, sur les rivages riches et déserts de l'Amazone.

Je m'étendis, en imagination, au sein de ses vastes forêts. J'y bâtis des forts; j'y défrichai des terres, je les couvris d'abondantes moissons, et de vergers chargés de toutes sortes de fruits étrangers à l'Europe. J'y offris des asyles aux hommes de toutes les nations, dont j'avais connu des individus malheureux. Il y avait des Hollandais et des Suisses sans territoire dans leur patrie, et des Russes sans moyens pour s'établir dans leurs vastes solitudes; des Anglais las des convulsions de leur liberté populaire, et des Italiens, de la léthargie de leurs gouvernements aristocratiques; des Prussiens, de leur despotisme militaire, et des Polonais, de leur anarchie républicaine; des Espagnols, de l'intolérance de leurs opinions, et des Français, de l'inconstance des leurs; des chevaliers de Malte et des Algériens; des paysans Bohémiens, Polonais, Russes, Franc-Comtois, Bas-Bretons, échappés à la tyrannie de leurs propres compatriotes; des esclaves Nègres, fugitifs de nos colonies barbares; des protecteurs et des protégés de toutes les nations; des gens de cour, de robe, de lettres, de guerre, de commerce, de finance, tous infortunés tourmentés des maladies des opinions européennes, africaines et asiatiques, tous pour la plupart cherchant à s'opprimer mutuellement, et réagissant les uns sur les autres par la violence ou la ruse, l'impiété ou la superstition. Ils abjuraient les préjugés nationaux qui les avaient rendus, dès la naissance, les ennemis des autres hommes ; et sur-tout celui qui est la source de toutes les haines du genre humain, et que l'Europe inspire, dès la mamelle, à chacun de ses enfants, le désir d'être le premier. Ils adoptaient, sous la protection immédiate de l'Auteur de la nature, des principes de tolérance universelle ; et par cet acte de justice générale, ils rentraient, sans obstacles, dans l'exercice libre de leur caractère particulier. Le Hollandais y portait l'agriculture et le commerce jusqu'au sein des marais ; le Suisse, jusqu'au sommet des rochers ; et le Russe, habile à manier la hache, jusqu'au centre des plus épaisses forêts ; l'Anglais s'y livrait à la navigation, et aux arts utiles qui font la force des sociétés ; l'Italien, aux arts libéraux qui les font fleurir ; le Prussien, aux exercices militaires ; le Polonais, à ceux de l'équitation ; l'Espagnol solitaire, aux talents qui demandent de la constance ; le Français, à ceux qui rendent la vie agréable, et à l'instinct sociable qui le rend propre à être le lien de toutes les nations. Tous ces hommes, d'opinions si différentes, se communiquaient par la tolérance ce que leur caractère a de meilleur, et tempéraient les défauts des uns par les excès des autres. Il en résultait, pour l'éducation, les lois et les habitudes, un ensemble d'arts, de talents, de vertus et de principes religieux, qui n'en formait qu'un seul peuple, propre à exister au dedans dans une harmonie parfaite, à résister au dehors aux conquérants, et à s'amalgamer avec tout le reste du genre humain.

Je jetai donc sur le papier toutes les études que j'avais faites à ce sujet; mais lorsque je voulus les rassembler, pour me donner à moi-même et aux autres une idée d'une république dirigée suivant les lois de la nature, je vis qu'avec tout mon travail, je ne ferais jamais illusion à aucun esprit raisonnable.

A la vérité, Platon dans son Atlantide, Xénophon dans sa Cyropédie, Fénélon dans son Télémaque, ont peint le bonheur de plusieurs sociétés politiques qui n'ont peut-être jamais existé; mais en liant leurs fictions à des traditions historiques, et les reléguant dans des siècles reculés, ils leur ont donné assez de vraisemblance pour qu'un lecteur indulgent croie véritables des récits qu'il n'est plus à portée de vérifier. Il n'en était pas de même de mon ouvrage. J'y supposais, de nos jours, et dans une partie du monde connu, l'existence d'un peuple considérable, formé presque en entier des débris malheureux des nations européennes, parvenu tout-à-coup au plus haut degré de félicité; et ce rare phénomène, si digne au moins de la curiosité de l'Europe, cessait de faire illusion, dès qu'il était certain qu'il n'existait pas. D'ailleurs, le peu de théorie que je m'étais procurée sur un pays si différent du nôtre, et si superficiellement décrit par nos voyageurs, n'aurait fourni à mes tableaux qu'un coloris faux et des traits indécis.

J'abandonnai donc mon vaisseau politique, quoique j'y eusse travaillé plusieurs années avec constance. Semblable au canot de Robinson, je le laissai dans la forêt où je l'avais dégrossi, faute de pouvoir le remuer et le faire voguer sur la mer des opinions humaines.

En vain mon imagination fit le tour du globe. Au milieu de tant de sites offerts au bonheur des hommes par la nature, je n'y trouvai pas seulement de quoi asseoir l'illusion d'un peuple heureux suivant ses lois; car ni la république de Saint-Paul près du Brésil, formée de brigands qui faisaient la guerre à tout le monde; ni l'évangélique société de Guillaume Penn, dans l'Amérique septentrionale, qui ne se défend seulement pas contre ses ennemis; ni les conventuelles rédemptions [4] des jésuites dans le Paraguay; ni les voluptueux insulaires de la mer du Sud, qui, au milieu de leurs plaisirs, sacrifient des hommes [5]; ne me paraissaient propres à représenter un peuple usant, dans l'état de nature, de toutes ses facultés physiques et morales.

D'ailleurs, quoique ces peuplades m'offrissent des images de république, la première n'était qu'une anarchie; la seconde, une simple société protégée par l'état où elle était renfermée; et les deux autres ne formaient que des aristocraties héréditaires, où une classe particulière de citoyens, s'étant réservé jusqu'au pouvoir de disposer de la subsistance nationale, tenait le peuple dans un état constant de tutelle, sans qu'il pût jamais sortir de la classe des néophytes ou des toutous [6].

Mon ame, mécontente des siècles présents, prit son vol vers les siècles anciens, et se reposa d'abord sur les peuples de l'Arcadie.

Cette portion heureuse de la Grèce m'offrit des climats et des sites semblables à ceux qui sont épars dans le reste de l'Europe. J'en pouvais faire au moins des tableaux variés et vraisemblables. Elle était remplie de montagnes fort élevées, dont quelques-unes, comme celle de Phoé, couvertes de neige toute l'année, la rendaient semblable à la Suisse : d'un autre côté, ses marais, tels que celui de Stymphale, la faisaient ressembler, dans cette partie de son territoire, à la Hollande. Ses végétaux et ses animaux étaient les mêmes que ceux qui sont répandus sur le sol de l'Italie, de la France et du nord de l'Europe. Il y avait des oliviers, des vignes, des pommiers, des blés, des pâturages ; des forêts de chênes, de pins et de sapins ; des bœufs, des chevaux, des moutons, des chèvres, des loups…. Les occupations des Arcadiens étaient les mêmes que celles de nos paysans. Il y avait parmi eux des laboureurs, des bergers, des vignerons, des chasseurs. Mais, ce qui ne ressemble pas aux nôtres, ils étaient fort belliqueux au dehors, et fort paisibles au dedans. Dès que leur état était menacé de la guerre, ils se présentaient d'eux-mêmes pour le défendre, chacun à ses dépens. Il y avait un grand nombre d'Arcadiens parmi les dix mille Grecs qui firent, sous Xénophon, cette retraite fameuse de la Perse. Ils étaient fort religieux; car la plupart des dieux de la Grèce étaient nés dans leur pays: Mercure, au mont Cyllène; Jupiter, au mont Lycée; Pan, au mont Ménale, ou, selon d'autres, dans les forêts du mont Lycée, où il était particulièrement honoré. C'était dans l'Arcadie qu'Hercule avait exercé ses plus grands travaux.

A ces sentiments de patriotisme et de religion, les Arcadiens mêlaient celui de l'amour, qui a enfin prévalu comme l'idée principale que ce peuple nous a laissée de lui. Car les institutions politiques et religieuses varient dans chaque pays avec les siècles, et lui sont particulières; mais les lois de la nature sont de tous les temps, et intéressent toutes les nations. Il est donc arrivé que les poëtes anciens et modernes ont représenté les Arcadiens comme un peuple de bergers amoureux qui excellaient dans la poésie et la musique, lesquelles sont par tout pays les principaux langages de l'amour. Virgile, sur-tout, parle fréquemment de leurs talents et de leur félicité. Dans sa dixième églogue, qui respire la plus douce mélancolie, il introduit ainsi Gallus, fils de Pollion, qui invite les peuples d'Arcadie à déplorer avec lui la perte de sa maîtresse Lycoris :

Cantabitis, Arcades, inquit,
Montibus hæc vestris : soli cantare periti
Arcades. O mihi tum quàm molliter ossa quiescant,
Vestra meos olim si fistula dicat amores!
Atque utinam ex vobis unus, vestrique fuissem
Aut custos gregis, aut maturæ vinitor uvæ !

« Arcadiens, dit-il, vous chanterez mes regrets sur vos mon-
» tagnes : vous seuls, Arcadiens, êtes habiles à chanter. Oh!
» que mes os reposeront mollement, si un jour vos flûtes sou-
« pirent mes amours ! Et plût aux dieux que j'eusse été l'un de
» vous! plût aux dieux que j'eusse gardé vos troupeaux, ou
» vendangé vos raisins ! »

Gallus, fils d'un consul romain dans le siècle d'Auguste, trouve le sort des peuples de l'Arcadie si doux, qu'il n'ose désirer d'être parmi eux un berger maître d'un troupeau, où un habitant propriétaire d'une vigne ; mais seulement un simple gardien de troupeaux : *Custos gregis;* ou un de ces hommes qu'on loue en passant pour fouler la grappe lorsqu'elle est mûre : *Maturæ vinitor uvæ.*

Virgile est plein de ces nuances délicates de sentiment, qui disparaissent dans les traductions, et sur-tout dans les miennes.

Quoique les Arcadiens passassent une bonne partie de leur vie à chanter et à faire l'amour, Virgile ne les représente pas comme des hommes efféminés. Au contraire, il leur assigne des mœurs simples, et un caractère particulier de force, de piété et de vertu, confirmé par tous les historiens qui ont parlé d'eux. Il leur fait même jouer un rôle fort important dans l'origine de l'empire romain : car lorsqu'Énée remonta le Tibre pour chercher des alliés parmi les peuples qui habitaient les rivages de ce fleuve, il trouva, à l'endroit où il débarqua, une petite ville appelée Pallantée, du nom de Pallas, fils d'Évandre, roi des Arcadiens, qui l'avait bâtie. Cette ville fut depuis renfermée dans l'enceinte de la ville de Rome, à laquelle elle servit de première forteresse. C'est pourquoi

Virgile appelle le roi Évandre fondateur de la forteresse romaine :

..... Rex Evandrus, Romanæ conditor arcis.
ÆNEID., lib. VIII, v. 313.

Je me sens entraîner par le désir d'insérer ici quelques morceaux de l'Énéide, qui ont un rapport direct aux mœurs des Arcadiens, et qui montrent en même temps leur influence sur celles du peuple romain. Je sais bien que je traduirai mal ces morceaux ; mais la belle poésie de Virgile dédommagera le lecteur de ma mauvaise prose. Cette digression, d'ailleurs, n'est point étrangère à l'ensemble de mon ouvrage. J'y produirai plusieurs exemples des grands effets que font naître les consonnances et les contrastes, que j'ai regardés, dans mes Études précédentes, comme les premiers mobiles de la nature. Nous verrons qu'à son exemple, Virgile en est rempli, et qu'ils sont les causes uniques de l'harmonie de son style et de la magie de ses tableaux.

D'abord, Énée, par l'ordre du dieu du Tibre qui lui était apparu en songe, vient solliciter l'alliance d'Évandre pour s'établir en Italie. Il lui fait valoir l'ancienne origine de leurs familles, qui sortaient d'Atlas; l'une, par Électre; l'autre, par Maïa. Évandre ne répond rien sur cette généalogie ; mais à la vue d'Énée, il se rappelle avec joie les traits, la voix et les paroles d'Anchise, qu'il a reçu chez lui dans les murs de Phénée, lorsque ce prince, venant à Salamine avec Priam qui allait voir sa sœur Hésione, passa jusque dans les froides montagnes d'Arcadie :

Ut te, fortissime Teucrûm,
Accipio agnoscoque libens! ut verba parentis
Et vocem Anchisæ magni vultumque recordor!
Nam memini Hesionæ visentem regna sororis
Laomedontiaden Priamum, Salamina petentem,
Protinus Arcadiæ gelidos invisere fines.

ÆNEID., lib. VIII, v. 154-159.

Évandre était alors à la fleur de l'âge; il brûlait du désir de joindre sa main à celle d'Anchise : *dextrâ conjungere dextram*. Il se ressouvient des témoignages d'amitié qu'il en reçut, et de ses présents, parmi lesquels étaient deux freins d'or qu'il a donnés à son fils Pallas, sans doute comme les symboles de la prudence si nécessaire à un jeune prince :

Frænaque bina, meus quæ nunc habet, aurea, Pallas.

Et il ajoute aussitôt :

Ergo et quam petitis, juncta est mihi fœdere dextra :
Et lux cùm primùm terris se crastina reddet,
Auxilio lætos dimittam, opibusque juvabo.

ÆNEID., lib. VIII, v. 168-171.

« Ma main a donc scellé, dès ce temps-là, l'alliance que vous
» me demandez aujourd'hui : demain, dès que les premiers
» rayons de l'aurore paraîtront sur la terre, je vous renverrai
» plein de joie avec le secours que vous désirez, et je vous ai-
» derai de tous mes moyens. »

Ainsi Évandre, quoique Grec, et par conséquent ennemi naturel des Troyens, donne du secours à Énée, par le seul souvenir de l'amitié qu'il a portée à Anchise son hôte. L'hospitalité qu'il a exercée autrefois envers le père, le détermine à aider le fils.

Il n'est pas inutile d'observer ici, à la louange de Virgile et de ses héros, que toutes les fois qu'Énée, dans ses malheurs, est obligé de recourir à des étrangers, il ne manque pas de leur rappeler ou la gloire de Troie, ou d'anciennes alliances de famille, ou quelque raison politique propre à les intéresser; mais ceux qui lui rendent service, s'y déterminent toujours par des raisons de vertu. Quand la tempête le jette à Carthage, Didon se décide à lui offrir un asyle, par un sentiment encore plus sublime que le souvenir de quelque hospitalité particulière, si sacrée d'ailleurs chez les anciens : c'est par l'intérêt général que l'on doit aux malheureux. Pour en rendre l'effet plus touchant et plus noble, elle s'en applique le besoin, et ne fait jaillir de son cœur, sur le roi des Troyens, que le même degré de pitié qu'elle demande pour elle-même. Elle lui dit :

Me quoque per multos similis fortuna labores
Jactatam hâc demùm voluit consistere terrâ.
Non ignara mali, miseris succurrere disco.
ÆNEID., lib. I, v. 628-630.

« Et moi aussi, une fortune semblable à la vôtre, m'ayant
» jetée dans beaucoup de dangers, m'a enfin permis de me fixer
» sur ces rivages. Instruite par le malheur, j'ai appris à secou-
» rir les malheureux. »

Par-tout Virgile préfère les raisons naturelles aux raisons politiques, et l'intérêt du genre humain à l'intérêt national. Voilà pourquoi son poëme, quoique fait à la gloire des Romains, intéresse les hommes de tous les pays et de tous les siècles.

Pour revenir au roi Évandre, il était occupé à offrir un sacrifice à Hercule, à la tête de sa colonie d'Arcadiens, lorsque Énée mit pied à terre. Après avoir engagé le roi des Troyens et ceux qui l'accompagnaient, à prendre part au banquet sacré que son arrivée avait interrompu, il l'instruit de l'origine de ce sacrifice, par l'histoire qu'il lui raconte du brigand Cacus, mis à mort par Hercule dans une caverne voisine du mont Aventin. Il lui fait une peinture terrible du combat du fils de Jupiter avec ce monstre qui vomissait des flammes ; ensuite il ajoute :

Ex illo celebratus honos, lætique minores
Servavere diem ; primusque Potitius auctor,
Et domus Herculei custos Pinaria sacri,
Hanc aram luco statuit, quæ maxima semper
Dicetur nobis, et erit quæ maxima semper.
Quare agite, ô juvenes, tantarum in munere laudum,
Cingite fronde comas, et pocula porgite dextris ;
Communemque vocate deum, et date vina volentes.
Dixerat ; Herculeâ bicolor cùm populus umbrâ

Velavitque comas, foliisque innexa pependit;
Et sacer implevit dextram scyphus. Ociùs omnes
In mensam læti libant, divosque precantur.
Devexo intereà propior fit vesper olympo :
Jamque sacerdotes, primusque Potitius, ibant,
Pellibus in morem cincti, flammasque ferebant.
Instaurant epulas, et mensæ grata secundæ
Dona ferunt, cumulantque oneratis lancibus aras.
Tum salii ad cantus, incensa altaria circùm,
Populeis adsunt evincti tempora ramis.
ÆNEID., lib. VIII, v. 268-286.

« Depuis ce temps, nous célébrons tous les ans cette fête, et les peuples en perpétuent la mémoire avec joie. Potitius en est le premier instituteur; et la famille des Pinariens, à qui appartient le soin du culte d'Hercule, a élevé, au milieu de ce bois, cet autel auquel nous avons donné le surnom de très-grand, et qui sera en effet, dans tous les temps, le plus grand des autels. Maintenant donc, ô jeunesse troyenne, en récompense d'un si grand service, couronnez vos têtes de feuillages, prenez les coupes en main, invoquez un dieu qui vous sera commun avec nous, et faites avec joie des libations en son honneur. Il dit, et une couronne de peuplier consacrée à Hercule, ceignit son front, et l'ombragea de son feuillage de deux couleurs. Il prit à la main la coupe sacrée. Aussitôt, tous s'empressèrent de faire des libations sur la table, et d'invoquer les dieux. Cependant, l'étoile du soir allait paraître, et le ciel achevait sa révolution. Déjà les prêtres, ayant Potitius à leur tête, s'avançaient ceints de peaux, suivant la coutume, et portant des flambeaux. Ils recommencent le banquet; ils présentent sur de nouvelles tables un dessert agréable, et ils chargent les autels de bassins remplis d'offrandes. Alors les saliens, la tête couronnée de peuplier, viennent chanter autour de l'autel où fume l'encens. »

Tout ce que Virgile vient de raconter ici, n'est point une fiction poétique, mais une véritable tradition de l'histoire romaine. Selon Tite-Live, liv. 1er, Potitius et Pinarius étaient les chefs de deux familles illustres chez les Romains. Évandre les instruisit et les chargea de l'administration du culte d'Hercule. Leurs descendants jouirent à Rome de ce sacerdoce, jusqu'à la censure d'Appius Claudius. L'autel d'Hercule, *Ara Maxima*, était à Rome entre le mont Aventin et le mont Palatin, dans la place appelée *Forum-Boarium*. Les saliens étaient des prêtres de Mars institués par Numa, au nombre de douze. Virgile suppose, suivant quelques commentateurs, qu'ils existaient déjà du temps du roi Évandre, et qu'ils chantaient dans les sacrifices d'Hercule. Mais il y a apparence que Virgile a suivi encore ici la tradition historique, lui qui a recueilli, avec une sorte de religion, jusqu'aux moindres augures, et aux prédictions les plus frivoles, auxquelles il attache la plus grande importance dès qu'elles regardent la fondation de l'empire romain.

Rome devait donc aux Arcadiens ses principaux usages religieux. Elle leur en devait

encore de plus intéressants pour l'humanité; car Plutarque dérive une des étymologies du nom des Patriciens établis par Romulus, du mot *Patrocinium*, « qui vaut autant à dire
» comme patronage ou protection; duquel
» mot on use encore aujourd'hui en la même
» signification, à cause que l'un de ceux qui
» suivirent Évandre en Italie, s'appelait
» Patron, lequel, étant homme secourable et
» qui supportait les pauvres et les petits,
» donna son nom à cet office d'humanité. »

Le sacrifice et le banquet d'Évandre se terminent par un hymne à Hercule. Je ne peux m'empêcher de l'insérer ici, afin de faire voir que le même peuple qui chantait si mélodieusement les amours des bergers, savait aussi bien célébrer les vertus des héros; et que le même poëte qui, dans ses églogues, fait résonner si doucement le chalumeau champêtre, fait retentir aussi vigoureusement la trompette épique:

Hic juvenum chorus, ille senum, qui carmine laudes
Herculeas et facta ferunt: ut prima novercæ
Monstra manu geminosque premens eliserit angues;
Ut bello egregias idem disjecerit urbes,
Trojamque, Œchaliamque; ut duros mille labores

Rege sub Eurystheo, fatis Junonis iniquæ,
Pertulerit. Tu nubigenas, invicte, bimembres,
Hylæumque Pholumque manu, tu Cressia mactas
Prodigia, et vastum Nemeâ sub rupe leonem.
Te Stygii tremuere lacus; te janitor Orci,
Ossa super recubans antro semesa cruento.
Nec te ullæ facies, non terruit ipse Typhœus,
Arduus, arma tenens; non te rationis egentem
Lernæus turbâ capitum circumstetit anguis.
Salve, vera Jovis proles, decus addite divis:
Et nos et tua dexter adi pede sacra secundo.
Talia carminibus celebrant: super omnia Caci
Speluncam adjiciunt, spirantemque ignibus ipsum.
Consonat omne nemus strepitu, collesque resultant.
ÆNEID., lib. VIII, v. 287-305.

« Ici est un chœur de jeunes gens, là de vieillards, qui cé-
» lèbrent par leurs chants la gloire et les actions d'Hercule :
» comment de ses mains il étouffa deux serpents, premiers
» monstres que lui suscitait sa marâtre; comment il saccagea
» deux villes fameuses, Troie et Œchalie; comment, sous le
» roi Eurysthée, par les ordres de l'implacable Junon, il sup-
» porta mille pénibles travaux. C'est vous, invincible héros,
» qui domptâtes Hylée et Pholus, ces centaures sortis d'une
» nue. C'est vous qui avez massacré les monstres de l'île de
» Crète, et un lion énorme au pied de la roche de Némée.
» Vous fîtes trembler les lacs du Styx, et le portier de l'Or-
» cus, couché dans son antre sanglant sur des os à demi ron-
» gés. Aucun monstre ne put vous effrayer, non pas même le
» géant Typhée, accourant sur vous les armes à la main. Vous
» n'éprouvâtes aucun trouble lorsque le serpent horrible de
» Lerne vous entoura de ses cent têtes. Nous vous saluons,
» digne fils de Jupiter, nouvel ornement des cieux : favorable
» à nos vœux, abaissez-vous vers nous et vers nos sacrifices.

« Tels sont les sujets de leurs cantiques : ils y ajoutent sur-
» tout l'horrible caverne de Cacus, et Cacus lui-même vomis-
» sant des feux. Toute la forêt retentit du bruit de leurs chants,
» et les collines en répètent au loin les concerts. »

Voilà des chants dignes des fortes poitrines des Arcadiens : ne semble-t-il pas les entendre rouler dans les échos des bois et des collines?

Consonat omne nemus strepitu, collesque resultant.

Virgile exprime toujours les consonnances naturelles. Elles redoublent les effets de ses tableaux, et y font passer le sentiment sublime de l'infini. Les consonnances sont en poésie ce que les reflets sont en peinture.

Cet hymne peut aller de pair avec les plus belles odes d'Horace. Il a, quoiqu'en vers alexandrins réguliers, la tournure et le mouvement des compositions lyriques, sur-tout dans ses transitions.

Évandre raconte ensuite à Énée l'histoire des antiquités du pays, à commencer par Saturne qui, détrôné par Jupiter, s'y retira et y fit régner l'âge d'or. Il lui apprend que le Tibre, appelé anciennement Albula, avait pris le nom de Tibre du géant Tibris, qui fit la conquête des rivages de ce fleuve. Il lui montre l'autel et la porte appelée depuis Carmentale par les Romains, en l'honneur de la nymphe Carmente sa mère, par les avis de laquelle il était venu s'établir dans ce lieu, après avoir été chassé de l'Arcadie, sa patrie. Il lui fait voir un grand bois dont Romulus fit, depuis, un asyle; et, au pied d'un rocher, la grotte de Pan Lupercal, ainsi nommée, lui dit-il, à l'exemple de celle des Arcadiens, du mont Lycée.

Nec non et sacri monstrat nemus Argileti ;
Testaturque locum, et lethum docet hospitis Argi.
Hinc ad Tarpeiam sedem et Capitolia ducit,
Aurea nunc, olim sylvestribus horrida dumis.
Jam tum relligio pavidos terrebat agrestes
Dira loci, jam tum sylvam saxumque tremebant.
Hoc nemus, hunc, inquit, frondoso vertice collem,
(Quis Deus, incertum est) habitat Deus. Arcades ipsum
Credunt se vidisse Jovem, cùm sæpè nigrantem
Ægida concuteret dextrâ, nimbosque cieret.
Hæc duo præterea disjectis oppida muris,
Relliquias, veterumque vides monumenta virorum.
Hanc Janus pater, hanc Saturnus condidit urbem :
Janiculum huic, illi fuerat Saturnia nomen.

ÆNEID., lib. VIII, v. 345-358.

« Il lui montre encore le bois sacré d'Argilète. Il raconte la

3.

» mort de son hôte Argus, et il prend le lieu à témoin de son
» innocence. De là, il le conduit à la roche appelée depuis
» Tarpéienne, et ensuite Capitole, où l'or brille maintenant,
» mais qui n'était alors qu'une montagne hérissée de buissons
» et d'épines. Déjà le respect de ce lieu remplissait d'une
» sainte frayeur les habitants d'alentour; ils ne regardaient qu'en
» tremblant le rocher et sa forêt. Un dieu, dit Évandre, ha-
» bite cette forêt, et cette cime ombragée d'un sombre feuil-
» lage. Quel est ce dieu? on l'ignore. Les Arcadiens croient
» y avoir vu souvent Jupiter lui-même agiter de sa main
» toute-puissante sa noire égide, et s'environner de tempêtes.
» Voyez encore là-bas ces deux villes dont les murs sont ren-
» versés : ce sont les monuments de deux anciens rois. Celle-ci
» fut bâtie par Janus, et celle-là par Saturne ; l'une s'appelle
» Janicule, et l'autre Saturnie. »

Voilà les principaux monuments de Rome, ainsi que les premiers établissements religieux, dus aux Arcadiens. Les Romains célébraient les Saturnales au mois de décembre. Pendant ces fêtes, les maîtres et les esclaves s'asseyaient à la même table, et ces derniers avaient la liberté de dire et de faire tout ce qu'ils voulaient, en mémoire de l'ancienne égalité des hommes qui régnait du temps de Saturne. L'autel et la porte Carmentale ont subsisté long-temps à Rome, ainsi que la grotte de Pan Lupercal, qui était sous le mont Palatin.

Virgile oppose, en grand maître, la rusticité des anciens sites qui environnaient la petite ville arcadienne de Pallantée, à la magnificence de ces mêmes lieux renfermés dans Rome; et leur autel champêtre, avec leurs traditions vénérables et religieuses, sous Évandre, aux temples dorés d'une ville où l'on ne croyait plus à rien sous Auguste.

Il y a encore ici un autre contraste moral qui fait plus d'effet que tous les contrastes physiques, et qui peint admirablement la simplicité et la bonne foi du bon roi d'Arcadie. C'est lorsque ce prince se justifie, sans sujet, de la mort de son hôte Argus, et qu'il prend à témoin de son innocence, le bois qu'il lui a consacré. Cet Argus, ou cet Argien, était venu loger chez lui dans le dessein de le tuer; mais ayant été découvert, il fut condamné à mort. Évandre lui fit dresser un tombeau, et il proteste ici qu'il n'a point violé à son égard les droits sacrés de l'hospitalité. La piété de ce bon roi, et la protestation qu'il fait de son innocence à l'égard d'un étranger criminel envers lui, et condamné justement par les lois, contrastent merveilleusement avec les proscriptions illégales d'hôtes, de parents, d'amis, de patrons, dont Rome avait été le théâtre depuis un siècle, et dont aucun citoyen n'avait jamais eu ni scrupule, ni remords. Le quartier d'Argilète s'étendait dans Rome le long du Tibre. Janicule avait été bâtie sur le mont Janicule, et Saturnie sur le rocher appelé depuis Tarpéien, et ensuite Capitole, siége de la demeure de Jupiter. Cette ancienne tradition, que Jupiter rassemblait souvent les nuages sur la cime de ce rocher couvert d'une forêt, et qu'il y agitait sa noire égide, confirme ce que j'ai dit, dans mes Études précédentes, de l'attraction hydraulique des sommets des montagnes et de leurs forêts, qui sont les sources des fleuves. Il en était de même de celui de l'Olympe, souvent entouré de nuages, où les Grecs avaient fixé la demeure des dieux. Dans les siècles d'ignorance, les sentiments religieux expliquaient les effets physiques : dans des siècles de lumières, les effets physiques ramènent à des sentiments religieux. Dans tous les temps la nature parle à l'homme le même langage, dans des dialectes différents.

Virgile achève le contraste des anciens monuments de Rome, par la peinture de la demeure pauvre et simple du bon roi Évandre, dans le lieu même où l'on bâtit, depuis, tant de magnifiques palais :

Talibus inter se dictis, ad tecta subibant
Pauperis Evandri; passimque armenta videbant
Romanoque Foro et lautis mugire Carinis.
Ut ventum ad sedes : Hæc, inquit, limina victor
Alcides subiit; hæc illum regia cepit.
Aude, hospes, contemnere opes, et te quoque dignum
Finge deo, rebusque veni non asper egenis.
Dixit, et angusti subter fastigia tecti
Ingentem Æneam duxit, stratisque locavit
Effultum foliis et pelle Libystidis ursæ.

ÆNEID., lib. VIII, v. 359-368.

« Pendant ces entretiens, ils s'approchaient de l'humble
» toit d'Évandre; ils voyaient çà et là des troupeaux de bœufs
» errer dans le lieu où est aujourd'hui le magnifique quartier
» des Carènes, et ils les entendaient mugir dans la place où
» l'on harangua, depuis, le peuple romain. Dès qu'ils furent ar-
» rivés à la petite maison d'Évandre : Voici, lui dit ce prince,
» la porte par où Alcide victorieux est entré; voici le palais
» royal qui l'a reçu. Mon hôte, osez, comme lui, mépriser les
» richesses; montrez-vous, comme lui, digne fils d'un dieu,
» et approchez sans répugnance de notre pauvre demeure. Il
» dit, et il introduit le roi des Troyens sous son humble toit.
» Il le place sur un lit de feuillage, couvert de la peau d'une
» ourse de Libye. »

On voit qu'ici Virgile est pénétré de la simplicité des mœurs arcadiennes, et que c'est avec plaisir qu'il fait mugir les troupeaux d'Évandre dans le *Forum Romanum*, et qu'il les fait paître dans le superbe quartier des Carènes, ainsi appelé parce que Pompée y avait fait bâtir un palais orné de proues de vaisseaux en bronze. Ce contraste champêtre est du plus agréable effet. Certainement l'auteur des Églogues s'est ressouvenu en cet endroit de son chalumeau. Maintenant, il va quitter la trompette et prendre la flûte. Il va opposer au terrible tableau du combat de Cacus, à l'hymne d'Hercule, aux traditions religieuses des monuments romains, et aux mœurs austères d'Évandre, l'épisode le plus voluptueux de tout son ouvrage. C'est celui de Vénus, qui vient demander à Vulcain des armes pour Énée :

Nox ruit, et fuscis tellurem amplectitur alis.
At Venus haud animo nequicquam exterrita mater,
Laurentumque minis et duro mota tumultu,
Vulcanum alloquitur, thalamoque hæc conjugis aureo
Incipit, et dictis divinum aspirat amorem :
Dum bello Argolici vastabant Pergama reges
Debita, casurasque inimicis ignibus arces,
Non ullum auxilium miseris, non arma rogavi
Artis opisque tuæ; nec te, carissime conjux,
Incassumve tuos volui exercere labores :

Quamvis et Priami deberem plurima natis,
Et durum Æneæ flevissem sæpè laborem.
Nunc, Jovis imperiis, Rutulorum constitit oris.
Ergo eadem supplex venio, et sanctum mihi numen
Arma rogo, genitrix nato. Te filia Nerei,
Te potuit lacrymis Tithonia flectere conjux.
Aspice qui coeant populi, quæ moenia clausis
Ferrum acuant portis in me excidiumque meorum.
Dixerat; et niveis hinc atque hinc diva lacertis
Cunctantem amplexu molli fovet : ille repentè
Accepit solitam flammam, notusque medullas
Intravit calor, et labefacta per ossa cucurrit :
Non secùs atque olim tonitru cùm rupta corusco
Ignea rima micans percurrit lumine nimbos.
Sensit læta dolis, et formæ conscia conjux.
Tum pater æterno fatur devictus amore :
Quid càusas petis ex alto ? Fiducia cessit
Quò tibi, diva, mei ? similis si cura fuisset,
Tum quoque fas nobis Teucros armare fuisset.
Nec pater omnipotens Trojam, nec fata vetabant
Stare, decemque alios Priamum superesse per annos.
Et nunc, si bellare paras, atque hæc tibi mens est,
Quicquid in arte meâ possum promittere curæ,
Quod fieri ferro liquidove potest electro,
Quantum ignes animæque valent : absiste precando
Viribus indubitare tuis. Ea verba locutus,
Optatos dedit amplexus, placidumque petivit,
Conjugis infusus gremio, per membra soporem.

ÆNEID., lib. VIII, v. 369-406.

« La nuit vient, et couvre la terre de ses sombres ailes. Ce-
» pendant Vénus, dont le cœur maternel est effrayé des menaces
» des Laurentins et des terribles préparatifs de la guerre, s'a-
» dresse à Vulcain; et couchée sur le lit d'or de son époux,

» elle ranime toute sa tendresse par ces paroles divines : Tan-
» dis que les rois de la Grèce ravageaient les environs de Per-
» game, et ses remparts destinés à périr par des feux ennemis,
» je n'implorai point votre secours pour un peuple malheureux;
» je ne vous demandai point d'armes de votre main. Non,
» cher époux, je ne voulus point employer en vain vos divins
» travaux, quoique je dusse beaucoup aux enfants de Priam,
» et que le sort cruel d'Énée m'eût fait souvent verser des
» pleurs. Maintenant, par les ordres de Jupiter, il est sur les
» frontières des Rutules. Toujours aussi inquiète, je viens à
» vous, comme suppliante, implorer votre protection qui m'est
» sacrée. Une mère vous demande des armes pour un fils. La
» fille de Nérée et l'épouse de Tithon ont pu vous fléchir par
» leurs larmes. Voyez combien de peuples se liguent, quelles
» villes redoutables ferment leurs portes et aiguisent le fer
» contre moi, et pour la destruction des miens.

» Elle dit; et, comme il balance, la déesse passe çà et là
» autour de lui ses bras blancs comme la neige, et le réchauffe
» d'un doux embrassement. Aussitôt Vulcain sent renaître son
» ardeur accoutumée; un feu qu'il connaît le pénètre, et court
» jusque dans la moelle de ses os. Ainsi un éclair brille dans
» la nuée fendue par le tonnerre, et parcourt de ses rubans de
» feu les nuages épars dans la région de l'air. Son épouse, qui
» connaît le pouvoir de ses charmes, s'aperçoit avec joie du
» succès de sa ruse. Alors, le père des arts, subjugué par les
» feux d'un amour éternel, lui adresse ces mots : Pourquoi
» chercher si loin tant de raisons? Quoi! ma déesse, avez-vous
» perdu toute confiance en moi? Si un semblable soin vous
» eût autrefois occupée, il nous était permis de faire des armes
» pour les Troyens. Ni Jupiter avec toute sa puissance, ni les
» destins n'auraient pas empêché que Troie ne fût encore de-
» bout, et que Priam ne régnât dix autres années. Si mainte-
» nant vous vous préparez à la guerre, si tel est votre plaisir,
» tout ce que mon art peut vous promettre de soins, tout ce

» qui peut se fabriquer avec le fer, les métaux les plus rares,
» les soufflets et les feux, vous devez l'attendre de moi. Cessez,
» en me priant, de douter de votre empire. Ayant dit ces mots,
» il donne à son épouse les embrassements qu'elle attend, et,
» couché sur son sein, il s'abandonne tout entier aux charmes
» d'un paisible sommeil. »

Virgile emploie toujours les convenances parmi les contrastes. Il choisit le temps de la nuit pour introduire Vénus auprès de Vulcain, parce que c'est la nuit que la puissance de Vénus est la plus grande. Je n'ai pu faire sentir dans ma faible traduction les graces du langage de la déesse de la beauté. Il y a dans ses paroles un mélange charmant d'élégance, de négligence, de finesse et de timidité. Je ne m'arrêterai qu'à quelques traits de son caractère, qui me paraissent les plus faciles à saisir. D'abord, elle appuie beaucoup sur les obligations qu'elle avait aux enfants de Priam. La principale, et je crois la seule, était la pomme que Pâris, fils de Priam, lui avait adjugée au préjudice de Minerve et de Junon. Mais cette pomme, qui l'avait déclarée la plus belle, et qui de plus avait humilié ses rivales, était BEAUCOUP DE CHOSES pour Vénus; aussi l'appelle-t-elle *Plurima*; et elle en étend la reconnaissance non-seulement à Pâris, mais à tous les enfants de Priam :

Quamvis et Priami deberem plurima natis.

Pour Énée, son fils naturel, quoiqu'il soit ici l'objet unique de sa démarche, elle ne parle que des larmes qu'elle a versées sur ses malheurs, et encore elle n'y emploie qu'un seul vers. Elle ne le nomme qu'une fois, et le désigne dans le vers suivant avec tant d'amphibologie, qu'on pourrait rapporter à Priam ce qu'elle dit d'Énée, tant elle craint de répéter le nom du fils d'Anchise devant son époux. Quant à Vulcain, elle le flatte, le supplie, l'implore, l'amadoue. Elle appelle son savoir-faire « sa sainte protection, » *Sanctum numen*. Mais lorsqu'elle en vient au point principal, l'armure d'Énée, elle s'exprime en quatre mots, littéralement : « Des » armes, je vous prie; une mère pour un » fils; » *Arma rogo, genitrix nato*. Elle ne dit pas : « Pour son fils; » elle s'exprime en général, pour éviter des explications trop particulières. Comme le pas est glissant, elle s'appuie de l'exemple de deux honnêtes femmes, de Thétis et de l'Aurore, qui avaient obtenu de Vulcain des armes pour leurs fils; la première, pour Achille; la seconde, pour Memnon. A la vérité, les enfants de ces déesses étaient légitimes, mais ils étaient mortels comme Énée, ce qui suffit pour le moment. Elle essaie ensuite d'alarmer son époux, par rapport à elle-même. Elle lui fait entendre qu'elle court aussi de grands risques. « Une » foule de peuples, lui dit-elle, et des villes » formidables aiguisent le fer contre moi. » Vulcain est ébranlé; mais il balance : elle le décide par un coup de maître; elle l'entoure de ses beaux bras, elle l'embrasse. Qu'un autre rende, s'il le peut, *Cunctantem amplexu molli fovet... Sensit læta dolis...* et sur-tout, *formæ conscia,* que je n'ai point rendu.

La réponse de Vulcain présente des convenances parfaites avec la situation où l'ont mis les caresses de Vénus.

Virgile lui donne d'abord le titre de père :

Tum pater æterno fatur devictus amore.

J'ai traduit ce mot de *pater* par père des arts, mais improprement. Cette épithète conviendrait mieux à Apollon qu'à Vulcain : il signifie ici le bon Vulcain. Virgile emploie souvent le mot de père comme synonyme de bon. Il l'applique fréquemment à Énée, et à Jupiter même : *Pater Æneas, pater omnipotens.* Le caractère principal d'un père étant la bonté, il qualifie de ce nom son héros et le souverain des dieux. Ici le mot de père signifie, dans le sens le plus littéral, bon homme ; car Vulcain parle et agit avec beaucoup de bonhomie. Mais le mot de père, isolé, n'est pas assez relevé dans notre langue, où il emporte la même signification d'une manière triviale. Le peuple l'adresse familièrement aux vieillards et aux bonnes gens.

Des commentateurs ont observé que, dans ces mots :

. . . . Fiducia cessit
Quò tibi, diva, meî ?

il y avait un renversement de construction grammaticale ; et ils n'ont pas manqué de l'attribuer à une licence poétique. Ils n'ont pas vu que le désordre du langage de Vulcain, venait de celui de sa tête ; et que non-seulement Virgile le faisait manquer aux règles de la grammaire, mais à celles du sens commun, lorsqu'il lui fait dire que si un semblable soin eût occupé autrefois Vénus, il lui eût été permis de faire des armes pour les Troyens; que Jupiter et les destins n'empêchaient point que Troie ne subsistât, et que Priam ne régnât dix autres années :

. . . . Similis si cura fuisset,
Tum quoque fas nobis Teucros armare fuisset.
Nec pater omnipotens Trojam, nec fata vetabant
Stare, decemque alios Priamum superesse per annos.

Il était clair que le destin avait décidé que Troie périrait dans la onzième année de son siége, et que sa volonté s'était manifestée par plusieurs oracles et augures, entre autres par le présage d'un serpent, qui avait dévoré dix petits oiseaux dans leur nid, avec leur mère. Il y a dans le discours de Vulcain beaucoup de forfanterie, pour ne pas dire quelque chose de pis; car il donne à entendre que ce sont les armes qu'il aurait faites par l'ordre de Vénus, qui auraient rompu les ordres du destin, et ceux de Jupiter même, auquel il ajoute l'épithète de tout-puissant, comme par une espèce de défi.

Remarquez encore, en passant, la rime de ces deux fins de vers, où le même mot est répété deux fois de suite sans nécessité :

. . . . Si cura fuisset,
. . . . armare fuisset.

Vulcain enivré d'amour, ne sait ni ce qu'il dit, ni ce qu'il fait. Il déraisonne dans son langage, dans ses pensées, et dans ses actions, puisqu'il se détermine à faire des armes magnifiques pour le fils naturel de son infidèle épouse. Il est vrai qu'il se garde bien de le nommer. Elle n'a prononcé son nom qu'une seule fois, par discrétion ; et lui le tait, par jalousie. C'est à Vénus seule qu'il rend service. Il semble croire que c'est elle qui va se battre : « Si vous vous préparez à la guerre, » lui dit-il, si tel est votre plaisir : »

. . . . . Si bellare paras, atque hæc tibi mens est.

Le désordre total de sa personne termine celui de son discours. Embrasé des feux de l'amour dans les bras de Vénus, il se fond comme un métal :

Conjugis infusus gremio. . . . .

Remarquez la justesse de cette consonnance métaphorique, *infusus*, « fondu, » si convenable au dieu des forges de Lemnos. Enfin, il perd tout sentiment :

. . . . Placidumque petivit
. . . . per membra soporem.

Sopor veut dire ici beaucoup plus que sommeil. Il présente encore une consonnance de l'état des métaux après leur fusion, une stagnation parfaite.

Mais pour affaiblir ce que ce tableau a de licencieux et de contraire aux mœurs conjugales, le sage Virgile oppose immédiatement après, à la déesse de la volupté qui demande à son mari des armes pour son fils naturel, une mère de famille, chaste et pauvre, occupée des arts de Minerve, pour élever ses petits enfants ; et il applique cette image touchante aux mêmes heures de la nuit, pour présenter un nouveau contraste des différents usages que font du même temps le vice et la vertu :

Inde ubi prima quies, medio jam noctis abactæ
Curriculo, expulerat somnum ; cùm femina primùm,

5. 4

Cui tolerare colo vitam tenuique Minervâ,
Impositum cinerem et sopitos suscitat ignes,
Noctem addens operi, famulasque ad lumina longo
Exercet penso; castum ut servare cubile
Conjugis, et possit parvos educere natos.

Æneid., lib. VIII, v. 407-413.

« Vulcain avait à peine goûté le premier sommeil, et la Nuit,
» sur son char, n'avait encore parcouru que la moitié de sa
» carrière : c'était le temps auquel une femme qui, pour sou-
» tenir sa vie, n'a d'autre ressource que ses fuseaux, et une
» faible industrie dans les arts de Minerve, écarte la cendre de
» son foyer, en rallume les charbons, pour donner au travail le
» reste de la nuit, et distribuer de longues tâches à ses servan-
» tes qu'elle occupe à la lueur d'une lampe, afin que le besoin
» ne la force pas de manquer à la foi conjugale, et qu'elle
» puisse élever ses petits enfants. »

Virgile tire encore de nouveaux et sublimes contrastes, des humbles occupations de cette mère de famille vertueuse. Il oppose tout de suite à sa faible industrie, « *tenui* » *Minervâ*, » l'ingénieux Vulcain; à ses charbons qu'elle rallume, « *sopitos ignes*, » le cratère toujours enflammé d'un volcan; à ses servantes auxquelles elle distribue des pelotons de laine, « *longo exercet penso*, » les Cyclopes forgeant un foudre pour Jupiter, un char pour Mars, une égide pour Minerve, et qui, à l'ordre de leur maître, quittent leurs célestes ouvrages pour faire l'armure d'Énée, sur le bouclier duquel devaient être gravés les principaux événements de l'empire romain :

Haud secùs ignipotens, nec tempore segnior illo,
Mollibus è stratis opera ad fabrilia surgit.
Insula Sicanium juxta latus Æoliamque
Erigitur Liparen, fumantibus ardua saxis ;
Quam subter specus et Cyclopum exesa caminis.
Antra Ætnæa tonant, validique incudibus ictus
Auditi referunt gemitum, striduntque cavernis
Stricturæ chalybum, et fornacibus ignis anhelat :
Vulcani domus, et Vulcania nomine tellus.
Huc tunc ignipotens cœlo descendit ab alto.
Ferrum exercebant vasto Cyclopes in antro,
Brontesque, Steropesque, et nudus membra Pyracmon.
His informatum manibus, jam parte polita,
Fulmen erat, toto genitor quæ plurima cœlo
Dejicit in terras; pars imperfecta manebat.
Tres imbris torti radios, tres nubis aquosæ
Addiderant, rutili tres ignis, et alitis Austri.
Fulgores nunc terrificos, sonitumque, metumque
Miscebant operi, flammisque sequacibus iras.
Parte aliâ Marti currumque, rotasque volucres
Instabant, quibus ille viros, quibus excitat urbes :
Ægidaque horriferam, turbatæ Palladis arma,
Certatim squamis serpentum auroque polibant ;
Connexosque angues, ipsamque in pectore divæ
Gorgona, desecto vertentem lumina collo.
Tollite cuncta, inquit, cœptosque auferte labores,

4.

Ætnæi Cyclopes, et huc advertite mentem.
Arma acri facienda viro : nunc viribus usus,
Nunc manibus rapidis, omni nunc arte magistrâ :
Præcipitate moras. Nec plura effatus : et illi
Ociùs incubuere omnes, pariterque laborem
Sortiti : fluit æs rivis, aurique metallum ;
Vulnificusque chalybs vastâ fornace liquescit.
Ingentem clypeum informant, unum omnia contra
Tela Latinorum ; septenosque orbibus orbes
Impediunt : alii ventosis follibus auras
Accipiunt, redduntque ; alii stridentia tingunt
Æra lacu : gemit impositis incudibus antrum.
Illi inter sese multâ vi brachia tollunt
In numerum, versantque tenaci forcipe massam.

ÆNEID., lib. VIII, v. 414-453.

« Alors le dieu du feu, aussi diligent, sort de sa couche vo-
» luptueuse pour veiller aux travaux qui lui sont commandés.
» Entre les côtes de Sicile et de Lipari, une des Éoliennes,
» s'élève une île formée de rochers escarpés, toujours fumants,
» sous lesquels sont les cavernes des Cyclopes, aussi bruyantes
» et aussi enflammées que les antres et les cheminées de l'Etna.
» Elles retentissent sans cesse du gémissement des enclumes
» sous les coups des marteaux, du pétillement de l'acier qui
» étincelle, et du bruit pesant des soufflets qui animent les
» feux dans leurs fourneaux. Cette île est la demeure de Vul-
» cain, et s'appelle Vulcanie. Ce fut dans ces souterrains que le
» dieu du feu descendit du ciel. Les cyclopes Brontès, Sté-
» rops et Pyracmon ; les membres nus, battaient alors le fer
» au milieu d'une vaste caverne. Ils tenaient dans leurs mains
» un foudre à demi formé. C'était un de ces foudres que Ju-
» piter lance souvent des cieux sur la terre. Une partie était
» finie, et l'autre était encore imparfaite. Ils y avaient mis

» trois rayons de grêle, trois d'une pluie orageuse, trois d'un feu
» éblouissant, et trois d'un vent impétueux : ils ajoutaient alors
» à leur ouvrage d'épouvantables éclairs, des éclats, la peur,
» la colère céleste, et les flammes qui la suivent. D'un autre
» côté, l'on se hâtait de forger un char à Mars, avec des roues
» rapides dont le bruit alarme les hommes et les villes. D'autres
» Cyclopes, pour armer Pallas dans les combats, polissaient à
» l'envi une égide horrible, hérissée d'écailles de serpent en or;
» et pour couvrir le sein de la déesse, une chevelure de ser-
» pents, avec la tête de Gorgone séparée du cou, et jetant des
» regards affreux.

» Enfants de l'Etna, Cyclopes, leur dit Vulcain, cessez tous
» ces travaux; transportez-les ailleurs, et faites attention à ce
» que je vais vous dire. Il s'agit d'armer un homme redoutable.
» C'est ici qu'il faut la force des bras, la diligence des mains,
» et l'art des plus grands maîtres : ne perdez pas un moment.
» Il dit; aussitôt tous se mettent en besogne, et se partagent
» le travail. L'airain et l'or coulent par ruisseaux; l'acier le
» plus pur se fond dans une vaste fournaise : ils en forment un
» bouclier énorme, capable de résister seul à tous les traits des
» Latins. Ils couvrent sa circonférence de sept autres lames de
» métal. Les uns font mouvoir les soufflets; les autres trem-
» pent l'airain qui siffle au fond des eaux : l'antre retentit des
» coups dont gémissent les enclumes. Tour-à-tour ils élèvent
» les bras avec de grands efforts, et tour-à-tour les laissent
» retomber sur la masse embrasée que tournent en tous sens
» de mordantes tenailles. »

On croit voir travailler ces énormes enfants de l'Etna, et entendre le bruit de leurs lourds marteaux, tant l'harmonie des vers de Virgile est imitative !

La composition du foudre mérite attention. Elle est pleine de génie, c'est-à-dire, d'observations neuves de la nature. Virgile y fait entrer et contraster les quatre éléments à-la-fois : la terre et l'eau, le feu et l'air :

> Tres imbris torti radios, tres nubis aquosæ
> Addiderant, rutili tres ignis, et alitis Austri.

A la vérité, il n'y a pas de terre proprement dite ; mais il donne de la solidité à l'eau pour en tenir lieu, *tres imbris torti radios*, mot à mot, « trois rayons de pluie » torse, » pour dire de la grêle. Cette expression métaphorique est ingénieuse : elle suppose que les Cyclopes ont tordu des gouttes de pluie pour en faire des grains de grêle. Remarquez aussi la convenance de l'expression *alitis Austri*, « l'Auster ailé : », l'Auster est le vent du midi ; c'est lui qui amène presque toujours les tonnerres en Europe.

Le poëte ose mettre ensuite des sensations métaphysiques sur l'enclume des Cyclopes : *metum*, « la peur ; » *iras*, « des courroux. » Il les amalgame avec la foudre. Ainsi, il ébranle à-la-fois le système physique par le contraste des éléments, et le système moral, par la consonnance de l'ame et la perspective de la Divinité :

. . . . Flammisque sequacibus iras.

Il fait gronder le tonnerre, et montre Jupiter dans la nue.

Virgile oppose encore à la tête de Pallas celle de Méduse; mais c'est un contraste qui lui est commun avec tous les poëtes. En voici un qui lui est particulier. Vulcain oblige les Cyclopes de quitter leurs ouvrages divins, pour s'occuper de l'armure d'un homme. Ainsi il met dans la même balance; d'un côté, la foudre de Jupiter, le char de Mars, l'égide et la cuirasse de Pallas; et de l'autre, les destinées de l'empire romain, qui doivent être gravées sur le bouclier d'un homme. Mais s'il donne la préférence à ce nouvel ouvrage, c'est pour l'amour de Vénus, et non pas pour la gloire d'Énée. Observez que le dieu jaloux ne nomme point encore ici le fils d'Anchise, quoiqu'il y semble forcé. Il se contente de dire vaguement aux Cyclopes : « *Arma acri facienda viro.* » L'épithète de

« *acer* » peut se prendre en bonne et en mauvaise part. Elle peut signifier méchant, dur, et ne peut guère s'appliquer au sensible Énée, auquel Virgile donne si souvent le surnom de pieux.

Enfin Virgile, après le tableau tumultueux des forges éoliennes, nous ramène, par un nouveau contraste, à la demeure paisible du bon roi Évandre, presque aussi matinal que la bonne mère de famille et que le dieu du feu :

Hæc pater Æoliis properat dum Lemnius oris,
Evandrum ex humili tecto lux suscitat alma,
Et matutini volucrum sub culmine cantus.
Consurgit senior, tunicâque inducitur artus,
Et Tyrrhena pedum circumdat vincula plantis.
Tum lateri atque humeris Tegeæum subligat ensem,
Demissa ab lævâ pantheræ terga retorquens.
Necnon et gemini custodes limine ab alto
Procedunt, gressumque canes comitantur herilem.
Hospitis Æneæ sedem et secreta petebat,
Sermonum memor et promissi muneris heros.
Nec minus Æneas se matutinis agebat.
Filius huic Pallas, olli comes ibat Achates.

ÆNEID., lib. VIII, v. 454-466.

« Tandis que le dieu de Lemnos presse son ouvrage dans
» ses forges éoliennes, Évandre est réveillé sous son humble
» toit, par les premiers rayons de l'aurore et par le chant ma-

» tinal des oiseaux nichés sous le chaume de sa couverture. Il
» se lève, malgré son grand âge. Il se revêt d'une tunique, et
» attache à ses pieds une chaussure tyrrhénienne. Il met sur
» ses épaules un baudrier, d'où pend à son côté une épée d'Ar-
» cadie, et il ramène sur sa poitrine une peau de panthère qui
» descend de son épaule gauche. Deux chiens qui gardaient sa
» porte, marchent devant lui, et accompagnent les pas de leur
» maître. Il allait trouver, dans l'intérieur de sa maison, Énée,
» son hôte, pour s'entretenir avec lui des secours qu'il lui
» avait promis la veille. Énée, non moins matinal, s'avançait
» aussi vers Évandre. L'un était accompagné de son fils Pallas,
» et l'autre de son fidèle Achate. »

Voici un contraste moral très-intéressant. Le bon roi Évandre n'ayant pour gardes du corps que deux chiens, qui servaient encore à garder la porte de sa maison, va, dès le point du jour, s'entretenir d'affaires avec son hôte. Ne croyez pas que sous son toit couvert de chaume, il s'agisse de bagatelles. Il y est question du rétablissement de l'empire de Troie dans la personne d'Énée, ou plutôt, de la fondation de l'empire romain. Il s'agit de dissiper une grande confédération de peuples. Pour en venir à bout, le roi Évandre offre à Énée quatre cents cavaliers. A la vérité, ils sont choisis, et commandés par Pallas, son fils unique. J'observerai ici une de ces convenances délicates, par lesquelles

Virgile donne de grandes leçons de vertu aux rois, ainsi qu'aux autres hommes, en feignant des actions en apparence indifférentes : c'est la confiance d'Évandre dans son fils. Quoique ce jeune prince ne fût qu'à la fleur de son âge, son père l'amène à une conférence très-importante, comme son compagnon : *Comes ibat.* Il faisait porter son nom à la ville de Pallantée, qu'il avait lui-même fondée. Enfin, dans les quatre cents cavaliers qu'il promet au roi des Troyens, sous les ordres de Pallas, il y en a deux cents qu'il a choisis dans la fleur de la jeunesse, et deux cents autres que son fils doit mener en son propre nom :

Arcadas huic equites bis centum, robora pubis
Lecta, dabo ; totidemque suo tibi nomine Pallas.

ÆNEID., lib. VIII, v. 518-519.

Les exemples de confiance paternelle sont rares parmi les souverains, qui regardent souvent leurs successeurs comme leurs ennemis. Ces traits peignent la bonne foi et la simplicité des mœurs du roi d'Arcadie.

On pourrait peut-être taxer le roi d'Arcadie d'indifférence pour un fils unique, en ce qu'il l'éloigne de sa personne, et l'expose aux dangers de la guerre; mais c'est positivement par une raison contraire qu'il en agit ainsi; c'est pour le former à la vertu, en lui faisant faire ses premières armes sous un héros tel qu'Énée.

> Hunc tibi præterea, spes et solatia nostri,
> Pallanta adjungam. Sub te tolerare magistro
> Militiam et grave Martis opus, tua cernere facta
> Assuescat, primis et te miretur ab annis.
>
> ÆNEID., lib. VIII, v. 514-517.

« J'enverrai de plus avec vous mon fils Pallas, qui est toute
» mon espérance et ma consolation. Qu'il s'accoutume, sous un
» maître tel que vous, à supporter les rudes travaux de la
» guerre; à se former sur vos exploits, et à vous admirer dès
» ses premières années. »

On peut voir dans le reste de l'Énéide le rôle important qu'y joue ce jeune prince. Virgile en a tiré de grandes beautés : telles sont, entre autres, les tendres adieux que lui fait Évandre; les regrets de ce bon père, sur ce que sa vieillesse ne lui permet pas de l'accompagner dans les combats; ensuite, la valeur imprudente de son fils, qui, oubliant les leçons des deux freins d'Anchise, s'attaque au redoutable Turnus, et en reçoit le coup de la mort; les hauts faits d'armes d'Énée pour venger la mort du fils de son hôte et de son allié; ses regrets à la vue du jeune Pallas, tué à la fleur de son âge, et le premier jour qu'il avait combattu; enfin, les honneurs qu'il rend à son corps en l'envoyant à son père.

C'est ici qu'on peut remarquer une de ces comparaisons touchantes [1] dont Virgile, à l'exemple d'Homère, affaiblit l'horreur de ses tableaux de batailles, et en augmente l'effet, en y établissant des consonnances avec des êtres d'un autre ordre. C'est à l'occasion de la beauté du jeune Pallas, dont la mort n'a point encore terni l'éclat :

Qualem virgineo demessum pollice florem
Seu mollis violæ, seu languentis hyacinthi,
Cui neque fulgor adhuc, necdum sua forma recessit;
Non jam mater alit tellus, viresque ministrat.

ÆNEID., lib. XI, v. 68-71.

[1] « Comme une tendre violette ou un languissant hyacinthe
» que les doigts d'une jeune fille ont cueillis : ces fleurs n'ont
» encore perdu ni leur éclat ni leur forme; mais on voit que là

» terre leur mère ne les soutient plus, et ne leur donne plus de
» nourriture. »

Remarquez une autre consonnance avec la mort de Pallas. Pour dire que ces fleurs n'ont point souffert lorsqu'on les a détachées de leur tige, Virgile les fait cueillir par la main d'une jeune fille : *Virgineo demessum pollice ;* mot à mot : « Moissonnées par le » pouce d'une vierge. » Et il résulte de cette douce image, un contraste terrible avec le javelot de Turnus, qui avait cloué le bouclier de Pallas contre sa poitrine, et l'avait tué d'un seul coup.

Enfin Virgile, après avoir représenté la douleur d'Évandre à la vue du corps de son fils, et le désespoir de ce malheureux père qui implore la vengeance d'Énée, tire de la mort même de Pallas la fin de la guerre et de l'Énéide ; car Turnus, vaincu dans un combat particulier par Énée, lui cède la victoire, l'empire, la princesse Lavinie, et le supplie de se contenter de si grands sacrifices ; mais le roi des Troyens, sur le point de lui accorder la vie, apercevant le baudrier de Pallas, dont Turnus s'était revêtu après avoir tue ce jeune prince, lui plonge son épée dans le corps, en lui disant :

. . . . Pallas te hoc vulnere, Pallas
Immolat, et pœnam scelerato ex sanguine sumit.
\ ÆNEID., lib. XII, v. 948 et 949.

« Pallas, c'est Pallas qui t'immole par ce coup, et qui se
» venge dans ton sang criminel. »

Ainsi les Arcadiens ont influé de toute manière sur les monuments historiques, les traditions religieuses, les premières guerres et l'origine de l'empire romain.

On voit que le siècle où je parle des Arcadiens, n'est point un siècle fabuleux. Je recueillis donc sur eux et leur pays les douces images que nous en ont laissé les poëtes, avec les traditions les plus authentiques des historiens, que je trouvai en bon nombre dans le Voyage de la Grèce de Pausanias, les OEuvres de Plutarque, et la Retraite des dix mille de Xénophon ; en sorte que je rassemblai sur l'Arcadie tout ce que la nature a de plus aimable dans nos climats, et l'histoire de plus vraisemblable dans l'antiquité.

Pendant que je m'occupais de ces agréables recherches, je me trouvai lié personnellement avec J.-J. Rousseau. Nous allions assez souvent nous promener, pendant l'été, aux environs de Paris. Sa société me plaisait beaucoup. Il n'avait point la vanité de la plupart des gens de lettres, qui veulent toujours occuper les autres de leurs idées; et encore moins celle des gens du monde, qui croient qu'un homme de lettres est fait pour les tirer de leur ennui, par son babil. Il partageait les bénéfices et les charges de la conversation, parlant et laissant parler chacun à son tour. Il laissait même aux autres le choix de l'entretien, se réglant à leur mesure avec si peu de prétention, que parmi ceux qui ne le connaissaient pas, les gens simples, le prenaient pour un homme ordinaire, et les gens du bon ton le regardaient comme bien inférieur à eux; car avec ceux-ci il parlait peu, ou de peu de choses. Il a été quelquefois accusé d'orgueil à cette occasion, par les gens du monde qui taxent de leurs propres vices les hommes libres et sans fortune, qui refusent de courber la tête sous leur joug. Mais entre plusieurs traits que je pourrais citer à l'appui de ce que j'ai dit précédemment, que les gens simples le prenaient pour un homme ordinaire, en voici un qui convaincra le lecteur de sa modestie habituelle.

Le jour même que nous fûmes dîner chez les ermites du mont Valérien, ainsi que je l'ai rapporté dans une note du tome troisième de mes Études, en revenant l'après-midi à Paris, nous fûmes surpris de la pluie près du bois de Boulogne, vis-à-vis la porte Maillot. Nous y entrâmes pour nous mettre à l'abri sous des marronniers qui commençaient à avoir des feuilles ; car c'était dans les fêtes de Pâques. Nous trouvâmes sous ces arbres beaucoup de monde qui, comme nous, y cherchait du couvert. Un des garçons du Suisse ayant aperçu Jean-Jacques, s'en vint à lui plein de joie, et lui dit : « Hé bien ! bon » homme, d'où venez-vous donc ? Il y a un » temps infini que nous ne vous avons vu ! » Rousseau lui répondit tranquillement : « C'est » que ma femme a été long-temps malade, » et moi-même j'ai été incommodé. — Oh! » mon pauvre bon homme, reprit ce garçon, » vous n'êtes pas bien ici : venez, venez ; » je vais vous trouver une place dans la mai- » son. »

En effet, il s'empressa de nous mener dans une chambre haute, où, malgré la foule, il nous procura des chaises, une table, du pain et du vin. Pendant qu'il nous y conduisait, je dis à Jean-Jacques : Ce garçon me paraît bien familier avec vous ; il ne vous connaît donc point ? « Oh ! si, me répondit-il, nous
» nous connaissons depuis plusieurs années.
» Nous venions de temps en temps ici, dans
» la belle saison, ma femme et moi, manger
» le soir une côtelette. »

Ce mot de bon homme, dit de si bonne foi par ce garçon d'auberge, qui sans doute prenait depuis long-temps Jean-Jacques pour un homme de quelque état mécanique; sa joie en le revoyant, et son empressement à le servir, me firent connaître combien le sublime auteur d'Émile mettait en effet de bonhomie jusque dans ses moindres actions.

Loin de chercher à briller aux yeux de qui que ce fût, il convenait lui-même avec un sentiment d'humilité bien rare, et selon moi bien injuste, qu'il n'était pas propre aux grandes conversations. « Il ne faut, me di-
» sait-il un jour, que le plus petit argument

» pour me renverser. Je n'ai d'esprit qu'une
» demi-heure après les autres. Je sais ce qu'il
» faut répondre, précisément quand il n'en
» est plus temps. »

Cette lenteur de réflexion ne venait pas
« d'une pesanteur maxillaire, » comme le
dit, dans le prospectus d'une édition nouvelle des OEuvres de Jean-Jacques, un écrivain d'ailleurs très-estimable ; mais de son équité naturelle, qui ne lui permettait pas de prononcer sur le moindre sujet sans l'avoir examiné ; de son génie, qui le considérait sur toutes ses faces pour le connaître à fond ; et enfin de sa modestie, qui lui interdisait le ton théâtral et les sentences d'oracles [8] de nos conversations. Il était au milieu de nos beaux esprits avec sa simplicité, comme une fille avec ses couleurs naturelles, parmi des femmes qui mettent du blanc et du rouge. Encore moins aurait-il cherché à se donner en spectacle chez les grands ; mais dans le tête-à-tête, dans la liberté de l'intimité, et sur les objets qui lui étaient familiers, sur-tout ceux qui intéressaient le bonheur des hommes, son ame prenait l'essor, ses sentiments devenaient touchants, ses idées profondes, ses images

sublimes, et ses discours aussi véhéments que ses écrits.

Mais ce que je trouvais de bien supérieur à son génie, c'était sa probité. Il était du petit nombre d'hommes de lettres éprouvés par l'infortune, auxquels on peut sans risque communiquer ses pensées les plus intimes. On n'avait rien à craindre de sa malignité, s'il les trouvait mauvaises, ni de son infidélité, si elles lui semblaient bonnes

Une après-midi donc, que nous étions à nous reposer au bois de Boulogne, j'amenai la conversation sur un sujet qui me tenait au cœur depuis que j'avais l'usage de ma raison. Nous venions de parler des hommes illustres de Plutarque, de la traduction d'Amyot, ouvrage dont il faisait un cas infini, où on lui avait appris à lire dans l'enfance, et qui, à mon avis, a été le germe de son éloquence et de ses vertus antiques; tant la première éducation a d'influence sur le reste de la vie! Je lui dis donc :

J'aurais bien voulu voir une histoire de votre façon.

Jean-Jacques. « J'ai eu bien envie d'écrire
» celle de Côme de Médicis [9]. C'était un

5.

» simple particulier, qui est devenu le sou-
» verain de ses concitoyens, en les rendant
» plus heureux. Il ne s'est élevé et maintenu
» que par des bienfaits. J'avais fait quelques
» brouillons à ce sujet-là; mais j'y ai renoncé :
» je n'avais pas de talent pour écrire l'his-
» toire. »

Pourquoi vous-même, avec tant d'amour pour le bonheur des hommes, n'avez-vous pas tenté de former une république heureuse? J'ai connu bien des hommes de tous pays et de toutes conditions, qui vous auraient suivi.

« Oh! j'ai trop connu les hommes! » Puis me regardant, après un moment de silence, il ajouta d'un ton demi-fâché : « Je vous ai
» prié plusieurs fois de ne me jamais parler
» de cela. »

Mais pourquoi n'auriez-vous pas fait, avec quelques Européens sans patrie et sans fortune, dans quelque île inhabitée de la mer du Sud, un établissement semblable à celui que Guillaume Penn a formé dans l'Amérique septentrionale, au milieu des sauvages?

« Quelle différence de siècle! On croyait
» du temps de Penn; aujourd'hui on ne croit
» plus à rien. » Puis, se radoucissant : « J'au-

» rais bien aimé à vivre dans une société
» telle que je me la figure, comme un de ses
» simples membres; mais pour rien au monde
» je n'aurais voulu y avoir quelque charge,
» encore moins en être le chef. Je me suis
» rendu justice, il y a long-temps; j'étais
» incapable du plus petit emploi. »

Vous auriez trouvé assez de personnes qui auraient exécuté vos idées.

« Oh! je vous en prie, parlons d'autre
» chose. »

Je me suis avisé d'écrire l'histoire des peuples d'Arcadie. Ce ne sont pas des bergers oisifs comme ceux du Lignon.

Il se mit à sourire. « A propos des bergers du
» Lignon, me dit-il, j'ai fait une fois le voyage
» du Forez, tout exprès pour voir le pays de
» Céladon et d'Astrée, dont d'Urfé nous a
» fait de si charmants tableaux. Au lieu de
» bergers amoureux, je ne vis, sur les bords
» du Lignon, que des maréchaux, des for-
» gerons et des taillandiers. »

Comment! dans un pays si agréable?

« Ce n'est qu'un pays de forges. Ce fut ce
» voyage du Forez qui m'ôta mon illusion.
» Jusqu'à ce temps-là, il ne se passait point

» d'année que je ne relusse l'Astrée d'un
» bout à l'autre : j'étais familiarisé avec tous
» ses personnages. Ainsi la science nous ôte
» nos plaisirs. »

Oh! mes Arcadiens ne ressemblent point à vos forgerons, ni aux bergers imaginaires de d'Urfé, qui passent les jours et les nuits uniquement occupés à faire l'amour, exposés au dedans à toutes les suites de l'oisiveté, et au dehors, aux invasions des peuples voisins. Les miens exercent tous les arts de la vie champêtre. Il y a parmi eux des bergers, des laboureurs, des pêcheurs, des vignerons. Ils ont tiré parti de tous les sites de leur pays, diversifié de montagnes, de plaines, de lacs et de rochers. Leurs mœurs sont patriarcales, comme aux premiers temps du monde. Il n'y a dans leur république, ni prêtres, ni soldats, ni esclaves; car ils sont si religieux, que chaque père de famille en est le pontife; si belliqueux, que chaque habitant est toujours prêt à défendre sa patrie sans en tirer de solde; et si égaux, qu'il n'y a pas seulement parmi eux de domestiques. Les enfants y sont élevés à servir leurs parents. On se garde bien de leur inspirer, sous le nom d'émulation, le poison de l'ambition, et de leur apprendre à se surpasser les uns les autres ; mais, au contraire, on les exerce à se prévenir par toutes sortes de bons offices ; à obéir à leurs parents ; à préférer son père, sa mère, son ami, sa maîtresse, à soi-même ; et la patrie, à tout. Là, il n'y a point de querelle entre les jeunes gens, si ce n'est quelques débats entre amants, comme ceux du Devin du Village : mais la vertu y appelle souvent les citoyens dans les assemblées du peuple, pour délibérer entre eux de ce qu'il est utile de faire pour le bien public. Ils élisent, à la pluralité des voix, leurs magistrats, qui gouvernent l'état comme une famille, étant chargés à-la-fois des fonctions de la paix, de la guerre et de la religion. Il résulte une si grande force de leur union, qu'ils ont toujours repoussé toutes les puissances qui ont entrepris sur leur liberté.

On ne voit dans leur pays aucun monument inutile, fastueux, dégoûtant ou épouvantable : point de colonnades, d'arcs de triomphe, d'hôpitaux ni de prisons ; point d'affreux gibets sur les collines, à l'entrée de leurs bourgs : mais un pont sur un torrent, un puits au milieu d'une plaine aride, un bocage d'arbres fruitiers sur une montagne inculte, autour d'un petit temple dont le péristyle sert d'abri aux voyageurs, annoncent, dans les lieux les plus déserts, l'humanité des habitants. Des inscriptions simples sur l'écorce d'un hêtre, ou sur un rocher brut, conservent à la postérité la mémoire des grands citoyens, et le souvenir des bonnes actions. Au milieu de ces mœurs bienfaisantes, la religion parle à tous les cœurs un langage inaltérable. Il n'y a pas une montagne ni un fleuve qui ne soit consacré à un dieu, et qui n'en porte le nom; pas une fontaine qui n'ait sa naïade; pas une fleur ni un oiseau qui ne soit le résultat de quelque ancienne et touchante métamorphose. Toute la physique y est en sentiments religieux, et toute la religion en monuments de la nature. La mort même qui empoisonne tant de plaisirs, n'y offre que des perspectives consolantes. Les tombeaux des ancêtres sont au milieu des bocages de myrtes, de cyprès et de sapins. Leurs descendants, dont ils se sont fait chérir pendant leur vie, viennent, dans leurs plaisirs ou leurs peines, les décorer de fleurs et invoquer leurs mânes, persuadés qu'ils président toujours à leurs destins. Le passé, le présent, l'avenir, lient tous les membres de cette société des chaînons de la loi naturelle, en sorte qu'il est également doux d'y vivre et d'y mourir.

Telle fut l'idée vague que je donnai du dessin de mon ouvrage à Jean-Jacques. Il en fut enchanté. Nous en fîmes plus d'une fois, dans nos promenades, le sujet de nos plus douces conversations. Il imaginait quelquefois des incidents d'une simplicité piquante, dont je tirais parti. Un jour même, il m'engagea à en changer tout le plan. « Il faut, » me dit-il, supposer une action principale » dans votre histoire, telle que celle d'un » homme qui voyage pour connaître les » hommes. Il en naîtra des événements variés » et agréables. De plus, il faut opposer à » l'état de nature des peuples d'Arcadie, » l'état de corruption d'un autre peuple, » afin de faire sortir vos tableaux par des » contrastes. »

Ce conseil fut pour moi un rayon de lumière qui en produisit un autre : ce fut, avant tout, d'opposer à ces deux tableaux celui de barbarie d'un troisième peuple, afin de représenter les trois états successifs par où passent la plupart des nations; celui de barbarie, de nature, et de corruption. J'eus ainsi une harmonie complète des trois périodes ordinaires aux sociétés humaines.

Pour représenter un état de barbarie, je choisis la Gaule, comme un pays dont les commencements en tout genre devaient le plus nous intéresser, parce que le premier état d'un peuple influe sur toutes les périodes de sa durée, et se fait sentir jusque dans sa décadence, comme l'éducation que reçoit un homme dès la mamelle, influe jusque sur sa décrépitude. Il semble même qu'à cette dernière époque, les habitudes de l'enfance reparaissent avec plus de force que celles du reste de la vie, ainsi que je l'ai observé dans les Études précédentes. Les premières impressions effacent les dernières. Le caractère des nations se forme dès le berceau, ainsi que celui de l'homme. Rome, dans sa décadence, conserva l'esprit de domination universelle qu'elle avait eu dès son origine.

Je trouvai les principaux caractères des mœurs et de la religion des Gaulois, tout tracés dans les Commentaires de César, dans Plutarque, dans les Mœurs des Germains de

Tacite, et dans divers traités modernes de la mythologie des peuples du Nord.

Je reculai plusieurs siècles avant Jules-César l'état des Gaules, afin d'avoir à peindre un caractère plus marqué de barbarie, et approchant de celui que nous avons trouvé aux peuples sauvages de l'Amérique septentrionale. Je fixai le commencement de la civilisation de nos ancêtres à la destruction de Troie, qui fut aussi l'époque, et sans doute la cause de plusieurs grandes révolutions par toute la terre. Les nations qui composent le genre humain, quelque divisées qu'elles paraissent en langages, religions, coutumes et climats, sont en équilibre entre elles, comme les différentes mers qui composent l'Océan sous diverses latitudes. Il ne peut arriver quelque grand mouvement dans une de ces mers, qu'il ne se communique plus ou moins à chacune des autres : elles tendent toutes à se mettre de niveau. Une nation est encore par rapport au genre humain, ce qu'un homme est par rapport à sa nation. Si cet homme y meurt, un autre y renaît dans le même temps. De même, si un état se détruit sur la terre, un autre s'y reforme à la même époque. C'est ce que nous avons vu de nos jours, quand la plus grande partie de la république de Pologne ayant été démembrée dans le nord de l'Europe, pour être confondue dans les trois états voisins, la Russie, la Prusse et l'Autriche, peu de temps après, la plus grande partie des colonies anglaises du nord de l'Amérique s'est détachée des trois états d'Angleterre, d'Irlande et d'Écosse, pour former une république : et comme il y a eu en Europe une portion de la Pologne qui n'a pas été démembrée, il y a eu de même en Amérique une portion des colonies anglaises qui ne s'est pas séparée de l'Angleterre.

On trouve les mêmes réactions politiques dans tous les pays et dans tous les siècles. Lorsque l'empire des Grecs fut renversé sur les bords du Pont-Euxin, en 1453, celui des Turcs le remplaça aussitôt; et lorsque celui de Troie fut détruit en Asie, sous Priam, celui de Rome prit naissance en Italie, sous Énée.

Mais il s'ensuivit de cette ruine totale de Troie, beaucoup de petites révolutions dans le reste du genre humain, et sur-tout en Europe.

J'opposai à l'état de barbarie des Gaules, celui de corruption de l'Égypte, qui était alors à son plus haut degré de civilisation. C'est à l'époque du siége de Troie que plusieurs savants assignent le règne brillant de Sésostris. D'ailleurs, cette opinion, adoptée par Fénélon dans son Télémaque, était une autorité suffisante pour mon ouvrage. Je choisis aussi mon voyageur en Égypte, par le conseil de Jean-Jacques, d'autant que, dans l'antiquité, beaucoup d'établissements politiques et religieux ont reflué de l'Égypte dans la Grèce, dans l'Italie, et même directement dans les Gaules, ainsi que l'histoire et plusieurs de nos anciens usages en font foi. C'est encore une suite des réactions politiques. Lorsqu'un état est à son dernier degré d'élévation, il est à son premier degré de décadence, parce que les choses humaines commencent à déchoir, dès qu'elles ont atteint le faîte de leur grandeur. C'est alors que les arts, les sciences, les mœurs, les langues, commencent à refluer des états civilisés dans les états barbares, ainsi que le démontrent les siècles d'Alexandre chez les Grecs, d'Auguste chez les Romains, et de Louis XIV parmi nous.

Ainsi j'eus des oppositions de caractères entre les Gaulois, les Arcadiens, et les Égyptiens. Mais l'Arcadie seule m'offrit un grand nombre de contrastes avec le reste de la Grèce encore à demi barbare ; entre les mœurs paisibles de ses cultivateurs, et les caractères discordants des héros de Pylos, de Mycène et d'Argos; entre les douces aventures de ses bergères simples et naïves, et les épouvantables catastrophes d'Iphigénie, d'Électre et de Clytemnestre.

Je renfermai les matériaux de mon ouvrage en douze livres, et j'en fis une espèce de poëme épique, non suivant les lois d'Aristote, et celles de nos modernes, qui prétendent, d'après lui, qu'un poëme épique ne doit contenir qu'une action principale de la vie d'un héros; mais suivant les lois de la nature, et à la manière des Chinois, qui y mettent souvent la vie entière d'un héros, ce qui, à mon gré, satisfait davantage. D'ailleurs, je ne m'éloignai pas pour cela de l'exemple d'Homère; car si je m'écartai du plan de son Iliade, je me rapprochai de celui de son Odyssée.

Mais pendant que je m'occupais du bonheur du genre humain, le mien fut troublé par de nouvelles infortunes.

Ma santé et mon expérience ne me permettaient plus de solliciter dans ma patrie les faibles ressources que j'étais au moment d'y perdre, ni d'en aller chercher au dehors. D'ailleurs, le genre de mes travaux ne pouvait intéresser en ma faveur aucun ministre. Je songeai à en mettre au jour de plus propres à me mériter les bienfaits du gouvernement. Je publiai mes Études de la Nature. J'ose croire y avoir détruit de dangereuses erreurs, et démontré d'importantes vérités. Leur succès m'a valu, sans sollicitations, beaucoup de compliments du public, et quelques graces annuelles de la cour, mais si peu solides, qu'une simple révolution dans un ministère me les a enlevées la plupart, et avec elles, ce qu'il y a de plus fâcheux, d'autres plus considérables dont je jouissais depuis quatorze ans. La faveur a fait semblant de me faire du bien. La bienveillance publique a accueilli mon ouvrage avec plus de constance. Je lui dois un peu de calme et de repos. C'est sous son ombre que je fais paraître ce premier livre, intitulé Les Gaules, qui devait servir d'introduction à l'Arcadie. Je n'ai pas eu la satisfaction d'en parler à Jean-Jacques. Ce sujet était trop rude pour nos entretiens. Mais tout âpre et tout sauvage qu'il est, c'est une gorge de rochers d'où l'on entrevoit le vallon où il s'est quelquefois reposé. Lorsqu'il partit même, sans me dire adieu, pour Ermenonville où il a fini ses jours, je cherchai à me rappeler à lui par l'image de l'Arcadie et le souvenir de nos anciennes conversations, en finissant la lettre que je lui écrivais, par ces deux vers de Virgile où je n'avais changé qu'un mot :

Atque utinam ex vobis unus, *tecum* que fuissem
Aut custos gregis, aut maturæ vinitor uvæ !

L'ARCADIE.

LIVRE PREMIER.

LES GAULES.

Un peu avant l'équinoxe d'automne, Tirtée, berger d'Arcadie, faisait paître son troupeau sur une croupe du mont Lycée qui s'avance le long du golfe de Messénie. Il était assis sous des pins, au pied d'une roche, d'où il considérait au loin la mer agitée par les vents du midi. Ses flots, couleur d'olive, étaient blanchis d'écume qui jaillissait en gerbes sur toutes ses grèves. Des bateaux de pêcheurs, paraissant et disparaissant tour-à-tour entre les lames, hasardaient, en s'échouant sur le rivage, d'y chercher leur salut, tandis que de gros vaisseaux à la voile, tout penchés par la violence du vent, s'en éloignaient dans la crainte du naufrage. Au fond du golfe, des troupes de femmes et d'enfants levaient les mains au ciel, et jetaient de grands cris à la vue du danger que couraient ces pauvres mariniers, et des longues vagues qui venaient du large se briser en mugissant sur les rochers de Sténiclaros. Les échos du mont Lycée répétaient de toutes parts leurs bruits rauques et confus avec tant de vérité, que Tirtée parfois tournait la tête, croyant que la tempête était derrière lui, et que la mer brisait au haut de la montagne. Mais les cris des foulques et des mouettes qui venaient, en battant des ailes, s'y réfugier, et les éclairs qui sillonnaient l'horizon, lui faisaient bien voir que la sécurité était sur la terre, et que la tourmente était encore plus grande au loin qu'elle ne paraissait à sa vue. Tirtée plaignait le sort des matelots, et bénissait celui des bergers, semblable en quelque sorte à celui des dieux, puisqu'il mettait le calme dans son cœur et la tempête sous ses pieds. Pendant qu'il se livrait à la reconnaissance envers le ciel, deux hommes d'une belle figure parurent sur le grand chemin qui passait au-dessous de lui, vers le bas de la montagne. L'un était dans la force de l'âge, et l'autre encore dans sa fleur. Ils marchaient à la hâte, comme des voyageurs qui se pressent d'arriver. Dès qu'ils furent à la portée de la voix, le plus âgé demanda à Tirtée s'ils n'étaient pas sur la route d'Argos. Mais le bruit du vent dans les pins l'empêchant de se

faire entendre, le plus jeune monta vers ce berger, et lui cria : « Mon père, ne sommes-nous
» pas sur la route d'Argos ? — Mon fils, lui répondit Tirtée, je ne sais point où est Argos.
» Vous êtes en Arcadie, sur le chemin de Tégée ;
» et ces tours que vous voyez là-bas, sont celles
» de Bellémine. » Pendant qu'ils parlaient, un barbet jeune et folâtre, qui accompagnait cet étranger, ayant aperçu dans le troupeau une chèvre toute blanche, s'en approcha pour jouer avec elle ; mais la chèvre effrayée à la vue de cet animal dont les yeux étaient tout couverts de poils, s'enfuit vers le haut de la montagne où le barbet la poursuivit. Ce jeune homme rappela son chien, qui revint aussitôt à ses pieds, baissant la tête et remuant la queue ; il lui passa une laisse autour du cou ; et, priant le berger de l'arrêter, il courut lui-même après la chèvre qui s'enfuyait toujours : mais son chien le voyant partir, donna une si rude secousse à Tirtée, qu'il lui échappa avec la laisse ; et se mit à courir si vite sur les pas de son maître, que bientôt on ne vit plus ni la chèvre, ni le voyageur, ni son chien.

L'étranger resté sur le grand chemin, se disposait à aller vers son compagnon ; lorsque le berger lui dit : « Seigneur, le temps est rude, la
» nuit s'approche, la forêt et la montagne sont
» pleines de fondrières où vous pourriez vous

6.

» égarer. Venez prendre un peu de repos dans
» ma cabane, qui n'est pas loin d'ici. Je suis
» bien sûr que ma chèvre, qui est fort privée,
» y reviendra d'elle-même, et y ramènera votre
» ami, s'il ne la perd point de vue. » En même
temps, il joua de son chalumeau, et le troupeau
se mit à défiler, par un sentier, vers le haut de
la montagne. Un grand bélier marchait à la tête
de ce troupeau ; il était suivi de six chèvres dont
les mamelles pendaient jusqu'à terre ; douze
brebis, accompagnées de leurs agneaux déjà
grands, venaient après ; une ânesse avec son
ânon fermaient la marche.

L'étranger suivit Tirtée sans rien dire. Ils
montèrent environ six cents pas, par une pelouse découverte, parsemée çà et là de genêts
et de romarins ; et comme ils entraient dans la
forêt de chênes qui couvre le haut du mont
Lycée, ils entendirent les aboiements d'un chien ;
bientôt après, ils virent venir au-devant d'eux le
barbet, suivi de son maître qui portait la chèvre
blanche sur ses épaules. Tirtée dit à ce jeune
homme : « Mon fils, quoique cette chèvre soit
» la plus chérie de mon troupeau, j'aimerais
» mieux l'avoir perdue, que de vous avoir donné
» la fatigue de la reprendre à la course : mais
» vous vous reposerez, s'il vous plaît, cette nuit
» chez moi ; et demain, si vous voulez vous
» mettre en route, je vous montrerai le chemin

» de Tégée, d'où on vous enseignera celui d'Ar-
» gos. Cependant, seigneurs, si vous m'en
» croyez l'un et l'autre, vous ne partirez point
» demain d'ici. C'est demain la fête de Jupiter,
» au mont Lycée. On s'y rassemble de toute
» l'Arcadie et d'une grande partie de la Grèce.
» Si vous y venez avec moi, vous me rendrez
» plus agréable à Jupiter quand je me présen-
» terai à son autel, pour l'adorer, avec des
» hôtes. » Le jeune étranger répondit : « O bon
» berger! nous acceptons volontiers votre hos-
» pitalité pour cette nuit ; mais demain, dès
» l'aurore, nous continuerons notre route pour
» Argos. Depuis long-temps nous luttons contre
» la mer, pour arriver à cette ville fameuse dans
» toute la terre, par ses temples, par ses palais,
» et par la demeure du grand Agamemnon. »

Après avoir ainsi parlé, ils traversèrent une partie de la forêt du mont Lycée vers l'orient, et ils descendirent dans un petit vallon abrité des vents. Une herbe molle et fraîche couvrait les flancs de ses collines. Au fond, coulait un ruisseau appelé Achéloüs[1], qui allait se jeter dans le fleuve Alphée, dont on apercevait au loin, dans la plaine, les îles couvertes d'aunes et de tilleuls. Le tronc d'un vieux saule ren-versé par le temps, servait de pont à l'Achéloüs, et ce pont n'avait pour garde-fous que de grands roseaux, qui s'élevaient à sa droite et à sa gauche :

mais le ruisseau, dont le lit était semé de rochers, était si facile à passer à gué, et on faisait si peu d'usage de son pont, que des convolvulus le couvraient presque en entier de leurs festons de feuilles en cœur et de fleurs en cloches blanches.

A quelque distance de ce pont, était l'habitation de Tirtée. C'était une petite maison couverte de chaume, bâtie au milieu d'une pelouse. Deux peupliers l'ombrageaient du côté du couchant. Du côté du midi, une vigne en entourait la porte et les fenêtres, de ses grappes pourprées et de ses pampres déjà colorés de feu. Un vieux lierre la tapissait au nord, et couvrait de son feuillage toujours vert, une partie de l'escalier qui conduisait par dehors à l'étage supérieur.

Dès que le troupeau s'approcha de la maison, il se mit à bêler, suivant sa coutume. Aussitôt, on vit descendre par l'escalier une jeune fille, qui portait sous son bras un vase à traire le lait. Sa robe était de laine blanche; ses cheveux châtains étaient retroussés sous un chapeau d'écorce de tilleul; elle avait les bras et les pieds nus, et pour chaussure, des soques, suivant l'usage des filles d'Arcadie. A sa taille, on l'eût prise pour une nymphe de Diane; à son vase, pour la naïade du ruisseau; mais à sa timidité, on voyait bien que c'était une bergère. Dès qu'elle aperçut

A SA TAILLE, ON L'EÛT PRISE POUR UNE NYMPHE DE DIANE;
A SON VASE, POUR LA NAIADE DU RUISSEAU.

des étrangers, elle baissa les yeux et se mit à rougir.

Tirtée lui dit : « Cyanée, ma fille, hâtez-vous de traire vos chèvres et de nous préparer à manger, tandis que je ferai chauffer de l'eau pour laver les pieds de ces voyageurs que Jupiter nous envoie. » En attendant, il pria ces étrangers de se reposer au pied de la vigne, sur un banc de gazon. Cyanée s'étant mise à genoux sur la pelouse, tira le lait des chèvres, qui s'étaient rassemblées autour d'elle; et quand elle eut fini, elle conduisit le troupeau dans la bergerie, qui était à un bout de la maison. Cependant, Tirtée fit chauffer de l'eau, vint laver les pieds de ses hôtes; après quoi il les invita d'entrer.

Il faisait déjà nuit; mais une lampe suspendue au plancher, et la flamme du foyer placé, suivant l'usage des Grecs, au milieu de l'habitation, en éclairaient suffisamment l'intérieur. On y voyait accrochées aux murs, des flûtes, des panetières, des houlettes; des formes à faire des fromages; et sur des planches attachées aux solives, des corbeilles de fruits, et des terrines pleines de lait. Au-dessus de la porte d'entrée, était une petite statue de terre de la bonne Cérès; et sur celle de la bergerie, la figure du dieu Pan, faite d'une racine d'olivier.

Dès que les voyageurs furent introduits, Cyanée mit la table, et servit des choux vers, des

pains de froment, un pot rempli de vin, un fromage à la crême, des œufs frais, et des secondes figues de l'année, blanches et violettes. Elle approcha de la table quatre siéges de bois de chêne. Elle couvrit celui de son père d'une peau de loup, qu'il avait tué lui-même à la chasse. Ensuite, étant montée à l'étage supérieur, elle en descendit avec deux toisons de brebis; mais pendant qu'elle les étendait sur les siéges des voyageurs, elle se mit à pleurer. Son père lui dit : « Ma chère fille, serez-vous toujours incon-
» solable de la perte de votre mère? et ne pour-
» rez-vous jamais rien toucher de tout ce qui a
» été à son usage, sans verser des larmes? »
Cyanée ne répondit rien ; mais se tournant vers la muraille, elle s'essuya les yeux. Tirtée fit une prière et une libation à Jupiter hospitalier; et faisant asseoir ses hôtes, ils se mirent tous à manger en gardant un profond silence.

Quand les mets furent desservis, Tirtée dit aux deux voyageurs : « Mes chers hôtes, si vous
» fussiez descendus chez quelque autre habitant
» de l'Arcadie, ou si vous fussiez passés ici il y a
» quelques années, vous eussiez été beaucoup
» mieux reçus. Mais la main de Jupiter m'a
» frappé. J'ai eu sur le coteau voisin un jardin
» qui me fournissait, dans toutes les saisons,
» des légumes et d'excellents fruits : il est main-
» tenant confondu dans la forêt. Ce vallon soli-

» taire retentissait du mugissement de mes bœufs.
» Vous n'eussiez entendu, du matin au soir,
» dans ma maison, que des chants d'allégresse
» et des cris de joie. J'ai vu, autour de cette
» table, trois garçons et quatre filles. Le plus
» jeune de mes fils était en état de conduire un
» troupeau de brebis. Ma fille Cyanée habillait
» ses petites sœurs, et leur tenait déjà lieu de
» mère. Ma femme, laborieuse et encore jeune,
» entretenait toute l'année, autour de moi, la
» gaieté, la paix et l'abondance. Mais la perte
» de mon fils aîné a entraîné celle de presque
» toute ma famille. Il aimait, comme un jeune
» homme, à faire preuve de sa légèreté, en
» montant au haut des plus grands arbres. Sa
» mère, à qui de pareils exercices causaient une
» frayeur extrême, l'avait prié plusieurs fois de
» s'en abstenir. Je lui avais prédit qu'il lui en
» arriverait quelque malheur. Hélas! les dieux
» m'ont puni de mes prédictions indiscrètes, en
» les accomplissant. Un jour d'été que mon fils
» était dans la forêt à garder les troupeaux avec
» ses frères, le plus jeune d'entre eux eut envie
» de manger des fruits d'un merisier sauvage.
» Aussitôt, l'aîné monta dans l'arbre pour en
» cueillir; et quand il fut au sommet, qui était
» très-élevé, il aperçut sa mère aux environs,
» qui, le voyant à son tour, jeta un cri d'effroi
» et se trouva mal. A cette vue, la peur ou le re-

» pentir saisit mon malheureux fils ; il tomba.
» Sa mère, revenue à elle aux cris de ses en-
» fants, accourut vers lui : en vain elle essaya
» de le ranimer dans ses bras; l'infortuné tourna
» les yeux vers elle, prononça son nom et le
» mien, et expira. La douleur dont mon épouse
» fut saisie, la mena en peu de jours au tom-
» beau. La plus tendre union régnait entre mes
» enfants, et égalait leur affection pour leur
» mère. Ils moururent tous du regret de sa perte,
» et de celle les uns des autres. Avec combien
» de peine n'ai-je pas conservé celle-ci!.... »
Ainsi parla Tirtée, et, malgré ses efforts, des
pleurs inondèrent ses yeux. Cyanée se jeta au
cou de son père, et mêlant ses larmes aux siennes, elle le pressait dans ses bras sans pouvoir
parler. Tirtée lui dit : « Cyanée, ma chère fille,
» mon unique consolation, cesse de t'affliger.
» Nous les reverrons un jour : ils sont avec les
» dieux. » Il dit, et la sérénité reparut sur son
visage et sur celui de sa fille. Elle versa, d'un air
tranquille, du vin dans toutes les coupes ; puis,
prenant un fuseau avec une quenouille chargée
de laine, elle vint s'asseoir auprès de son père,
et se mit à filer en le regardant et en s'appuyant
sur ses genoux.

Cependant les deux voyageurs fondaient en
larmes. Enfin, le plus jeune prenant la parole,
dit à Tirtée : « Quand nous aurions été reçus

» dans le palais et à la table d'Agamemnon, au
» moment où, couvert de gloire, il reverra sa
» fille Iphigénie et son épouse Clytemnestre, qui
» soupirent depuis si long-temps après son re-
» tour, nous n'aurions pu ni voir ni entendre
» des choses aussi touchantes que celles dont
» nous sommes spectateurs. O bon berger! il
» faut l'avouer, vous avez éprouvé de grands
» maux; mais si Céphas que vous voyez, qui a
» beaucoup voyagé, voulait vous entretenir de
» ceux qui accablent les hommes par toute la
» terre, vous passeriez la nuit à l'entendre et à
» bénir votre sort. Que d'inquiétudes vous sont
» inconnues au milieu de ces retraites paisibles!
» Vous y vivez libre; la nature fournit à tous vos
» besoins; l'amour paternel vous rend heureux,
» et une religion douce vous console de toutes
» vos peines. »

Céphas prenant la parole, dit à son jeune
ami : « Mon fils, racontez-nous vos propres mal-
» heurs : Tirtée vous écoutera avec plus d'inté-
» rêt qu'il ne m'écouterait moi-même. Dans
» l'âge viril, la vertu est souvent le fruit de la
» raison; mais dans la jeunesse, elle est tou-
» jours celui du sentiment. »

Tirtée s'adressant au jeune étranger, lui dit :
« A mon âge, on dort peu. Si vous n'êtes pas
» trop pressé du sommeil, j'aurai bien du plai-
» sir à vous entendre. Je ne suis jamais sorti de

» mon pays; mais j'aime et j'honore les voya-
» geurs. Ils sont sous la protection de Mercure
» et de Jupiter. On apprend toujours quelque
» chose d'utile avec eux. Pour vous, il faut que
» vous ayez éprouvé de grands chagrins dans
» votre patrie, pour avoir quitté si jeune vos
» parents, avec lesquels il est si doux de vivre
» et de mourir. »

Quoiqu'il soit difficile, lui répondit ce jeune homme, de parler toujours de soi avec sincérité, vous nous avez fait un si bon accueil, que je vous raconterai volontiers toutes mes aventures, bonnes et mauvaises.

Je m'appelle Amasis. Je suis né à Thèbes en Égypte, d'un père riche. Il me fit élever par les prêtres du temple d'Osiris. Ils m'enseignèrent toutes les sciences dont l'Égypte s'honore : la langue sacrée, par laquelle on communique avec les siècles passés; et la langue grecque, qui nous sert à entretenir des relations avec les peuples de l'Europe. Mais, ce qui est au-dessus des sciences et des langues, ils m'apprirent à être juste, à dire la vérité, à ne craindre que les dieux, et à préférer à tout la gloire qui s'acquiert par la vertu.

Ce dernier sentiment crût en moi avec l'âge. On ne parlait depuis long-temps en Égypte que de la guerre de Troie. Les noms d'Achille, d'Hector, et des autres héros, m'empêchaient de dormir. J'aurais acheté un seul jour de leur renommée par le sacrifice de toute ma vie. Je trouvais heureux mon compatriote Memnon, qui avait péri sur les murs de Troie, et pour lequel on construisait à Thèbes un superbe tombeau[2]. Que dis-je? j'aurais donné volontiers mon corps pour être changé dans la statue d'un héros, pourvu qu'on m'eût exposé sur une colonne à la vénération des peuples.

Je résolus donc de m'arracher aux délices de l'Égypte, et aux douceurs de la maison paternelle, pour acquérir une grande réputation. Toutes les fois que je me présentais devant mon père : « Envoyez-moi au siége de Troie, lui
» disais-je, afin que je me fasse un nom illustre
» parmi les hommes. Vous avez mon frère aîné,
» qui vous suffit pour assurer votre postérité. Si
» vous vous opposez toujours à mes désirs dans
» la crainte de me perdre, sachez que, si j'é-
» chappe à la guerre, je n'échapperai pas au
» chagrin. » En effet, je dépérissais à vue d'œil; je fuyais toute société, et j'étais si solitaire qu'on m'en avait donné le surnom de Monéros. Mon père voulut en vain combattre un sentiment qui était le fruit de l'éducation qu'il m'avait donnée.

Un jour il me présenta à Céphas, en m'exhortant à suivre ses conseils. Quoique je n'eusse jamais vu Céphas, une sympathie secrète m'attacha d'abord à lui. Ce respectable ami ne chercha

point à combattre ma passion favorite; mais
pour l'affaiblir, il lui fit changer d'objet. « Vous
» aimez la gloire, me dit-il; c'est ce qu'il y a
» de plus doux dans le monde, puisque les dieux
» en ont fait leur partage. Mais comment comp-
» tez-vous l'acquérir au siége de Troie? Quel
» parti prendrez-vous, des Grecs ou des Troyens?
» La justice est pour la Grèce; la pitié et le de-
» voir pour Troie. Vous êtes Asiatique[3] : com-
» battrez-vous en faveur de l'Europe contre
» l'Asie? Porterez-vous les armes contre Priam,
» ce père et ce roi infortuné, près de succomber
» avec sa famille et son empire, sous le fer des
» Grecs? D'un autre côté, prendrez-vous la dé-
» fense du ravisseur Pâris et de l'adultère Hé-
» lène, contre Ménélas son époux? Il n'y a point
» de véritable gloire sans justice. Mais quand un
» homme libre pourrait démêler dans les que-
» relles des rois le parti le plus juste, croyez-
» vous que ce serait à le suivre que consiste la
» plus grande gloire qu'on puisse acquérir?
» Quels que soient les applaudissements que les
» victorieux reçoivent de leurs compatriotes,
» croyez-moi, le genre humain sait bien les
» mettre un jour à leur place. Il n'a placé qu'au
» rang des héros et des demi-dieux ceux qui
» n'ont exercé que la justice; comme Thésée,
» Hercule, Pirithoüs, etc.... Mais il a élevé au
» rang des dieux ceux qui ont été bienfaisants :

» tels sont; Isis, qui donna des lois aux hommes;
» Osiris, qui leur apprit les arts et la navigation;
» Apollon, la musique; Mercure, le commerce;
» Pan, à conduire des troupeaux; Bacchus, à
» planter la vigne; Cérès, à faire croître le blé.
» Je suis né dans les Gaules, continua Céphas;
» c'est un pays naturellement bon et fertile,
» mais qui, faute de civilisation, manque de la
» plupart des choses nécessaires au bonheur.
» Allons y porter les arts et les plantes utiles
» de l'Égypte, une religion humaine et des lois
» sociales : nous en rapporterons peut-être des
» choses utiles à votre patrie. Il n'y a point de
» peuple sauvage, qui n'ait quelque industrie
» dont un peuple policé ne puisse tirer parti,
» quelque tradition ancienne, quelque produc-
» tion rare et particulière à son climat. C'est
» ainsi que Jupiter, le père des hommes, a voulu
» lier par un commerce réciproque de bienfaits,
» tous les peuples de la terre, pauvres ou riches,
» barbares ou civilisés. Si nous ne trouvons
» dans les Gaules rien d'utile à l'Égypte, ou si
» nous perdons, par quelque accident, les fruits
» de notre voyage, il nous en restera un que ni
» la mort, ni les tempêtes ne sauraient nous en-
» lever; ce sera le plaisir d'avoir fait du bien. »

Ce discours éclaira tout-à-coup mon esprit
d'une lumière divine. J'embrassai Céphas, les
larmes aux yeux. « Partons, lui dis-je ; allons

» faire du bien aux hommes ; allons imiter les
» dieux ! »

Mon père approuva notre projet : et comme je prenais congé de lui, il me dit en me serrant dans ses bras : « Mon fils, vous allez entrepren-
» dre la chose la plus difficile qu'il y ait au monde,
» puisque vous allez travailler au bonheur des
» hommes. Mais, si vous pouvez y trouver le
» vôtre, soyez bien sûr que vous ferez le mien. »

Après avoir fait nos adieux, Céphas et moi, nous nous embarquâmes à Canope, sur un vaisseau phénicien qui allait chercher des pelleteries dans les Gaules, et de l'étain dans les Iles Britanniques. Nous emportâmes avec nous des toiles de lin, des modèles de chariots, de charrues et de divers métiers ; des cruches de vin, des instruments de musique, des graines de toute espèce, entre autres, celles du chanvre et du lin. Nous fîmes attacher dans des caisses, autour de la poupe du vaisseau, sur son pont et jusque dans ses cordages, des ceps de vigne qui étaient en fleur, et des arbres fruitiers de plusieurs sortes. On aurait pris notre vaisseau, couvert de pampres et de feuillages, pour celui de Bacchus allant à la conquête des Indes.

Nous mouillâmes d'abord sur les côtes de l'île de Crète, pour y prendre des plantes convenables au climat des Gaules. Cette île nourrit une plus grande quantité de végétaux que l'Égypte, dont elle est voisine, par la variété de ses températures, qui s'étendent depuis les sables chauds de ses rivages, jusqu'au pied des neiges qui couvrent le mont Ida, dont le sommet se perd dans les nues. Mais ce qui doit être encore bien plus cher à ses habitants, elle est gouvernée par les sages lois de Minos.

Un vent favorable nous poussa ensuite de la Crète à la hauteur de Mélite[4]. C'est une petite île dont les collines de pierre blanche paraissent de loin sur la mer, comme des toiles tendues au soleil. Nous y jetâmes l'ancre pour y faire de l'eau, que l'on y conserve très-pure dans des citernes. Nous y aurions vainement cherché d'autres secours : cette île manque de tout, quoique par sa situation entre la Sicile et l'Afrique, et par la vaste étendue de son port qui se partage en plusieurs bras, elle dût être le centre du commerce entre les peuples de l'Europe, de l'Afrique, et même de l'Asie. Ses habitants ne vivent que de brigandages. Nous leur fîmes présent de graines de melon et de celles du xylon[5]. C'est une herbe qui se plaît dans les lieux les plus arides, et dont la bourre sert à faire des toiles très-blanches et très-légères. Quoique Mélite, qui n'est qu'un rocher, ne produise presque rien pour la subsistance des hommes et des animaux, on y prend chaque année, vers l'équinoxe d'automne[6], une quantité prodigieuse de cailles qui s'y reposent en passant d'Europe en Afrique. C'est un spectacle curieux de les voir, toutes pesantes qu'elles sont, traverser la mer en nombre presque infini. Elles attendent que le vent du nord souffle ; et dressant en l'air une de leurs ailes, comme une voile, et battant de l'autre comme d'une rame, elles rasent les flots, de leurs croupions chargés de graisse. Quand elles arrivent dans l'île, elles sont si fatiguées, qu'on les prend à la main. Un homme en peut ramasser dans un jour, plus qu'il n'en peut manger dans une année.

De Mélite, les vents nous poussèrent jusqu'aux îles d'Énosis 7, qui sont à l'extrémité méridionale de la Sardaigne. Là, ils devinrent contraires, et nous obligèrent de mouiller. Ces îles sont des écueils sablonneux, qui ne produisent rien ; mais par une merveille de la providence des dieux, qui dans les lieux les plus stériles sait nourrir les hommes de mille manières différentes, elle a donné des thons à ces sables, comme elle a donné des cailles au rocher de Mélite. Au printemps, les thons qui entrent de l'Océan dans la Méditerranée, passent en si grande quantité entre la Sardaigne et les îles d'Énosis, que leurs habitants sont occupés nuit et jour à les pêcher, à les saler, et à en tirer de l'huile. J'ai vu, sur leurs rivages, des monceaux d'os brûlés de ces poissons, plus hauts que cette maison. Mais ce présent de la nature ne rend pas les insulaires plus riches. Ils pêchent pour le profit des habitants de la Sardaigne. Ainsi nous ne vîmes que des esclaves aux îles d'Énosis, et des tyrans à Mélite.

Les vents étant devenus favorables, nous partîmes après avoir fait présent aux habitants d'Énosis de quelques ceps de vigne, et en avoir reçu de jeunes plants de châtaigniers, qu'ils tirent de la Sardaigne, où les fruits de ces arbres viennent d'une grosseur considérable.

Pendant le voyage, Céphas me faisait remarquer les aspects variés des terres, dont la nature n'a fait aucune semblable en qualité et en forme, afin que diverses plantes et divers animaux pussent trouver, dans le même climat, des températures différentes. Quand nous n'apercevions que le ciel et l'eau, il me faisait observer les hommes. Il me disait : « Voyez ces gens de mer,
» comme ils sont robustes ! Vous les prendriez
» pour des Tritons. L'exercice du corps est l'ali-
» ment de la santé[8]. Il dissipe une infinité de
» maladies et de passions qui naissent dans le
» repos des villes. Les dieux ont planté la vie
» humaine comme les chênes de mon pays. Plus
» ils sont battus des vents, plus ils sont vigou-
» reux. La mer, me disait-il encore, est une
» école de toutes les vertus. On y vit dans des
» privations et dans des dangers de toute es-

» pèce. On est forcé d'y être courageux, sobre,
» chaste, prudent, patient, vigilant, religieux. »
Mais, lui répondis-je, pourquoi la plupart de
nos compagnons de voyage n'ont-ils aucune de
ces qualités-là ? Ils sont presque tous intempé-
rants, violents, impies, louant ou blâmant sans
discernement tout ce qu'ils voient faire.

« Ce n'est point la mer qui les a corrompus,
» reprit Céphas. Ils y ont apporté leurs passions
» de la terre. C'est l'amour des richesses, la pa-
» resse, le désir de se livrer à toutes sortes de
» désordres quand ils sont à terre, qui détermi-
» nent un grand nombre d'hommes à voyager
» sur la mer pour s'enrichir; et comme ils ne
» trouvent qu'avec beaucoup de peine les moyens
» de se satisfaire sur cet élément, vous les voyez
» toujours inquiets, sombres et impatients,
» parce qu'il n'y a rien de si mauvaise humeur
» que le vice, quand il se trouve dans le chemin
» de la vertu. Un vaisseau est le creuset où s'é-
» prouvent les qualités morales. Le méchant y
» empire, et le bon y devient meilleur. Mais la
» vertu tire parti de tout. Profitez de leurs dé-
» fauts. Vous apprendrez ici à mépriser égale-
» ment l'injure et les vains applaudissements, à
» mettre votre contentement en vous-même, et
» à ne prendre que les dieux pour témoins de
» vos actions. Celui qui veut faire du bien aux
» hommes, doit s'exercer de bonne heure à en

» recevoir du mal. C'est par les travaux du
» corps, et par l'injustice des hommes, que vous
» fortifierez à-la-fois votre corps et votre ame.
» C'est ainsi qu'Hercule a acquis ce courage et
» cette force prodigieuse qui ont porté sa gloire
» jusqu'aux astres. »

Je suivais donc, autant que je le pouvais, les conseils de mon ami, malgré mon extrême jeunesse. Je travaillais à lever les lourdes antennes et à manœuvrer les voiles ; mais à la moindre raillerie de mes compagnons, qui se moquaient de mon inexpérience, j'étais tout déconcerté. Il m'était plus facile de m'exercer contre les tempêtes que contre les mépris des hommes ; tant mon éducation m'avait déjà rendu sensible à l'opinion d'autrui !

Nous passâmes le détroit qui sépare l'Afrique de l'Europe, et nous vîmes, à droite et à gauche, les deux montagnes Calpé et Abila qui en fortifient l'entrée. Nos matelots phéniciens ne manquèrent pas de nous faire observer que leur nation était la première de toutes celles de la terre, qui avait osé pénétrer dans le vaste Océan, et cotoyer ses rivages jusque sous l'Ourse glacée. Ils mirent sa gloire fort au-dessus de celle d'Hercule, qui avait planté, disaient-ils, deux colonnes à ce passage, avec l'inscription : ON NE VA POINT AU DELA, comme si le terme de ses travaux devait être celui des courses du genre

humain. Céphas, qui ne négligeait aucune occasion de rappeler les hommes à la justice, et de rendre hommage à la mémoire des héros, leur disait : « J'ai toujours ouï dire qu'il fallait res-
» pecter les anciens. Les inventeurs en chaque
» science sont les plus dignes de louange, parce
» qu'ils en ouvrent la carrière aux autres hommes.
» Il est peu difficile ensuite à ceux qui viennent
» après eux, d'aller plus avant. Un enfant, monté
» sur les épaules d'un grand homme, voit plus
» loin que celui qui le porte. » Mais Céphas leur parlait en vain : ils ne daignèrent pas rendre le moindre honneur à la mémoire du fils d'Alcmène. Pour nous, nous vénérâmes les rivages de l'Espagne, où il avait tué Géryon à trois corps; nous couronnâmes nos têtes de branches de peuplier, et nous versâmes, en son honneur, du vin de Thasos dans les flots.

Bientôt nous découvrîmes les profondes et verdoyantes forêts qui couvrent la Gaule Celtique. C'est un fils d'Hercule, appelé Galatès, qui donna à ses habitants le surnom de Galates, ou de Gaulois. Sa mère, fille d'un roi des Celtes, était d'une grandeur prodigieuse. Elle dédaignait de prendre un mari parmi les sujets de son père ; mais quand Hercule passa dans les Gaules, après la défaite de Géryon, elle ne put refuser son cœur et sa main au vainqueur d'un tyran. Nous entrâmes ensuite dans le canal qui sépare la Gaule des îles Britanniques, et en peu de jours nous parvînmes à l'embouchure de la Seine, dont les eaux vertes se distinguent en tout temps des flots azurés de la mer.

J'étais au comble de la joie. Nous étions près d'arriver. Nos arbres étaient frais et couverts de feuilles. Plusieurs d'entre eux, entre autres les ceps de vigne, avaient des fruits mûrs. Je pensais au bon accueil qu'allaient nous faire des peuples dénués des principaux biens de la nature, lorsqu'ils nous verraient débarquer sur leurs rivages, avec les plus douces productions de l'Égypte et de la Crète. Les seuls travaux de l'agriculture suffisent pour fixer les peuples errants et vagabonds, et leur ôter le désir de soutenir, par la violence, la vie humaine que la nature entretient par tant de bienfaits. Il ne faut qu'un grain de blé, me disais-je, pour policer tous les Gaulois, par les arts que l'agriculture fait naître. Cette seule graine de lin suffit pour les vêtir un jour. Ce cep de vigne est suffisant pour répandre à perpétuité la gaieté et la joie dans leurs festins. Je sentais alors combien les ouvrages de la nature sont supérieurs à ceux des hommes. Ceux-ci dépérissent dès qu'ils commencent à paraître; les autres, au contraire, portent en eux l'esprit de vie qui les propage. Le temps, qui détruit les monuments des arts, ne fait que multiplier ceux de la nature. Je voyais, dans une seule semence, plus de vrais biens renfermés, qu'il n'y en a, en Égypte, dans les trésors des rois.

Je me livrais à ces divines et humaines spéculations ; et, dans les transports de ma joie, j'embrassais Céphas qui m'avait donné une si juste idée des biens des peuples et de la véritable gloire. Cependant, mon ami remarqua que le pilote se préparait à remonter la Seine, à l'embouchure de laquelle nous étions alors. La nuit s'approchait ; le vent soufflait de l'occident, et l'horizon était fort chargé. Céphas dit au pilote : « Je vous conseille de ne point entrer dans le » fleuve ; mais plutôt de jeter l'ancre dans ce » port aimé d'Amphitrite que vous voyez sur la » gauche. Voici ce que j'ai ouï raconter à ce » sujet à nos anciens :

» La Seine, fille de Bacchus et nymphe de » Cérès, avait suivi dans les Gaules la déesse » des blés, lorsqu'elle cherchait sa fille Proser» pine par toute la terre. Quand Cérès eut mis » fin à ses courses, la Seine la pria de lui don» ner, en récompense de ses services, ces prai» ries que vous voyez là-bas. La déesse y con» sentit, et accorda de plus à la fille de Bacchus, » de faire croître des blés par-tout où elle por» terait ses pas. Elle laissa donc la Seine sur ces » rivages, et lui donna pour compagne et pour » suivante, la nymphe Héva, qui devait veiller » près d'elle, de peur qu'elle ne fût enlevée par

» quelque dieu de la mer, comme sa fille Pro-
» serpine l'avait été par celui des enfers. Un
» jour que la Seine s'amusait à courir sur ces
» sables en cherchant des coquilles, et qu'elle
» fuyait, en jetant de grands cris, devant les
» flots de la mer qui quelquefois lui mouillaient
» la plante des pieds, et quelquefois l'attei-
» gnaient jusqu'aux genoux, Héva sa compagne
» aperçut sous les ondes les chevaux blancs, le
» visage empourpré et la robe bleue de Nep-
» tune. Ce dieu venait des Orcades après un
» grand tremblement de terre, et il parcourait
» les rivages de l'Océan, examinant, avec son
» trident, si leurs fondements n'avaient point
» été ébranlés. A sa vue, Héva jeta un grand cri,
» et avertit la Seine, qui s'enfuit aussitôt vers
» les prairies. Mais le dieu des mers avait aperçu
» la nymphe de Cérès, et, touché de sa bonne
» grace et de sa légèreté, il poussa sur le rivage
» ses chevaux marins après elle. Déjà il était
» près de l'atteindre, lorsqu'elle invoqua Bacchus
» son père, et Cérès sa maîtresse. L'une et l'autre
» l'exaucèrent : dans le temps que Neptune ten-
» dait les bras pour la saisir, tout le corps de la
» Seine se fondit en eau ; son voile et ses vête-
» ments verts, que les vents poussaient devant
» elle, devinrent des flots couleur d'émeraude ;
» elle fut changée en un fleuve de cette couleur,
» qui se plaît encore à parcourir les lieux qu'elle

» a aimés étant nymphe. Ce qu'il y a de plus re-
» marquable, c'est que Neptune, malgré sa mé-
» tamorphose, n'a cessé d'en être amoureux,
» comme on dit que le fleuve Alphée l'est en-
» core en Sicile de la fontaine Aréthuse. Mais si
» le dieu des mers a conservé son amour pour
» la Seine, la Seine garde encore son aversion
» pour lui. Deux fois par jour, il la poursuit
» avec de grands mugissements, et chaque fois,
» la Seine s'enfuit dans les prairies en remon-
» tant vers sa source, contre le cours naturel
» des fleuves. En tout temps, elle sépare ses eaux
» vertes des eaux azurées de Neptune.

» Héva mourut du regret de la perte de sa maî-
» tresse. Mais les Néréides, pour la récompenser
» de sa fidélité, lui élevèrent sur le rivage un tom-
» beau de pierres blanches et noires, qu'on aper-
» çoit de fort loin. Par un art céleste, elles y en-
» fermèrent même un écho, afin qu'Héva, après
» sa mort, prévînt par l'ouïe et par la vue les ma-
» rins des dangers de la terre, comme, pendant
» sa vie, elle avait averti la nymphe de Cérès des
» dangers de la mer. Vous voyez d'ici son tom-
» beau. C'est cette montagne escarpée, formée
» de couches funèbres de pierres blanches et
» noires. Elle porte toujours le nom de Héva [9].
» Vous voyez, à ces amas de cailloux dont sa base
» est couverte, les efforts de Neptune irrité pour
» en ronger les fondements; et vous pouvez en-

» tendre d'ici les mugissements de la montagne
» qui avertit les gens de mer de prendre garde
» à eux. Pour Amphitrite, touchée du malheur
» de la Seine et de l'infidélité de Neptune, elle
» pria les Néréides de creuser cette petite baie
» que vous voyez sur votre gauche, à l'embou-
» chure du fleuve; et elle voulut qu'elle fût en
» tout temps un havre assuré contre les fureurs
» de son époux. Entrez-y donc maintenant, si
» vous m'en croyez, pendant qu'il fait jour. Je
» puis vous certifier que j'ai vu souvent le dieu
» des mers poursuivre la Seine bien avant dans
» les campagnes, et renverser tout ce qui se
» rencontrait sur son passage. Gardez-vous donc
» de vous trouver sur le chemin d'un dieu que
» l'amour met en fureur. »

« Il faut, répondit le pilote à Céphas, que
» vous me preniez pour un homme bien stupide,
» de me faire de pareils contes à mon âge. Il y
» a quarante ans que je navigue. J'ai mouillé de
» nuit et de jour dans la Tamise, pleine d'écueils,
» et dans le Tage, qui est si rapide : j'ai vu les
» cataractes du Nil, qui font un bruit affreux;
» et jamais je n'ai vu, ni ouï rien dire de sem-
» blable à ce que vous venez de me raconter. Je
» ne serai pas assez fou de m'arrêter ici à l'an-
» cre, tandis que le vent est favorable pour re-
» monter le fleuve. Je passerai la nuit dans son
» canal, et j'y dormirai bien profondément. »

Il dit, et de concert avec les matelots, il fit une huée, comme les hommes présomptueux et ignorants ont coutume de faire, quand on leur donne des avis dont ils ne comprennent pas le sens.

Céphas alors s'approcha de moi, et me demanda si je savais nager. Non, lui répondis-je. J'ai appris en Égypte tout ce qui pouvait me faire honneur parmi les hommes, et presque rien de ce qui pouvait m'être utile à moi-même. Il me dit : « Ne nous quittons pas : tenons-nous près de ce banc de rameurs, et mettons toute notre confiance dans les dieux. »

Cependant, le vaisseau poussé par le vent, et sans doute aussi par la vengeance d'Hercule, entra dans le fleuve à pleines voiles. Nous évitâmes d'abord trois bancs de sable, qui sont à son embouchure ; ensuite, nous étant engagés dans son canal, nous ne vîmes plus autour de nous qu'une vaste forêt, qui s'étendait jusque sur ses rivages. Nous n'apercevions dans ce pays d'autres marques d'habitation, que quelques fumées qui s'élevaient çà et là au-dessus des arbres. Nous voguâmes ainsi jusqu'à ce que, la nuit nous empêchant de rien distinguer, le pilote laissa tomber l'ancre.

Le vaisseau, chassé d'un côté par un vent frais, et de l'autre par le cours du fleuve, vint en travers dans le canal. Mais, malgré cette position dangereuse, nos matelots se mirent à boire et à se réjouir, se croyant à l'abri de tout danger parce qu'ils se voyaient entourés de la terre de toutes parts. Ils furent ensuite se coucher, sans qu'il en restât un seul pour veiller à la manœuvre.

Nous étions restés sur le pont, Céphas et moi, assis sur un banc de rameurs. Nous bannissions le sommeil de nos yeux, en nous entretenant du spectacle majestueux des astres qui roulaient sur nos têtes. Déjà la constellation de l'Ourse était au milieu de son cours, lorsque nous entendîmes au loin un bruit sourd, mugissant, semblable à celui d'une cataracte. Je me levai imprudemment, pour voir ce que ce pouvait être. J'aperçus[10], à la blancheur de son écume, une montagne d'eau qui venait à nous du côté de la mer, en se roulant sur elle-même. Elle occupait toute la largeur du fleuve, et surmontant ses rivages à droite et à gauche, elle se brisait avec un fracas horrible parmi les troncs des arbres de la forêt. Dans l'instant, elle fut sur notre vaisseau, et le rencontrant en travers, elle le coucha sur le côté : ce mouvement me fit tomber dans l'eau. Un moment après, une seconde vague, encore plus élevée que la première, fit tourner le vaisseau tout-à-fait. Je me souviens qu'alors j'entendis sortir une multitude de cris sourds et étouffés de cette carène renversée; mais, voulant appeler moi-même mon ami à mon secours, ma bouche se remplit d'eau salée, mes oreilles bourdonnèrent, je me sentis emporter avec une extrême rapidité, et bientôt après, je perdis toute connaissance.

Je ne sais combien de temps je restai dans l'eau ; mais quand je revins à moi, j'aperçus, vers l'occident, l'arc d'Iris dans les cieux ; et du côté de l'orient, les premiers feux de l'aurore, qui coloraient les nuages d'argent et de vermillon. Une troupe de jeunes filles fort blanches, demi-vêtues de peaux, m'entouraient. Les unes me présentaient des liqueurs dans des coquilles, d'autres m'essuyaient avec des mousses, d'autres me soutenaient la tête avec leurs mains. Leurs cheveux blonds, leurs joues vermeilles, leurs yeux bleus, et je ne sais quoi de céleste que la pitié met sur le visage des femmes, me firent croire que j'étais dans les cieux, et que j'étais servi par les Heures qui en ouvrent chaque jour les portes aux malheureux mortels. Le premier mouvement de mon cœur fut de vous chercher, et le second fut de vous demander, ô Céphas ! Je ne me serais pas cru heureux, même dans l'Olympe, si vous eussiez manqué à mon bonheur. Mais mon illusion se dissipa, lorsque j'entendis ces jeunes filles prononcer de leurs bouches de rose, un langage inconnu et barbare. Je me rappelai alors peu-à-peu les circonstances de mon naufrage. Je me levai. Je voulus vous chercher ; mais je ne savais où vous retrouver. J'errais aux environs au milieu des bois. J'ignorais si le fleuve où nous avions fait naufrage, était près ou loin, à ma droite ou à ma gauche ; et pour surcroît d'embarras, je ne pouvais interroger personne sur sa position.

Après y avoir un peu réfléchi, je remarquai que les herbes étaient humides, et le feuillage des arbres d'un vert brillant, d'où je conclus qu'il avait plu abondamment la nuit précédente. Je me confirmai dans cette idée, à la vue de l'eau qui coulait encore en torrents jaunes le long des chemins. Je pensai que ces eaux devaient se jeter dans quelque ruisseau, et le ruisseau dans le fleuve. J'allais suivre ces indications, lorsque des hommes sortis d'une cabane voisine, me forcèrent d'y entrer d'un ton menaçant. Je m'aperçus alors que je n'étais plus libre, et que j'étais esclave chez des peuples où je m'étais flatté d'être honoré comme un dieu.

J'en atteste Jupiter, ô Céphas ! le déplaisir d'avoir fait naufrage au port, de me voir réduit en servitude par ceux que j'étais venu servir de si loin, d'être relégué dans une terre barbare où je ne pouvais me faire entendre de personne, loin du doux pays de l'Égypte et de mes parents, n'égala pas le chagrin de vous avoir perdu. Je me rappelais la sagesse de vos conseils; votre confiance dans les dieux, dont vous me faisiez sentir la providence au milieu même des plus grands maux; vos observations sur les ouvrages de la nature, qui la remplissaient pour moi de vie et de bienveillance; le calme où vous saviez tenir toutes mes passions; et je sentais par les nuages qui s'élevaient dans mon cœur, que j'avais perdu en vous le premier des biens, et qu'un ami sage est le plus grand présent que la bonté des dieux puisse accorder à un homme.

Je ne pensais donc qu'au moyen de vous retrouver, et je me flattais d'y réussir en m'enfuyant au milieu de la nuit, si je pouvais seulement me rendre au bord de la mer. Je savais bien que je ne pouvais pas en être fort éloigné; mais j'ignorais de quel côté elle était. Il n'y avait point aux environs de hauteur d'où je pusse la découvrir. Quelquefois, je montais au sommet des plus grands arbres; mais je n'apercevais que la surface de la forêt qui s'étendait jusqu'à l'horizon. Souvent, j'étais attentif au vol des oiseaux, pour voir si je n'apercevrais pas quelque oiseau de marine venant à terre faire son nid dans la forêt; ou quelque pigeon sauvage allant picorer le sel sur les bords de la mer. J'aurais préféré mille fois d'entendre les cris perçants des mauves, lorsqu'elles viennent dans les tempêtes se réfugier sur les rochers, au doux chant des rouges-gorges qui annonçaient déjà, dans les feuilles jaunies des bois, la fin des beaux jours.

Une nuit que j'étais couché, je crus entendre au loin le bruit que font les flots de la mer lorsqu'ils se brisent sur ses rivages; il me sembla même que je distinguais le tumulte des eaux de la Seine poursuivie par Neptune. Leurs mugissements qui m'avaient transi d'horreur, me comblèrent alors de joie. Je me levai : je sortis de la cabane, et je prêtai une oreille attentive; mais bientôt, des rumeurs qui venaient de diverses parties de l'horizon, confondirent tous mes jugements, et je reconnus que c'étaient les murmures des vents qui agitaient au loin les feuillages des chênes et des hêtres.

Quelquefois j'essayais de faire entendre aux sauvages de ma cabane, que j'avais perdu un ami. Je mettais la main sur mes yeux, sur ma bouche et sur mon cœur; je leur montrais l'horizon; je levais au ciel mes mains jointes, et je versais des larmes. Ils comprenaient ce langage muet de ma douleur, car ils pleuraient avec moi; mais, par une contradiction dont je ne pouvais me rendre raison, ils redoublaient de précautions pour m'empêcher de m'éloigner d'eux.

Je m'appliquai donc à apprendre leur langue, afin de les instruire de mon sort et de les y rendre sensibles. Ils s'empressaient eux-mêmes de m'enseigner les noms des objets que je leur montrais. L'esclavage est fort doux chez ces peuples. Ma vie, à la liberté près, ne différait en rien de celle de mes maîtres. Tout était commun entre nous, les vivres, le toit, et la terre sur laquelle nous couchions enveloppés de peaux. Ils avaient même des égards pour ma jeunesse, et ils ne me donnaient à supporter que la moindre partie de leurs travaux. En peu de temps, je parvins à converser avec eux. Voici ce que j'ai connu de leur gouvernement et de leur caractère.

Les Gaules sont peuplées d'un grand nombre de petites nations, dont les unes sont gouvernées par des rois, d'autres par des chefs appelés iarles; mais soumises toutes au pouvoir des druides, qui les réunissent sous une même religion, et les gouvernent avec d'autant plus de facilité, que mille coutumes différentes les divisent. Les druides ont persuadé à ces nations, qu'elles descendaient de Pluton, dieu des enfers, qu'ils appellent Hæder, ou l'aveugle. C'est pourquoi les Gaulois comptent par nuits, et non point par jours, et ils comptent les heures du jour du milieu de la nuit, contre la coutume de tous les peuples. Ils adorent plusieurs autres dieux aussi terribles que Hæder, tels que Niorder, le maître des vents, qui brise les vaisseaux sur leurs côtes, afin, disent-ils, de leur en procurer le pillage. Ainsi ils croient que tout vaisseau qui périt sur leurs rivages, leur est envoyé par Niorder. Ils ont de plus, Thor ou Theutatès, le dieu de la guerre, armé d'une massue qu'il lance du haut des airs; ils lui donnent des gants de fer, et un baudrier qui redouble sa fureur quand il en est ceint : Tir, aussi cruel; le taciturne Vidar, qui porte des souliers fort épais, avec lesquels il peut marcher dans l'air et sur l'eau sans faire de bruit; Heimdall à la dent d'or, qui voit le jour et la nuit : il entend le bruit le plus léger, même celui que fait l'herbe ou la laine quand elle croît ; Uller, le dieu de la glace, chaussé de patins; Loke, qui eut trois enfants de la géante Angherbode, la messagère de douleur, savoir : le loup Fenris, le serpent de Midgard, et l'impitoyable Héla. Héla est la mort. Ils disent que son palais est la misère, sa table la famine, sa porte le précipice, son vestibule la langueur, son lit la consomption. Ils ont encore plusieurs autres dieux, dont les exploits sont aussi féroces que les noms : Hérian, Riflindi, Svidur, Svidrer, Salsk; qui veulent dire, le guerrier, le bruyant, l'exterminateur, l'incendiaire, le père du carnage. Les druides honorent ces divinités [11] avec des cérémonies lugubres, des chants lamentables, et des sacrifices humains. Ce culte affreux leur donne tant de pouvoir sur les esprits effrayés des Gaulois, qu'ils président à tous leurs conseils, et décident de toutes les affaires. Si quelqu'un s'oppose à leurs jugements, ils le privent de la communion de leurs mystères [12]; et dès ce moment, il est abandonné de tout le monde, même de sa femme et de ses enfants. Mais il est rare qu'on ose leur résister; car ils se chargent seuls de l'éducation de la jeunesse, afin de lui imprimer de bonne heure, et d'une manière inaltérable, ces opinions horribles.

Quant aux iarles ou nobles, ils ont droit de vie et de mort sur leurs vassaux. Ceux qui vivent sous des rois, leur paient la moitié du tribut qu'ils lèvent sur les peuples. D'autres les gouvernent entièrement à leur profit. Les plus riches donnent des festins aux plus pauvres de leur classe, qui les accompagnent à la guerre, et font vœu de mourir avec eux. Ils sont très-braves. S'ils rencontrent à la chasse un ours, le principal d'entre eux met bas ses flèches, attaque seul l'animal, et le tue d'un coup de couteau. Si le feu prend à leur maison, ils ne la quittent point qu'ils ne voient tomber sur eux les solives enflammées. D'autres, sur le bord de la mer, s'opposent, la lance ou l'épée à la main, aux vagues qui brisent sur le rivage. Ils mettent la valeur à résister, non-seulement aux ennemis et aux bêtes féroces, mais même aux éléments. La valeur leur tient lieu de justice. Ils ne décident leurs différends que par les armes, et regardent la raison comme la ressource de ceux qui n'ont point de courage. Ces deux classes de citoyens, dont l'une emploie la ruse et l'autre la force, pour se faire craindre, se balancent entre elles; mais elles se réunissent pour tyranniser le peuple, qu'elles traitent avec un souverain mépris. Jamais un homme du peuple ne peut parvenir, chez les Gaulois, à remplir aucune charge publique. Il semble que cette nation n'est faite que pour ses prêtres et pour ses grands. Au lieu d'être consolée par les uns et protégée par les autres, comme la justice le requiert, les druides ne l'effraient que pour que les iarles l'oppriment.

On ne trouverait cependant nulle part des hommes qui aient de meilleures qualités que les Gaulois. Ils sont fort ingénieux, et ils excellent dans plusieurs genres d'industrie qu'on ne trouve point ailleurs. Ils couvrent d'étain des plaques de fer [13], avec tant d'art, qu'on les prendrait pour des plaques d'argent. Ils assemblent des pièces de bois avec une si grande justesse, qu'ils en forment des vases capables de contenir toutes sortes de liqueurs. Ce qu'il y a de plus étrange, c'est qu'ils savent y faire bouillir de l'eau sans les brûler. Ils font rougir des cailloux au feu, et les jettent dans l'eau contenue dans le vase de bois, jusqu'à ce qu'elle prenne le degré de chaleur qu'ils veulent lui donner. Ils savent encore allumer du feu sans se servir d'acier ni de caillou, en frottant ensemble du bois de lierre et de laurier. Les qualités de leur cœur surpassent encore celles de leur esprit. Ils sont très-hospitaliers. Celui qui a peu, le partage de bon cœur avec celui qui n'a rien. Ils aiment leurs enfants avec tant de passion, que jamais ils ne les maltraitent. Ils se contentent de les ramener à leur devoir par des remontrances. Il résulte de cette conduite, qu'en tout temps la plus tendre affection unit tous les membres de leurs familles, et que les jeunes gens y écoutent, avec le plus grand respect, les conseils des vieillards.

Cependant, ce peuple serait bientôt détruit par la tyrannie de ses chefs, s'il ne leur opposait leurs propres passions. Quand il arrive des querelles parmi les nobles, il est si persuadé que c'est aux armes à les décider, et que la raison n'y peut rien, qu'il les force, pour mériter son estime, de se battre jusqu'à la mort. Ce préjugé populaire détruit beaucoup d'iarles. D'un autre côté, il est si convaincu des choses terribles que les druides racontent de leurs dieux, et la peur, comme c'est l'ordinaire, lui fait ajouter à leurs traditions des circonstances si effrayantes, que ses prêtres bien souvent tremblent plus que lui devant les idoles qu'ils ont eux-mêmes fabriquées. J'ai bien reconnu parmi eux la vérité de cette maxime de nos livres sacrés, qui dit que Jupiter a voulu que le mal que l'on fait aux hommes rejaillît sept fois sur son auteur, afin que personne ne pût trouver son bonheur dans le malheur d'autrui.

Il y a çà et là, parmi quelques peuples des Gaules, des rois qui fortifient leur autorité, en prenant la défense des plus faibles ; mais ce qui préserve la nation de sa ruine totale, ce sont les femmes. Également opprimées par les lois des druides et par les mœurs féroces des iarles, elles sont réduites au plus dur esclavage. Elles sont chargées des offices les plus pénibles, comme de labourer la terre, d'aller dans les bois chercher le gibier des chasseurs, de porter les bagages des hommes dans les voyages. Elles sont, de plus, assujetties toute leur vie à obéir à leurs propres enfants. Chaque mari a droit de vie et de mort sur la sienne ; et lorsqu'il meurt, si on soupçonne sa mort de n'être pas naturelle, on donne la question à sa femme : si elle s'avoue coupable par la violence des tourments, on la condamne au feu [14].

Ce sexe malheureux triomphe de ses tyrans, par leurs propres opinions. Comme c'est la vanité qui les domine, les femmes les tournent en ridicule. Une simple chanson leur suffit pour détruire le résultat des assemblées les plus graves. Le peuple, et sur-tout les jeunes gens, toujours prêts à les servir, font courir cette chanson par les bourgs et les hameaux. On la chante le jour et la nuit. Celui qui en est le sujet, quel qu'il soit, n'ose plus se montrer. De là il arrive que les femmes, si faibles en particulier, jouissent en général du plus grand pouvoir. Soit crainte du ridicule, soit expérience des lumières des femmes, les chefs n'entreprennent rien sans les consulter. Elles décident de la paix et de la guerre. Comme elles sont forcées par les maux de la société de renoncer à ses opinions, et de se réfugier entre les bras de la nature, elles ne sont ni aveuglées ni endurcies par les préjugés des hommes. De là vient qu'elles voient plus sainement qu'eux dans les affaires publiques, et prévoient, avec beaucoup de justesse, les événements futurs. Le peuple, dont elles soulagent les maux, frappé de leur trouver souvent plus de discernement qu'à ses chefs, sans en pénétrer les causes, se plaît à leur attribuer quelque chose de divin [15].

Ainsi les Gaulois passent successivement et rapidement de la tristesse à la crainte, et de la crainte à la joie. Les druides les épouvantent; les iarles les maltraitent; les femmes les font rire, chanter et danser. Leur religion, leurs lois et leurs mœurs étant sans cesse en contradiction, ils vivent dans une inconstance perpétuelle, qui fait leur caractère principal. Voilà encore pourquoi ils sont très-curieux de nouvelles, et de savoir ce qui se passe chez les étrangers. C'est par cette raison, qu'on en trouve beaucoup hors de leur patrie, dont ils aiment à sortir, comme tous les hommes qui y sont malheureux.

Ils méprisent les laboureurs, et ils négligent par conséquent l'agriculture, qui est la base de la félicité publique. Quand nous arrivâmes dans leur pays, ils ne cultivaient que les grains qui peuvent croître dans le cours d'un été, comme les fèves, les lentilles, l'avoine, le petit mil, le seigle et l'orge. On n'y trouvait que bien peu de froment. Cependant, la terre y est très-féconde en productions naturelles. Il y a beaucoup de pâturages excellents le long des rivières. Les forêts y sont élevées, et remplies de toutes sortes d'arbres fruitiers sauvages. Comme ils manquent souvent de vivres, ils m'employaient à en chercher dans les champs et dans les bois. Je trouvais, dans les prairies, des gousses d'ail, des racines de daucus et de filipendule. Je revenais quelquefois tout chargé de baies de myrtilles, de faînes de hêtres, de prunes, de poires, de pommes, que j'avais cueillies dans la forêt. Ils faisaient cuire ces fruits, dont la plupart ne peuvent se manger crus, tant ils sont âpres. Mais il s'y trouve des arbres qui en produisent d'un goût excellent. J'y ai souvent admiré des pommiers chargés de fruits d'une couleur si éclatante, qu'on les eût pris pour les plus belles fleurs.

Voici ce qu'ils racontent au sujet de ces pommiers, qui y croissent en abondance et de la plus grande beauté. Ils disent que la belle Thétis, qu'ils appellent Friga, jalouse de ce qu'à ses propres noces, Vénus, qu'ils appellent Siofne, eût remporté la pomme qui était le prix de la beauté, sans qu'on l'eût mise seulement dans la concurrence des trois déesses, résolut de s'en venger. Un jour donc que Vénus, descendue sur cette partie du rivage des Gaules, y cherchait des perles pour sa parure, et des coquillages appelés manches de couteau, pour son fils Sifionne [16], un triton lui déroba sa pomme, qu'elle avait mise sur un rocher, et la porta à la déesse des mers. Aussitôt Thétis en sema les pepins dans les campagnes voisines, pour y perpétuer le souvenir de sa vengeance et de son triomphe. Voilà, disent les Gaulois Celtiques, la cause du grand nombre de pommiers qui croissent dans leur pays, et de la beauté singulière de leurs filles [17].

L'hiver vint, et je ne saurais vous exprimer quel fut mon étonnement, lorsque je vis, pour la première fois de ma vie, le ciel se dissoudre en plumes blanches, comme celles des oiseaux, l'eau des fontaines se changer en pierre, et les arbres se dépouiller entièrement de leurs feuillages. Je n'avais jamais rien vu de semblable en Égypte. Je crus que les Gaulois ne tarderaient pas à mourir, comme les plantes et les éléments de leur pays; et sans doute la rigueur de l'air n'aurait pas manqué de me faire mourir moi-même, s'ils n'avaient pris le plus grand soin de me vêtir de fourrures. Mais qu'il est aisé à un homme sans expérience de se tromper! Je ne connaissais pas les ressources de la nature pour chaque saison, comme pour chaque climat. L'hiver est pour ces peuples septentrionaux le temps des festins et de l'abondance. Les oiseaux de rivière, les élans, les taureaux sauvages, les lièvres, les cerfs, les sangliers abondent alors dans leurs forêts, et s'approchent de leurs cabanes. On en tue des quantités prodigieuses. Je ne fus pas moins surpris quand je vis le printemps revenir, et étaler dans ces lieux désolés une magnificence que je ne lui avais jamais vue sur les bords même du Nil. Les rubus, les frâmboisiers, les églantiers, les fraisiers, les primevères, les violettes, et beaucoup d'autres fleurs inconnues à l'Égypte, bordaient les lisières verdoyantes des forêts. Quelques-unes, comme les chèvre-feuilles, grimpaient sur les troncs des chênes, et suspendaient à leurs rameaux leurs guirlandes parfumées. Les rivages, les rochers, les montagnes, les bois, tout était revêtu d'une pompe à-la-fois magnifique et sauvage. Un si touchant spectacle redoubla ma mélancolie. Heureux, me disais-je, si parmi tant de plantes, j'en voyais s'élever une seule de celles que j'ai apportées de l'Egypte! Ne fût-ce que l'humble plante du lin, elle me rappellerait ma patrie pendant ma vie ; en mourant, je choisirais près d'elle mon tombeau ; elle apprendrait un jour à Céphas où reposent les os de son ami, et aux Gaulois, le nom et les voyages d'Amasis.

Un jour, pendant que je cherchais à dissiper ma mélancolie, en voyant danser de jeunes filles sur l'herbe nouvelle, une d'entre elles quitta la troupe des danseuses, et s'en vint pleurer sur moi : puis, tout-à-coup, elle se joignit à ses compagnes, et continua de danser en jouant et folâtrant avec elles. Je pris ce passage subit de la joie à la douleur, et de la douleur à la joie dans cette jeune fille, pour un effet de l'inconstance naturelle à ce peuple, et je ne m'en mettais pas beaucoup en peine, lorsque je vis sortir de la forêt un vieillard à barbe rousse, revêtu d'une robe de peaux de belette. Il portait à sa main une branche de gui, et à sa ceinture un couteau de caillou. Il était suivi d'une troupe de jeunes gens à la fleur de l'âge, vêtus de baudriers faits des mêmes peaux, et tenant dans leurs mains des courges vides, des chalumeaux de fer, des cornes de bœufs, et d'autres instruments de leur musique barbare.

Dès que ce vieillard parut, toutes les danses cessèrent, tous les visages s'attristèrent, et tout le monde s'éloigna de moi. Mon maître même et sa famille se retirèrent dans leur cabane. Ce méchant vieillard alors s'approcha de moi, me passa une corde de cuir autour du cou, et ses satellites me forçant de le suivre, ils m'entraînèrent tout éperdu, comme des loups qui emportent un mouton. Ils me conduisirent à travers la forêt jusqu'aux bords de la Seine : là, leur chef m'arrosa de l'eau du fleuve ; ensuite, il me fit entrer dans un grand bateau d'écorce de bouleau, où il s'embarqua lui-même avec toute sa troupe.

Nous remontâmes la Seine pendant huit jours, en gardant un profond silence. Le neuvième, nous arrivâmes dans une petite ville bâtie au milieu d'une île. Ils me débarquèrent vis-à-vis, sur la rive droite du fleuve, et ils me conduisirent dans une grande cabane sans fenêtres, qui était éclairée par des torches de sapin. Ils m'attachèrent au milieu de la cabane à un poteau ; et ces jeunes gens, qui me gardaient jour et nuit, armés de haches de caillou, ne cessaient de sauter autour de moi, en soufflant de toutes leurs forces dans leurs cornes de bœufs et leurs fifres de fer. Ils accompagnaient leur affreuse musique de ces horribles paroles, qu'ils chantaient en chœur :

« O Niorder ! ô Riflindi ! ô Svidrer ! ô Héla !
» ô Héla ! Dieux du carnage et des tempêtes,
» nous vous apportons de la chair. Recevez le
» sang de cette victime, de cet enfant de la
» mort. O Niorder, ô Riflindi ! ô Svidrer ! ô
» Héla ! ô Héla ! »

En prononçant ces mots épouvantables, ils avaient les yeux tournés dans la tête, et la bouche écumante. Enfin, ces fanatiques accablés de lassitude, s'endormirent, à l'exception de l'un d'entre eux, appelé Omfi. Ce nom, dans la langue celtique, veut dire bienfaisant. Omfi, touché de pitié, s'approcha de moi : « Jeune
» infortuné, me dit-il, une guerre cruelle s'est
» élevée entre les peuples de la Grande-Bretagne
» et ceux des Gaules. Les Bretons prétendent
» être les maîtres de la mer qui nous sépare de
» leur île. Nous avons déjà perdu contre eux
» deux batailles navales. Le collége des druides
» de Chartres a décidé qu'il fallait des victimes
» humaines pour se rendre favorable Mars, dont
» le temple est près d'ici. Le chef des druides,
» qui a des espions par toutes les Gaules, a 'appris que la tempête t'avait jeté sur nos côtes :
» il a été te chercher lui-même. Il est vieux et
» sans pitié. Il porte les noms de deux de nos
» dieux les plus redoutables. Il s'appelle Tor-
» Tir [18]. Mets donc ta confiance dans les dieux de
» ton pays, car ceux des Gaules demandent ton
» sang. »

Il me fut impossible de répondre à Omfi, tant j'étais saisi de frayeur ! Je le remerciai seulement en inclinant la tête ; et aussitôt il s'éloigna de moi, de peur d'être aperçu de ses compagnons.

Je me rappelai dans ce moment la raison qui

avait obligé les Gaulois qui m'avaient fait esclave, de m'empêcher de m'écarter de leur demeure : ils craignaient que je ne tombasse entre les mains des druides ; mais je n'avais pu vaincre ma fatale destinée. Ma perte maintenant me paraissait si certaine, que je ne croyais pas que Jupiter même pût me délivrer de la gueule de ces tigres affamés de mon sang. Je ne me rappelais plus, ô Céphas, ce que vous m'aviez dit tant de fois, que les dieux n'abandonnent jamais l'innocence. Je ne me ressouvenais plus même qu'ils m'avaient sauvé du naufrage. Le danger présent fait oublier les délivrances passées. Quelquefois, je pensais qu'ils ne m'avaient préservé des flots, que pour me livrer à une mort mille fois plus cruelle.

Cependant, j'adressais mes prières à Jupiter, et je goûtais une sorte de repos à m'abandonner à cette Providence infinie qui gouverne l'univers, lorsque les portes de ma cabane s'ouvrirent tout-à-coup, et une troupe nombreuse de prêtres entra, ayant Tor-Tir à leur tête, tenant toujours à sa main une branche de gui de chêne. Aussitôt, la jeunesse barbare qui m'entourait, se réveilla, et recommença ses chansons et ses danses funèbres. Tor-Tir vint à moi ; il me posa sur la tête une couronne d'if, et une poignée de farine de fèves ; ensuite, il me mit un bâillon dans la bouche, et m'ayant délié de mon poteau, il m'attacha les mains derrière le dos. Alors, tout son cortége se mit en marche au bruit de ses lugubres instruments, et deux druides, me soutenant par les bras, me conduisirent au lieu du sacrifice.

Ici Tirtée, s'apercevant que le fuseau de Cyanée lui échappait des mains, et qu'elle pâlissait, lui dit : « Ma fille, il est temps de vous aller re-
» poser. Songez que vous devez vous lever de-
» main avant l'aurore, pour aller à la fête du
» mont Lycée, où vous devez offrir, avec vos
» compagnes, les dons des bergers sur les autels
» de Jupiter. » Cyanée toute tremblante, lui répondit : « Mon père, j'ai tout préparé pour
» la fête de demain. Les couronnes de fleurs, les
» gâteaux de froment, les vases de lait, tout est
» prêt. Mais il n'est pas tard : la lune n'éclaire
» pas le fond du vallon; les coqs n'ont pas en-
» core chanté; il n'est pas minuit. Permettez-
» moi, je vous en supplie, de rester jusqu'à la
» fin de cette histoire. Mon père, je suis auprès
» de vous ; je n'aurai pas peur. »

Tirtée regarda sa fille en souriant ; et s'excusant à Amasis de l'avoir interrompu, il le pria de continuer.

Nous sortîmes de la cabane, reprit Amasis, au milieu d'une nuit obscure, à la lueur enfumée des torches de sapin. Nous traversâmes d'abord un vaste champ de pierres, où l'on voyait çà et là des squelettes de chevaux et de chiens fichés sur des pieux. De là nous arrivâmes à l'entrée d'une grande caverne, creusée dans le flanc d'un rocher tout blanc [19]. Des caillots d'un sang noir, répandu aux environs, exhalaient une odeur infecte, et annonçaient que c'était le temple de Mars. Dans l'intérieur de cet affreux repaire étaient rangés, le long des murs, des têtes et des ossements humains; et au milieu, sur une pièce de roc, s'élevait jusqu'à la voûte une statue de fer représentant le dieu Mars. Elle était si difforme, qu'elle ressemblait plutôt à un bloc de fer rouillé qu'au Dieu de la guerre. On y distinguait cependant sa massue hérissée de pointes, ses gants garnis de têtes de clou, et son horrible baudrier où était figurée la mort. A ses pieds était assis le roi du pays, ayant autour de lui les principaux de l'état. Une foule immense de peuple répandu au dedans et au dehors de la caverne, gardait un morne silence; saisi de respect, de religion et d'effroi.

Tor-Tir leur adressant la parole, à tous, leur dit: « O roi, et vous iarles, rassemblés
» pour la défense des Gaules, ne croyez pas
» triompher de vos ennemis sans le secours du
» Dieu des batailles. Vos pertes vous ont fait voir
» ce qu'il en coûte de négliger son culte redou-
» table. Le sang donné aux dieux épargne celui
» que versent les mortels. Les dieux ne font
» naître les hommes que pour les faire mourir.
» Oh! que vous êtes heureux que le choix de la

» victime ne soit pas tombé sur l'un d'entre
» vous ! Lorsque je cherchais en moi-même quelle
» tête parmi nous leur serait agréable, prêt à
» leur offrir la mienne pour le bien de la pa-
» trie, Niorder, le dieu des mers, m'apparut
» dans les sombres forêts de Chartres ; il était
» tout dégouttant de l'onde marine. Il me dit
» d'une voix bruyante comme celle des tem-
» pêtes : J'envoie, pour le salut des Gaules, un
» étranger sans parents et sans amis. Je l'ai jeté
» moi-même sur les rivages de l'occident. Son
» sang plaira aux dieux infernaux. Ainsi parla
» Niorder. Niorder vous aime, ô enfants de
» Pluton ! »

A peine Tor-Tir avait achevé ces mots effroyables, qu'un Gaulois assis auprès du roi s'é-
lança jusqu'à moi ; c'était Céphas. « O Amasis ! ô
» mon cher Amasis, s'écria-t-il ! O cruels com-
» patriotes ! vous allez immoler un homme venu
» des bords du Nil pour vous apporter les biens
» les plus précieux de la Grèce et de l'Égypte ?
» Vous commencerez donc par moi, qui lui en
» donnai le premier désir, et qui le touchai de
» pitié pour vous, si cruels envers lui. » En disant
ces mots, il me serrait dans ses bras et me baignait de ses larmes. Pour moi, je pleurais et je
sanglotais, sans pouvoir lui exprimer autrement
les témoignages de ma joie. Aussitôt, la caverne
retentit de murmures et de gémissements. Les

jeunes druides pleurèrent et laissèrent tomber de leurs mains les instruments de mon sacrifice; car la religion se tut, dès que la nature parla. Cependant, personne de l'assemblée n'osait encore me délivrer des mains des sacrificateurs, lorsque les femmes se jetant au milieu d'eux, m'arrachèrent mes liens, mon bâillon et ma couronne funèbre. Ainsi ce fut pour la seconde fois que je dus la vie aux femmes dans les Gaules.

Le roi, me prenant dans ses bras, me dit : « Quoi! c'est vous, malheureux étranger, que » Céphas regrettait sans cesse! O dieux ennemis » de ma patrie, ne nous envoyez-vous des bien- » faiteurs que pour les immoler! » Alors, il s'adressa aux chefs des nations, et leur parla avec tant de force des droits de l'humanité, que d'un commun accord ils jurèrent de ne plus réduire à l'esclavage ceux que les tempêtes jetteraient sur leurs côtes, de ne sacrifier à l'avenir aucun homme innocent, et de n'offrir à Mars que le sang des coupables. Tor-Tir irrité, voulut en vain s'opposer à cette loi : il se retira en menaçant le roi et tous les Gaulois de la vengeance prochaine des dieux.

Cependant le roi, accompagné de mon ami, me conduisit, au milieu des acclamations du peuple, dans sa ville, située dans l'île voisine. Jusqu'au moment de notre arrivée dans l'île, j'avais été si troublé, que je n'avais été capable d'aucune réflexion. Chaque espèce de circonstance nouvelle de mon malheur, resserrait mon cœur et obscurcissait mon esprit. Mais dès que j'eus repris l'usage de mes sens, et que je vins à envisager le péril extrême auquel je venais d'échapper, je m'évanouis. Oh! que l'homme est faible dans la joie! il n'est fort qu'à la douleur. Céphas me fit revenir, à la manière des Gaulois, en m'agitant la tête et en soufflant sur mon visage.

Dès qu'il vit que j'avais recouvré l'usage de mes sens, il me prit les mains dans les siennes, et me dit : « O mon ami, que vous m'avez
» coûté de larmes! Dès que les flots de l'Océan,
» qui renversèrent notre vaisseau, nous eurent
» séparés, je me trouvai jeté, je ne sais comment,
» sur la rive droite de la Seine. Mon premier
» soin fut de vous chercher. J'allumai des feux
» sur le rivage; je vous appelai; j'engageai plu-
» sieurs de mes compatriotes, accourus à mes
» cris, de visiter dans leurs barques les bords
» du fleuve, pour voir s'ils ne vous trouveraient
» pas : tous nos soins furent inutiles. Le jour
» vint, et me montra notre vaisseau renversé, la
» carène en haut, tout près du rivage où j'étais.
» Jamais il ne me vint dans la pensée que vous
» eussiez pu aborder sur le rivage opposé, dans
» le Belgium ma patrie. Ce ne fut que le troi-
» sième jour, que vous croyant péri, je me dé-

» terminai à y passer pour y voir mes parents.
» La plupart étaient morts depuis mon absence :
» ceux qui restaient me comblèrent d'amitiés ;
» mais un frère même ne dédommage pas de la
» perte d'un ami. Je retournai presque aussitôt
» de l'autre côté du fleuve. On y déchargeait
» notre malheureux vaisseau, où rien n'avait
» péri, que les hommes. Je cherchais votre corps
» sur le rivage de la mer, et je le redemandais
» le soir, le matin et au milieu de la nuit, aux
» nymphes de l'Océan, afin de vous élever un
» tombeau près de celui d'Héva. J'aurais passé,
» je crois, ma vie dans ces vaines recherches, si
» le roi qui règne sur les bords de ce fleuve,
» informé qu'un vaisseau phénicien avait péri
» dans ses domaines, n'en avait réclamé les
» effets, qui lui appartenaient suivant les lois
» des Gaules. Je fis donc rassembler tout ce que
» nous avions apporté de l'Egypte, jusqu'aux
» arbres mêmes, qui n'avaient pas été endom-
» magés par l'eau, et je me rendis avec ces débris
» auprès de ce prince. Bénissons donc la pro-
» vidence des dieux, qui nous a réunis, et qui a
» rendu vos maux encore plus utiles à ma patrie,
» que vos présents. Si vous n'eussiez pas fait
» naufrage sur nos côtes, on n'y eût pas aboli
» la coutume barbare de condamner à l'escla-
» vage ceux qui y périssent; et si vous n'eussiez
» pas été condamné à être sacrifié, je ne vous

» aurais peut-être jamais revu, et le sang des
» innocents fumerait encore sur les autels du dieu
» Mars. »

Ainsi parla Céphas. Pour le roi, il n'oublia rien de ce qui pouvait me faire oublier le souvenir de mes malheurs. Il s'appelait Bardus. Il était déjà avancé en âge, et il portait, comme son peuple, la barbe et les cheveux longs. Son palais était bâti de troncs de sapins, couchés les uns sur les autres. Il n'y avait pour porte que de grands cuirs de bœuf qui en fermaient les ouvertures. Personne n'y faisait la garde, car il n'avait rien à craindre de ses sujets; mais il avait employé toute son industrie pour fortifier sa ville contre les ennemis du dehors. Il l'avait entourée de murs faits de troncs d'arbres, entremêlés de mottes de gazon, avec des tours de pierre aux angles et aux portes. Il y avait au haut de ces tours des sentinelles qui veillaient jour et nuit. Le roi Bardus avait eu cette île de la nymphe Lutétia, sa mère, dont elle portait le nom. Elle n'était d'abord couverte que d'arbres, et Bardus n'avait pas un seul sujet. Il s'occupait à tordre, sur le bord de son île, des câbles d'écorce de tilleul, et à creuser des aunes pour en faire des bateaux. Il vendait les ouvrages de ses mains aux mariniers qui descendaient ou remontaient la Seine. Pendant qu'il travaillait, il chantait les avantages de l'industrie et du commerce, qui lient tous les hommes. Les bateliers s'arrêtaient souvent pour écouter ses chansons. Ils les répétaient et les répandaient dans toutes les Gaules, où elles étaient connues sous le nom de *vers bardes*. Bientôt il vint des gens s'établir dans son île, pour l'entendre chanter, et pour y vivre avec plus de sûreté. Ses richesses s'accrurent avec ses sujets. L'île se couvrit de maisons, les forêts voisines se défrichèrent, et des troupeaux nombreux peuplèrent bientôt les deux rivages voisins. C'est ainsi que ce bon roi s'était formé un empire sans violence. Mais lorsque son île n'était pas encore entourée de murs, et qu'il songeait déjà à en faire le centre du commerce dans toutes les Gaules, la guerre pensa en exterminer les habitants.

Un jour, un grand nombre de guerriers qui remontaient la Seine en canots d'écorce d'orme, débarquèrent sur son rivage septentrional, tout vis-à-vis de Lutétia. Ils avaient à leur tête le iarle Carnut, troisième fils de Tendal, prince du nord. Carnut venait de ravager toutes les côtes de la mer Hyperborée, où il avait jeté l'épouvante et la désolation. Il était favorisé en secret, dans les Gaules, par les druides, qui comme tous les hommes faibles, inclinent toujours pour ceux qui se rendent redoutables. Dès que Carnut eut mis pied à terre, il vint trouver le roi Bardus et lui dit : « Combattons, toi et moi, à la tête de

» nos guerriers : le plus faible obéira au plus
» fort ; car la première loi de la nature est que
» tout cède à la force. » Le roi Bardus lui répondit : « O Carnut ! s'il ne s'agissait que d'exposer ma vie pour défendre mon peuple, je le
» ferais très-volontiers : mais je n'exposerais pas
» la vie de mon peuple, quand il s'agirait de
» sauver la mienne. C'est la bonté, et non la
» force, qui doit choisir les rois. La bonté seule
» gouverne le monde, et elle emploie, pour le
» gouverner, l'intelligence et la force qui lui sont
» subordonnées, comme toutes les puissances de
» l'univers. Vaillant fils de Tendal, puisque tu
» veux gouverner les hommes, voyons qui de
» toi ou de moi est le plus capable de leur faire
» du bien. Voilà de pauvres Gaulois tout nus.
» Sans reproche, je les ai plusieurs fois vêtus et
» nourris, en me refusant à moi-même des habits
» et des aliments. Voyons si tu sauras pourvoir
» à leurs besoins. »

Carnut accepta le défi. C'était en automne. Il fut à la chasse avec ses guerriers ; il tua beaucoup de chevreuils, de cerfs, de sangliers et d'élans. Il donna ensuite, avec la chair de ces animaux, un grand festin à tout le peuple de Lutétia, et vêtit de leurs peaux ceux des habitants qui étaient nus. Le roi Bardus lui dit : « Fils de Tendal, tu
» es un grand chasseur : tu nourriras le peuple
» dans la saison de la chasse ; mais au printemps

« et en été, il mourra de faim. Pour moi, avec
» mes blés, la laine de mes brebis et le lait de
» mes troupeaux, je peux l'entretenir toute
» l'année. »

Carnut ne répondit rien ; mais il resta campé avec ses guerriers sur le bord du fleuve, sans vouloir se retirer.

Bardus voyant son obstination, fut le trouver à son tour, et lui proposa un autre défi. « La
» valeur, lui dit-il, convient à un chef de guerre ;
» mais la patience est encore plus nécessaire aux
» rois. Puisque tu veux régner, voyons qui de
» nous deux portera le plus long-temps cette
» longue solive. » C'était le tronc d'un chêne de trente ans. Carnut le prit sur son dos ; mais impatient, il le jeta promptement par terre. Bardus le chargea sur ses épaules, et le porta, sans remuer, jusqu'après le coucher du soleil, et bien avant dans la nuit.

Cependant, Carnut et ses guerriers ne s'en allaient point. Ils passèrent ainsi tout l'hiver, occupés de la chasse. Le printemps venu, ils menaçaient de détruire une ville naissante, qui refusait de leur obéir; et ils étaient d'autant plus à craindre, qu'ils manquaient alors de nourriture. Bardus ne savait comment s'en défaire, car ils étaient les plus forts. En vain il consultait les plus anciens de son peuple ; personne ne pouvait lui donner de conseils. Enfin, il exposa son embarras à sa mère Lutétia, qui était fort âgée, mais qui avait un grand sens.

Lutétia lui dit : « Mon fils, vous savez quantité
» d'histoires anciennes et curieuses que je vous
» ai apprises dès votre enfance; vous excellez à
» les chanter : défiez le fils de Tendal aux chan-
» sons. »

Bardus fut trouver Carnut et lui dit : « Fils de
» Tendal, il ne suffit pas à un roi de nourrir ses
» sujets, et d'être ferme et constant dans les tra-
» vaux; il doit savoir bannir de leur pensée les
» opinions qui les rendent malheureux : car ce
» sont les opinions qui font agir les hommes, et
» qui les rendent bons ou méchants. Voyons qui
» de toi ou de moi régnera sur leurs esprits. Ce
» ne fut point par des combats qu'Hercule se fit
» suivre dans les Gaules; mais par des chants di-
» vins qui sortaient de sa bouche comme des
» chaînes d'or, enchaînaient les oreilles de ceux
» qui l'écoutaient, et les forçaient à le suivre. »

Carnut accepta avec joie ce troisième défi. Il chanta les combats des dieux du Nord sur les glaces; les tempêtes de Niörder sur les mers; les ruses de Vidar dans les airs; les ravages de Thor sur la terre, et l'empire de Hœder dans les enfers. Il y joignit le récit de ses propres victoires; et ses chants firent passer une grande fureur dans le cœur de ses guerriers, qui paraissaient prêts à tout détruire.

Pour le roi Bardus, voici ce qu'il chanta :

« Je chante l'aube du matin ; les premiers
» rayons de l'aurore qui ont lui sur les Gaules,
» empire de Pluton ; les bienfaits de Cérès, et le
» malheur de l'enfant Loïs. Ecoutez mes chants,
» esprits des fleuves, et répétez-les aux esprits
» des montagnes bleues.

» Cérès venait de chercher par toute la terre
» sa fille Proserpine. Elle retournait dans la
» Sicile où elle était adorée. Elle traversait les
» Gaules sauvages, leurs montagnes sans che-
» mins, leurs vallées désertes et leurs sombres
» forêts, lorsqu'elle se trouva arrêtée par les
» eaux de la Seine, sa nymphe, changée en
» fleuve.

» Sur la rive opposée de la Seine, se baignait
» alors un bel enfant aux cheveux blonds, appelé
» Loïs. Il aimait à nager dans ses eaux transpa-
» rentes, et à courir tout nu sur ses pelouses
» solitaires. Dès qu'il aperçut une femme, il fut
» se cacher sous une touffe de roseaux.

» Mon bel enfant, lui cria Cérès en soupirant,
» venez à moi, mon bel enfant ! A la voix d'une
» femme affligée, Loïs sort des roseaux. Il met
» en rougissant sa peau d'agneau, suspendue à
» un saule. Il traverse la Seine sur un banc de
» sable, et, présentant la main à Cérès, il lui
» montre un chemin au milieu des eaux.

» Cérès ayant passé le fleuve, donne à l'enfant

» Loïs un gâteau, une gerbe d'épis et un baiser;
» puis lui apprend comment le pain se fait avec
» le blé, et comment le blé vient dans les champs.
» Grand merci, belle étrangère, lui dit Loïs; je
» vais porter à ma mère vos leçons et vos doux
» présents.

» La mère de Loïs partage avec son enfant et
» son époux le gâteau et le baiser. Le père ravi,
» cultive un champ, sème le blé. Bientôt la terre
» se couvre d'une moisson dorée, et le bruit se
» répand dans les Gaules qu'une déesse a ap-
» porté une plante céleste aux Gaulois.

» Près de là, vivait un druide. Il avait l'in-
» spection des forêts. Il distribuait aux Gaulois,
» pour leur nourriture, les faînes des hêtres et
» les glands des chênes. Quand il vit une terre
» labourée et une moisson : Que deviendra ma
» puissance, dit-il, si les hommes vivent de
» froment?

» Il appelle Loïs. Mon bel ami, lui dit-il, où
» étiez-vous quand vous vîtes l'étrangère aux
» beaux épis? Loïs, sans malice, le conduit sur
» les bords de la Seine. J'étais, dit-il, sous ce
» saule argenté; je courais sur ces blanches
» marguerites; je fus me cacher sous ces ro-
» seaux, car j'étais nu. Le traître druide sourit :
» il saisit Loïs, et le noie au fond des eaux.

» La mère de Loïs ne revoit plus son fils. Elle
» s'en va dans les bois et s'écrie : Où êtes-vous,

» Loïs, Loïs, mon cher enfant ? Les seuls échos
» répètent Loïs, Loïs, mon cher enfant ! Elle
» court tout éperdue le long de la Seine. Elle
» aperçoit sur son rivage une blancheur : Il n'est
» pas loin, dit-elle ; voilà ses fleurs chéries,
» voilà ses blanches marguerites. Hélas ! c'était
» Loïs, Loïs son cher enfant !

» Elle pleure, elle gémit, elle soupire ; elle
» prend dans ses bras tremblants le corps glacé
» de Loïs ; elle veut le ranimer contre son cœur :
» mais le cœur de la mère ne peut plus réchauf-
» fer le corps du fils, et le corps du fils glace
» déjà le cœur de la mère : elle est près de mou-
» rir. Le druide, monté sur un roc voisin, s'ap-
» plaudit de sa vengeance.

» Les dieux ne viennent pas toujours à la voix
» des malheureux ; mais aux cris d'une mère af-
» fligée, Cérès apparut. Loïs, dit-elle, sois la
» plus belle fleur des Gaules. Aussitôt, les joues
» pâles de Loïs se développent en calice plus
» blanc que la neige ; ses cheveux blonds se
» changent en filets d'or. Une odeur suave s'en
» exhale. Sa taille légère s'élève vers le ciel ; mais
» sa tête se penche encore sur les bords du
» fleuve qu'il a chéri. Loïs devient lis.

» Le prêtre de Pluton voit ce prodige, et n'en
» est point touché. Il lève vers les dieux supé-
» rieurs un visage et des yeux irrités. Il blas-
» phême, il menace Cérès ; il allait porter sur

» elle une main impie, lorsqu'elle lui cria : Ty-
» ran cruel et dur, demeure.

» A la voix de la déesse, il reste immobile.
» Mais le roc ému s'entr'ouvre ; les jambes du
» druide s'y enfoncent ; son visage barbu et en-
» flammé de colère se dresse vers le ciel en pin-
» ceau de pourpre ; et les vêtements qui cou-
» vraient ses bras meurtriers, se hérissent d'é-
» pines. Le druide devient chardon.

» Toi, dit la déesse des blés, qui voulais nour-
» rir les hommes comme les bêtes, deviens toi-
» même la pâture des animaux. Sois l'ennemi
» des moissons après ta mort, comme tu le fus
» pendant ta vie. Pour toi, belle fleur de Loïs,
» sois l'ornement de la Seine ; et que dans la main
» de ses rois, ta fleur victorieuse l'emporte un
» jour sur le gui des druides.

» Braves suivants de Carnut, venez habiter ma
» ville. La fleur de Loïs parfume mes jardins ; de
» jeunes filles chantent jour et nuit son aven-
» ture dans mes champs. Chacun s'y livre à un
» travail facile et gai ; et mes greniers aimés de
» Cérès, rompent sous l'abondance des blés. »

A peine Bardus avait fini de chanter, que les
guerriers du Nord, qui mouraient de faim, abandonnèrent le fils de Tendal, et se firent habitants
de Lutétia. « Oh ! me disait souvent ce bon roi,
» que n'ai-je ici quelque fameux chantre de la
» Grèce ou de l'Égypte, pour policer l'esprit de

» mes sujets! Rien n'adoucit le cœur des hommes
» comme de beaux chants. Quand on sait faire
» des vers et de belles fictions, on n'a pas besoin
» de sceptre pour régner. »

Il me mena voir, avec Céphas, le lieu où il avait fait planter les arbres et les graines réchappés de notre naufrage. C'était sur les flancs d'une colline exposée au midi. Je fus pénétré de joie quand je vis les arbres que nous avions apportés, pleins de suc et de vigueur. Je reconnus d'abord l'arbre aux coins de Crète, à ses fruits cotonneux et odorants; le noyer de Jupiter, d'un vert lustré; l'avelinier, le figuier, le peuplier, le poirier du mont Ida, avec ses fruits en pyramide : tous ces arbres venaient de l'île de Crète. Il y avait encore des vignes de Thasos, et de jeunes châtaigniers de l'île de Sardaigne. Je voyais un grand pays dans un petit jardin. Il y avait, parmi ces végétaux, quelques plantes qui étaient mes compatriotes, entre autres, le chanvre et le lin. C'étaient celles qui plaisaient le plus au roi, à cause de leur utilité. Il avait admiré les toiles qu'on en faisait en Égypte; plus durables et plus souples que les peaux dont s'habillaient la plupart des Gaulois. Le roi prenait plaisir à arroser lui-même ces plantes, et à en ôter les mauvaises herbes. Déjà le chanvre d'un beau vert, portait toutes ses têtes égales à la hauteur d'un homme ; et le lin en fleurs couvrait la terre d'un nuage d'azur.

Pendant que nous nous livrions, Céphas et moi, au plaisir d'avoir fait du bien, nous apprîmes que les Bretons, fiers de leurs derniers succès, non contents de disputer aux Gaulois l'empire de la mer qui les sépare, se préparaient à les attaquer par terre, et à remonter la Seine, afin de porter le fer et le feu jusqu'au milieu de leur pays. Ils étaient partis, dans un nombre prodigieux de barques, d'un promontoire de leur île, qui n'est séparé du continent que par un petit détroit. Ils côtoyaient le rivage des Gaules, et ils étaient près d'entrer dans la Seine, dont ils savent franchir les dangers en se mettant dans des anses à l'abri des fureurs de Neptune. L'invasion des Bretons fut sue dans toutes les Gaules, au moment où ils commencèrent à l'exécuter; car les Gaulois allument des feux sur les montagnes; et, par le nombre de ces feux et l'épaisseur de leur fumée, ils donnent des avis qui volent plus promptement que les oiseaux.

A la nouvelle du départ des Bretons, les troupes confédérées des Gaules se mirent en route, pour défendre l'embouchure de la Seine. Elles marchaient sous les enseignes de leurs chefs : c'étaient des peaux de loup, d'ours, de vautour, d'aigle, ou de quelque autre animal malfaisant, suspendues au bout d'une gaule. Celle du roi Bardus et de son île, était la figure d'un vaisseau, symbole du commerce. Céphas et moi, nous accompagnâmes le roi dans cette expédition. En peu de jours, toutes les troupes Gauloises se rassemblèrent sur le bord de la mer.

Trois avis furent ouverts pour la défense de son rivage. Le premier fut d'y enfoncer des pieux pour empêcher les Bretons de débarquer, ce qui était d'une facile exécution, attendu que nous étions en grand nombre, et que la forêt était voisine. Le deuxième fut de les combattre au moment où ils débarqueraient. Le troisième, de ne pas exposer les troupes à découvert à la descente des ennemis, mais de les attaquer lorsqu'ayant mis pied à terre, ils s'engageraient dans les bois et les vallées. Aucun de ces avis ne fut suivi; car la discorde était parmi les chefs des Gaulois. Tous voulaient commander, et aucun d'eux n'était disposé à obéir. Pendant qu'ils délibéraient, l'ennemi parut, et il débarqua au moment où ils se mettaient en ordre.

Nous étions perdus sans Céphas. Avant l'arrivée des Bretons, il avait conseillé au roi Bardus de diviser en deux sa troupe, composée des habitants de Lutétia, et de se mettre en embuscade avec la meilleure partie dans les bois qui couvraient le revers de la montagne d'Héva; tandis que lui Céphas combattrait les ennemis avec l'autre partie, jointe au reste des Gaulois. Je priai Céphas de détacher de sa division les jeunes gens, qui brûlaient, comme moi, d'en venir aux mains, et de m'en donner le commandement. Je ne crains point les dangers, lui disais-je. J'ai passé par toutes les épreuves que les prêtres de Thèbes font subir aux initiés, et je n'ai point eu peur. Céphas balança quelques moments. Enfin, il me confia les jeunes gens de sa troupe, en leur recommandant, ainsi qu'à moi, de ne pas s'écarter de sa division.

L'ennemi cependant mit pied à terre. A sa vue, beaucoup de Gaulois s'avancèrent vers lui, en jetant de grands cris ; mais, comme ils l'attaquaient par petites troupes, ils en furent aisément repoussés ; et il aurait été impossible d'en rallier un seul, s'ils n'étaient venus se remettre en ordre derrière nous. Nous aperçûmes bientôt les Bretons qui marchaient pour nous attaquer. Les jeunes gens que je commandais s'ébranlèrent alors, et nous marchâmes aux Bretons sans nous embarrasser si le reste des Gaulois nous suivait. Quand nous fûmes à la portée du trait, nous vîmes que les ennemis ne formaient qu'une seule colonne, longue, grosse et épaisse, qui s'avançait vers nous à petits pas, tandis que leurs barques se hâtaient d'entrer dans le fleuve, pour nous prendre à revers. Je l'avoue, je fus ébranlé à la vue de cette multitude de barbares demi-nus, peints de rouge et de bleu, qui marchaient en silence dans le plus grand ordre. Mais lorsqu'il sortit tout-à-coup de cette colonne silencieuse des nuées de dards, de flèches, de cailloux et de balles de plomb, qui renversèrent plusieurs d'entre nous en les perçant de part en part, alors mes compagnons prirent la fuite. J'allais oublier moi-même que j'avais l'exemple à leur donner, lorsque je vis Céphas à mes côtés ; il était suivi de toute l'armée. « Invoquons Her-» cule, me dit-il, et chargeons. » La présence de mon ami me rendit tout mon courage. Je restai à mon poste, et nous chargeâmes, les piques baissées. Le premier ennemi que je rencontrai, fut un habitant des îles Hébrides. Il était d'une taille gigantesque. L'aspect de ses armes inspirait l'horreur ; ses épaules et sa tête étaient couvertes d'une peau de raie épineuse ; il portait au cou un collier de mâchoires d'hommes, et il avait pour lance le tronc d'un jeune sapin, armé d'une dent de baleine. « Que demandes-tu à Her-» cule ? me dit-il. Le voici qui vient à toi. » En même temps, il me porta un coup de son énorme lance avec tant de furie, que, si elle m'eût atteint, elle m'eût cloué à terre, où elle entra bien avant. Pendant qu'il s'efforçait de la ramener à lui, je lui perçai la gorge de l'épieu dont j'étais armé : il en sortit aussitôt un jet de sang noir et épais ; et ce Breton tomba en mordant la terre, et en blasphémant les dieux.

Cependant, nos troupes, réunies en un seul corps, étaient aux prises avec la colonne des ennemis. Les massues frappaient les massues, les boucliers poussaient les boucliers, les lances se croisaient avec les lances. Ainsi deux fiers taureaux se disputent l'empire des prairies : leurs cornes sont entrelacées ; leurs fronts se heurtent; ils se poussent en mugissant; et soit qu'ils reculent ou qu'ils avancent, ces deux rivaux ne se séparent point. Ainsi nous combattions corps à corps. Cependant, cette colonne, qui nous surpassait en nombre, nous accablait de son poids, lorsque le roi Bardus la vint charger en queue, à la tête de ses soldats qui jetaient de grands cris. Aussitôt une terreur panique saisit ces barbares qui avaient cru nous envelopper, et qui l'étaient eux-mêmes. Ils abandonnèrent leurs rangs, et s'enfuirent vers les bords de la mer, pour regagner leurs barques qui étaient loin de là. On en fit alors un grand massacre, et on en prit beaucoup de prisonniers.

Après la bataille, je dis à Céphas : Les Gaulois doivent la victoire au conseil que vous avez donné au roi; pour moi, je vous dois l'honneur. J'avais demandé un poste que je ne connaissais pas. Il fallait y donner l'exemple, et j'en étais incapable, lorsque votre présence m'a rassuré. Je croyais que les initiations de l'Égypte m'avaient fortifié contre tous les dangers; mais il est aisé d'être brave dans un péril dont on est sûr de sortir. Céphas me répondit : « O Amasis! il y a

» plus de force à avouer ses fautes, qu'il n'y a
» de faiblesse à les commettre. C'est Hercule qui
» nous a donné la victoire ; mais après lui, c'est
» la surprise qui a ôté le courage à nos ennemis,
» et qui avait ébranlé le vôtre. La valeur mili-
» taire s'apprend par l'exercice, comme toutes
» les autres vertus. Nous devons, en tout temps,
» nous méfier de nous-mêmes. En vain nous
» nous appuyons sur notre expérience ; nous ne
» devons compter que sur le secours des dieux.
» Pendant que nous nous cuirassons d'un côté,
» la fortune nous frappe de l'autre. La seule
» confiance dans les dieux couvre un homme
» tout entier. »

On consacra à Hercule une partie des dépouilles des Bretons. Les druides voulaient qu'on brûlât les ennemis prisonniers, parce que ceux-ci en usent de même à l'égard des Gaulois qu'ils ont pris dans les batailles. Mais je me présentai dans l'assemblée des Gaulois, et je leur dis : « O peu-
» ples ! vous voyez par mon exemple si les dieux
» approuvent les sacrifices humains. Ils ont re-
» mis la victoire dans vos mains généreuses : les
» souillerez-vous dans le sang des malheureux ?
» N'y a-t-il pas eu assez de sang versé dans la
» fureur du combat ? En répandrez-vous main-
» tenant sans colère et dans la joie du triomphe ?
» Vos ennemis immolent leurs prisonniers : sur-
» passez-les en générosité, comme vous les sur-

» passez en courage. » Les iarles et tous les guerriers applaudirent à mes paroles. Ils décidèrent que les prisonniers de guerre seraient désormais réduits à l'esclavage.

Je fus donc cause qu'on abolit la loi qui les condamnait au feu. C'était aussi à mon occasion qu'on avait abrogé la coutume de sacrifier des innocents à Mars, et de réduire les naufragés en servitude. Ainsi, je fus trois fois utile aux hommes dans les Gaules ; une fois par mes succès, et deux fois par mes malheurs : tant il est vrai que les dieux tirent le bien du mal quand il leur plaît !

Nous revînmes à Lutétia, comblés par les peuples d'honneurs et d'applaudissements. Le premier soin du roi, à son arrivée, fut de nous mener voir son jardin. La plupart de nos arbres étaient en rapport. Il admira d'abord comment la nature avait préservé leurs fruits de l'attaque des oiseaux. La châtaigne, encore en lait, était couverte de cuir, et d'une coque épineuse. La noix tendre était protégée par une dure coquille et par un brou amer. Les fruits mous étaient défendus avant leur maturité, par leur âpreté, leur acidité ou leur verdeur. Ceux qui étaient mûrs, invitaient à les cueillir. Les abricots dorés, les pêches veloutées et les coins cotonneux, exhalaient les plus doux parfums. Les rameaux du prunier étaient couverts de fruits violets ; saupoudrés de poudre blanche. Les grappes, déjà vermeilles, pendaient à la vigne ; et sur les larges feuilles du figuier, la figue entr'ouverte laissait couler son suc en gouttes de miel et de cristal.

« On voit bien, dit le roi, que ces fruits sont
» des présents des dieux. Ils ne sont pas, comme
» les semences des arbres de nos forêts, à une
» hauteur où on ne puisse atteindre[21]. Ils sont à
» la portée de la main. Leurs riantes couleurs
» appellent les yeux, leurs doux parfums l'odo-
» rat, et ils semblent formés pour la bouche
» par leur forme et leur rondeur. » Mais quand
ce bon roi en eut savouré le goût : « O vrai pré-
» sent de Jupiter ! dit-il ; aucun mets préparé
» par l'homme ne leur est comparable : ils sur-
» passent en douceur le miel et la crême. O mes
» chers amis, mes respectables hôtes ! vous m'a-
» vez donné plus que mon royaume : vous avez
» apporté dans les Gaules sauvages une por-
» tion de la délicieuse Égypte. Je préfère un
» seul de ces arbres à toutes les mines d'é-
» tain qui rendent les Bretons si riches et si
» fiers. »

Il fit appeler les principaux habitants de la cité, et il voulut que chacun d'eux goûtât de ces fruits merveilleux. Il leur recommanda d'en conserver précieusement les semences, et de les mettre en terre dans leur saison. A la joie de ce bon roi et de son peuple, je sentis que le plus grand plaisir de l'homme était de faire du bien à ses semblables.

Céphas me dit : « Il est temps de montrer à » mes compatriotes l'usage des arts de l'Égypte. » J'ai sauvé du vaisseau naufragé la plupart de » nos machines; mais jusqu'ici elles sont restées » inutiles, sans que j'osasse même les regarder; » car elles me rappelaient trop vivement le sou- » venir de votre perte. Voici le moment de nous » en servir. Ces froments sont mûrs; cette che- » nevière et ces lins ne tarderont pas à l'être. »

Quand on eut recueilli ces plantes, nous apprîmes au roi et à son peuple l'usage des moulins pour réduire le blé en farine, et les divers apprêts qu'on donne à la pâte pour en faire du pain[22]. Avant notre arrivée, les Gaulois mondaïent le blé, l'avoine et l'orge, de leurs écorces, en les battant avec des pilons de bois dans des troncs d'arbres creusés, et ils se contentaient de faire bouillir ces grains pour leur nourriture. Nous leur montrâmes ensuite à faire rouir le chanvre dans l'eau, pour le séparer de son chaume, à le sécher, à le briser, à le teiller, à le peigner, à le filer, et à tordre ensemble plusieurs de ses fils pour en faire des cordes. Nous leur fîmes voir comme ces cordes, par leur force et leur souplesse, deviennent propres à être les nerfs de toutes les machines. Nous leur enseignâmes à tendre les fils du lin sur des métiers, pour en faire de la toile au moyen de la navette; et comment ces doux travaux font passer aux jeunes filles les longues nuits de l'hiver dans l'innocence et dans la joie.

Nous leur apprîmes l'usage de la tarière, de l'herminette, du rabot, et de la scie inventée par l'ingénieux Dédale ; comment ces outils donnent à l'homme de nouvelles mains, et façonnent à son usage une multitude d'arbres dont les bois se perdent dans les forêts. Nous leur enseignâmes à tirer de leurs troncs noueux de grosses vis et de lourds pressoirs, propres à exprimer le jus d'une infinité de fruits, et à extraire des huiles des plus durs noyaux. Ils ne recueillirent pas beaucoup de raisin de nos vignes ; mais nous leur donnâmes un grand désir d'en multiplier les ceps, non-seulement par l'excellence de leurs fruits, mais en leur faisant goûter des vins de Crète et de l'île de Thasos, que nous avions sauvés dans des urnes.

Après leur avoir montré l'usage d'une infinité de biens que la nature a placés sur la terre à la vue de l'homme, nous leur apprîmes à découvrir ceux qu'elle a mis sous ses pieds : comment on peut trouver de l'eau dans les lieux les plus éloignés des fleuves, au moyen des puits inventés par Danaüs ; de quelle manière on découvre les métaux ensevelis dans le sein de la terre ; comment, après les avoir fait fondre en lingots, on les forge sur l'enclume, pour les diviser en tables et en lames ; comment, par des travaux plus faciles, l'argile se façonne, sur la roue du potier, en figures et en vases de toutes les formes. Nous les surprîmes bien davantage en leur montrant des bouteilles de verre, faites avec du sable et des cailloux. Ils étaient ravis d'étonnement de voir la liqueur qu'elles renfermaient se manifester à la vue, et échapper à la main.

Mais quand nous leur lûmes les livres de Mercure Trismégiste, qui traitent des arts libéraux et des sciences naturelles, ce fut alors que leur admiration n'eut plus de bornes. D'abord, ils ne pouvaient comprendre que la parole pût sortir d'un livre muet, et que les pensées des premiers Égyptiens eussent pu se transmettre jusqu'à eux sur des feuilles fragiles de papyrus. Quand ils entendirent ensuite le récit de nos découvertes, qu'ils virent les prodiges de la mécanique qui remue avec de petits leviers les plus lourds fardeaux, et ceux de la géométrie qui mesure des distances inaccessibles, ils étaient hors d'eux-mêmes. Les merveilles de la chimie et de la magie, les divers phénomènes de la physique, les faisaient passer de ravissement en ravissement. Mais lorsque nous leur eûmes prédit une éclipse de lune, qu'ils regardaient avant notre arrivée comme une défaillance accidentelle de cette planète, et qu'ils virent, au moment que nous leur

indiquâmes, l'astre de la nuit s'obscurcir dans un ciel serein, ils tombèrent à nos pieds en disant : « Certainement, vous êtes des dieux ! » Omfi, ce jeune druide qui avait paru si sensible à mes malheurs, assistait à toutes nos instructions. Il nous dit : « A vos lumières et à vos bien-
» faits, je suis tenté de vous prendre pour quel-
» ques-uns des dieux supérieurs ; mais aux maux
» que vous avez soufferts, je vois que vous n'êtes
» que des hommes comme nous. Sans doute vous
» avez trouvé quelque moyen de monter dans le
» ciel ; ou les habitants du ciel sont descendus
» dans l'heureuse Égypte, pour vous communi-
» quer tant de biens et tant de lumières. Vos
» sciences et vos arts surpassent notre intelli-
» gence, et ne peuvent être que les effets d'un
» pouvoir divin. Vous êtes les enfants chéris des
» dieux supérieurs : pour nous, Jupiter nous a
» abandonnés aux dieux infernaux. Notre pays
» est couvert de stériles forêts habitées par des
» génies malfaisants, qui sèment notre vie de
» discordes, de guerres civiles, de terreurs, d'i-
» gnorances et d'opinions malheureuses. Notre
» sort est mille fois plus déplorable que celui
» des bêtes qui, vêtues, logées et nourries par
» la nature, suivent leur instinct sans s'égarer,
» et ne craignent point les enfers. »

« Les dieux, lui répondit Céphas, n'ont été
» injustes envers aucun pays, ni à l'égard d'au-

» cun homme. Chaque pays a des biens qui lui
» sont particuliers, et qui servent à entretenir
» la communication entre tous les peuples, par
» des échanges réciproques. La Gaule a des mé-
» taux que l'Égypte n'a pas ; ses forêts sont plus
» belles ; ses troupeaux ont plus de lait, et ses
» brebis plus de toison. Mais, dans quelque lieu
» que l'homme habite, son partage est toujours
» fort supérieur à celui des bêtes, parce qu'il a
» une raison qui se développe à proportion des
» obstacles qu'elle surmonte ; qu'il peut, seul des
» animaux, appliquer à son usage des moyens
» auxquels rien ne peut résister, tels que le feu.
» Ainsi, Jupiter lui a donné l'empire sur la terre
» en éclairant sa raison de l'intelligence même
» de la nature, et en ne confiant qu'à lui l'élé-
» ment qui en est le premier moteur. »

Céphas parla ensuite à Omfi et aux Gaulois des récompenses réservées dans un autre monde à la vertu et à la bienfaisance, et des punitions destinées au vice et à la tyrannie ; de la métempsycose, et des autres mystères de la religion de l'Égypte, autant qu'il est permis à un étranger de les connaître. Les Gaulois, consolés par ses discours et par nos présents, nous appelaient leurs bienfaiteurs, leurs pères, les vrais interprètes des dieux. Le roi Bardus nous dit : « Je
» ne veux adorer que Jupiter. Puisque Jupiter
» aime les hommes, il doit protéger particu-

» lièrement les rois, qui sont chargés du bonheur
» des nations. Je veux aussi honorer Isis, qui a
» apporté ses bienfaits sur la terre, afin qu'elle
» présente au roi des dieux les vœux de mon
» peuple. » En même temps, il ordonna qu'on
élevât un temple [23] à Isis, à quelque distance de
la ville, au milieu de la forêt ; qu'on y plaçât sa
statue, avec l'enfant Orus dans ses bras, telle
que nous l'avions apportée dans le vaisseau ;
qu'elle fût servie avec toutes les cérémonies de
l'Égypte ; que ses prêtresses, vêtues de lin, l'honorassent nuit et jour par des chants, et par une
vie pure qui approche l'homme des dieux.

Ensuite il voulut apprendre à connaître et à
tracer les caractères ioniques. Il fut si frappé de
l'utilité de l'écriture, que dans un transport de
sa joie, il chanta ces vers :

« Voici des caractères magiques, qui peuvent
» évoquer les morts du sein des tombeaux. Ils
» nous apprendront ce que nos pères ont pensé
» il y a mille ans ; et dans mille ans, ils instrui-
» ront nos enfants de ce que nous pensons au-
» jourd'hui. Il n'y a point de flèche qui aille aussi
» loin, ni de lance aussi forte. Ils atteindraient
» un homme retranché au haut d'une montagne ;
» ils pénètrent dans la tête malgré le casque, et
» traversent le cœur malgré la cuirasse. Ils cal-
» ment les séditions, ils donnent de sages con-
» seils, ils font aimer, ils consolent, ils forti-

« » fient ; mais, si quelque homme méchant en fait
» usage, ils produisent un effet contraire.

» Mon fils, me dit un jour ce bon roi, les
» lunes de ton pays sont-elles plus belles que les
» nôtres ? Te reste-t-il quelque chose à regretter
» en Égypte ? Tu nous en as apporté ce qu'il y
» a de meilleur : les plantes, les arts et les
» sciences. L'Égypte tout entière doit être ici
» pour toi. Reste avec nous : tu régneras après
» moi sur les Gaulois. Je n'ai d'autre enfant
» qu'une fille unique qui s'appelle Gotha : je te
» la donnerai en mariage. Crois-moi ; un peu-
» ple vaut mieux qu'une famille ; et une bonne
» femme, qu'une patrie. Gotha demeure dans
» cette île là-bas, dont on aperçoit d'ici les
» arbres : car il convient qu'une jeune fille soit
» élevée loin des hommes, et sur-tout loin de
» la cour des rois. »

Le désir de faire le bonheur d'un peuple suspendit en moi l'amour de la patrie. Je consultai Céphas, qui approuva les vues du roi. Je priai donc ce prince de me faire conduire au lieu qu'habitait sa fille, afin que, suivant la coutume des Égyptiens, je pusse me rendre agréable à celle qui devait être un jour la compagne de mes peines et de mes plaisirs. Le roi chargea une vieille femme, qui venait chaque jour au palais chercher des vivres pour Gotha, de me conduire chez elle. Cette vieille me fit embarquer avec elle, dans un bateau chargé de provisions ; et, nous laissant aller au cours du fleuve, nous abordâmes en peu de temps dans l'île où demeurait la fille du roi Bardus. On appelait cette île, l'Ile-aux-Cygnes, parce que ces oiseaux venaient au printemps faire leurs nids dans les roseaux qui bordaient ses rivages, et qu'en tout temps ils paissaient l'*anserina potentilla*[24] qui y croît abondamment. Nous mîmes pied à terre, et nous aperçûmes la princesse assise sous des aunes, au milieu d'une pelouse toute jaune des fleurs de l'anserina. Elle était entourée de cygnes, qu'elle appelait à elle en leur jetant des grains d'avoine. Quoiqu'elle fût à l'ombre des arbres, elle surpassait ces oiseaux en blancheur, par l'éclat de son teint, et de sa robe qui était d'hermine. Ses cheveux étaient du plus beau noir ; ils étaient ceints, ainsi que sa robe, d'un ruban rouge. Deux femmes qui l'accompagnaient à quelque distance, vinrent au-devant de nous. L'une attacha notre bateau aux branches d'un saule ; et l'autre, me prenant par la main, me conduisit vers sa maîtresse. La jeune princesse me fit asseoir sur l'herbe, auprès d'elle ; après quoi, elle me présenta de la farine de millet bouillie, un canard rôti sur des écorces de bouleau, avec du lait de chèvre dans une corne d'élan. Elle attendit ensuite, sans me rien dire, que je m'expliquasse sur le sujet de ma visite.

Quand j'eus goûté, suivant l'usage, aux mets qu'elle m'avait offerts, je lui dis : « O belle » Gotha ! je désire devenir le gendre du roi votre » père ; et je viens, de son consentement, sa- » voir si ma recherche vous sera agréable. »

La fille du roi Bardus baissa les yeux, et me répondit : « O étranger ! je suis demandée en » mariage par plusieurs iarles, qui font tous les » jours à mon père de grands présents pour » m'obtenir ; mais je n'en aime aucun. Ils ne » savent que se battre. Pour toi, je crois, si tu » deviens mon époux, que tu feras mon bon- » heur, puisque tu fais déjà celui de mon peu- » ple. Tu m'apprendras les arts de l'Égypte, et » je deviendrai semblable à la bonne Isis de ton » pays, dont on dit tant de bien dans les Gaules. »

Après avoir ainsi parlé, elle regarda mes ha- bits, admira la finesse de leur tissu, et les fit examiner à ses femmes, qui levaient les mains au ciel de surprise. Elle ajouta ensuite, en me re- gardant : « Quoique tu viennes d'un pays rem- » pli de toute sorte de richesse et d'industrie, » il ne faut pas croire que je manque de rien, » et que je sois moi-même dépourvue d'intelli- » gence. Mon père m'a élevée dans l'amour du » travail, et il me fait vivre dans l'abondance » de toutes choses. »

En même temps, elle me fit entrer dans son palais, où vingt de ses femmes étaient occupées

à lui plumer des oiseaux de rivière, et à lui faire des parures et des robes de leur plumage. Elle me montra des corbeilles et des nattes de jonc très-fin, qu'elle avait elle-même tissues ; des vases d'étain en quantité ; cent peaux de loup, de martre et de renard, avec vingt peaux d'ours : « Tous ces biens, me dit-elle, t'appar-
» tiendront, si tu m'épouses ; mais ce sera à con-
» dition que tu n'auras point d'autre femme que
» moi, que tu ne m'obligeras point de travailler
» à la terre, ni d'aller chercher les peaux des
» cerfs et des bœufs sauvages que tu auras tués
» dans les forêts ; car ce sont des usages aux-
» quels les maris assujettissent leurs femmes
» dans ce pays, et qui ne me plaisent point du
» tout : que si tu t'ennuies un jour de vivre avec
» moi, tu me remettras dans cette île où tu es
» venu me chercher, et où mon plaisir est de
» nourrir des cygnes, et de chanter les louanges
» de la Seine, nymphe de Cérès. »

Je souris en moi-même de la naïveté de la fille du roi Bardus, et à la vue de tout ce qu'elle appelait des biens ; mais, comme la véritable richesse d'une femme est l'amour du travail, la simplicité, la franchise, la douceur ; et qu'il n'y a aucune dot qui soit comparable à ces vertus, je lui répondis : « O belle Gotha ! le mariage chez
» les Égyptiens, est une union égale, un partage
» commun de biens et de maux. Vous me serez

» chère comme la moitié de moi-même. » Je lui fis présent alors d'un écheveau de lin, crû et préparé dans les jardins du roi son père. Elle le prit avec joie, et me dit : « Mon ami, je filerai » ce lin, et j'en ferai une robe pour le jour de » mes noces. » Elle me présenta à son tour ce chien que vous voyez, si couvert de poils, qu'à peine on lui voit les yeux. Elle me dit : « Ce » chien s'appelle Gallus ; il descend d'une race » très-fidèle. Il te suivra par-tout, sur la terre, » sur la neige et dans l'eau. Il t'accompagnera à » la chasse, et même dans les combats. Il te sera » en tout temps un fidèle compagnon, et un sym- » bole de mon amour. » Comme la fin du jour approchait, elle m'avertit de me retirer, de ne point descendre à l'avenir par le fleuve ; mais d'aller par terre le long du rivage, jusque vis-à-vis de son île, où ses femmes viendraient me chercher, afin de cacher notre bonheur aux jaloux. Je pris congé d'elle, et je m'en revins chez moi en formant dans mon esprit mille projets agréables.

Un jour que j'allais la voir par un des sentiers de la forêt, suivant son conseil, je rencontrai un des principaux iarles, accompagné de quantité de ses vassaux. Ils étaient armés comme s'ils eussent été en guerre. Pour moi, j'étais sans armes, comme un homme qui est en paix avec tout le monde, et qui ne songe qu'à faire l'a-

mour. Cet iarle s'avança vers moi d'un air fier, et me dit : « Que viens-tu faire dans ce pays de
» guerriers, avec tes arts de femme? Prétends-
» tu nous apprendre à filer le lin, et obtenir,
» pour ta récompense, la belle Gotha? Je m'ap-
» pelle Torstan. J'étais un des compagnons de
» Carnut. Je me suis trouvé à vingt-deux com-
» bats de mer, et à trente duels. J'ai combattu
» trois fois contre Vittiking, ce roi fameux du
» Nord. Je veux porter ta chevelure aux pieds
» du dieu Mars, auquel tu as échappé, et boire
» dans ton crâne le lait de mes troupeaux. »

Après un discours si brutal, je crus que ce barbare allait m'assassiner ; mais, joignant la loyauté à la férocité, il ôta son casque et sa cuirasse, qui étaient de peau de bœuf, et me présenta deux épées nues, en m'en donnant le choix.

Il était inutile de parler raison à un jaloux et à un furieux. J'invoquai en moi-même Jupiter, le protecteur des étrangers ; et choisissant l'épée la plus courte, mais la plus légère, quoiqu'à peine je pusse la manier, nous commençâmes un combat terrible, tandis que ses vassaux nous environnaient comme témoins, en attendant que la terre rougît du sang de leur chef, ou de celui de leur hôte.

Je songeai d'abord à désarmer mon ennemi, pour épargner sa vie ; mais il ne m'en laissa pas le maître : la colère le mettait hors de lui. Le

premier coup qu'il voulut me porter, fit sauter un grand éclat d'un chêne voisin. J'esquivai l'atteinte de son épée, en baissant la tête. Ce mouvement redoubla son insolence. « Quand tu t'in-
» clinerais, me dit-il, jusqu'aux enfers, tu ne
» saurais m'échapper. » Alors, prenant son épée à deux mains, il se précipita sur moi avec fureur ; mais, Jupiter donnant le calme à mes sens, je parai du fort de mon épée le coup dont il voulait m'accabler, et lui en présentant la pointe, il s'en perça lui-même bien avant dans la poitrine. Deux ruisseaux de sang sortirent à-la-fois de sa blessure et de sa bouche ; il tomba sur le dos ; ses mains lâchèrent son épée, ses yeux se tournèrent vers le ciel, et il expira. Aussitôt ses vassaux environnèrent son corps, en jetant de grands cris. Mais ils me laissèrent aller sans me faire aucun mal ; car il règne beaucoup de générosité parmi ces barbares. Je me retirai à la cité en déplorant ma victoire.

Je rendis compte à Céphas et au roi de ce qui venait de m'arriver. « Ces iarles, dit le roi, me
» donnent bien du souci. Ils tyrannisent mon
» peuple. S'il y a quelque mauvais sujet dans le
» pays, ils ne manquent pas de l'attirer à eux ;
» pour fortifier leur parti. Ils se rendent quel-
» quefois redoutables à moi-même. Mais les
» druides le sont encore davantage. Personne ici
» n'ose rien faire sans leur aveu. Comment m'y

» prendre pour affaiblir ces deux puissances ?
» J'ai cru qu'en augmentant celle des iarles,
» j'opposerais une digue à celle des druides ;
» mais le contraire est arrivé. La puissance des
» druides est augmentée. Il semble que l'une et
» l'autre s'accordent pour étendre leur oppres-
» sion sur mon peuple, et jusque sur mes hôtes.
» O étranger, me dit-il, vous ne l'avez que trop
» éprouvé ! » Puis, se tournant vers Céphas :
« O mon ami, ajouta-t-il, vous qui avez acquis
» dans vos voyages l'expérience nécessaire au
» gouvernement des hommes, donnez quelques
» conseils à un roi qui n'est jamais sorti de
» son pays. Oh ! je sens que les rois devraient
» voyager. »

« O roi, répondit Céphas, je vous dévoilerai
» une partie de la politique et de la philosophie
» de l'Égypte. Une des lois fondamentales de la
» nature, est que tout soit gouverné par des
» contraires. C'est des contraires que résulte
» l'harmonie du monde : il en est de même de
» celle des nations. La puissance des armes et
» celle de la religion se combattent chez tous
» les peuples. Ces deux puissances sont néces-
» saires pour la conservation de l'État. Lorsque
» le peuple est opprimé par ses chefs, il se réfu-
» gie vers ses prêtres ; et lorsqu'il est opprimé
» par ses prêtres, il se réfugie vers ses chefs.
» La puissance des druides a donc augmenté

» chez vous par celle même des iarles ; car ces
» deux puissances se balancent par-tout. Si vous
» voulez donc diminuer l'une des deux, loin
» d'augmenter celle qui lui est opposée, ainsi
» que vous l'avez fait, il faut, au contraire,
» l'affaiblir.

» Il y a un moyen encore plus simple et plus
» sûr de diminuer à-la-fois les deux puissances
» qui vous font ombrage : c'est de rendre votre
» peuple heureux ; car il n'ira plus chercher de
» protection hors de vous, et ces deux puissances
» se détruiront bientôt, puisqu'elles ne doivent
» leur influence qu'à l'opinion de ce même peu-
» ple. Vous en viendrez à bout, en donnant aux
» Gaulois des moyens abondants de subsistance,
» par l'établissement des arts qui adoucissent la
» vie, et sur-tout, en honorant et favorisant
» l'agriculture, qui en est le soutien. Votre peu-
» ple vivant dans l'abondance, les iarles et les
» druides s'y trouveront aussi. Lorsque ces deux
» corps seront contents de leur sort, ils ne cher-
» cheront point à troubler celui des autres ; ils
» n'auront plus à leur disposition cette foule
» d'hommes misérables, demi-nus et à moitié
» morts de faim, qui, pour avoir de quoi vivre,
» sont toujours prêts à servir la violence des uns,
» ou la superstition des autres. Il résultera de
» cette politique humaine, que votre propre
» puissance, fortifiée de celle d'un peuple que

» vous rendrez heureux par vos soins, anéantira
» celle des iarles et des druides. Dans toute
» monarchie bien réglée, le pouvoir du roi
» est dans le peuple, et celui du peuple dans le
» roi. Vous ramènerez alors vos nobles et vos
» prêtres à leurs fonctions naturelles. Les iarles
» défendront la nation au dehors, et ne l'oppri-
» meront plus au dedans : et les druides ne gou-
» verneront plus les Gaulois par la terreur ; mais
» ils les consoleront, et les aideront, par leurs
» lumières et leurs conseils, à supporter les
» maux de la vie, ainsi que doivent faire les
» ministres de toute religion.

» C'est par cette politique que l'Égypte est
» parvenue à un degré de puissance et de félicité
» qui en a fait le centre des nations; et que la
» sagesse de ses prêtres s'est rendue recomman-
» dable par toute la terre. Souvenez-vous donc
» de cette maxime, que tout excès dans le pou-
» voir d'un corps religieux ou militaire, vient
» du malheur du peuple, parce que toute puis-
» sance vient de lui. Vous ne détruirez cet excès
» qu'en rendant le peuple heureux.

» Lorsque votre autorité sera suffisamment
» établie, conférez-en une partie à des magistrats,
» choisis parmi les plus gens de bien. Veillez
» sur-tout sur l'éducation des enfants de votre
» peuple ; mais gardez-vous de la confier au pre-
» mier venu qui voudra s'en charger, et encore

» moins à aucun corps particulier, tel que celui
» des druides, dont les intérêts sont toujours
» différents de ceux de l'État. Considérez l'édu-
» cation des enfants de votre peuple, comme
» la partie la plus précieuse de votre adminis-
» tration. C'est elle seule qui forme les citoyens :
» les meilleures lois ne sont rien sans elle.

» En attendant que vous puissiez jeter d'une
» manière solide les fondements du bonheur des
» Gaulois, opposez quelques digues à leurs maux.
» Instituez beaucoup de fêtes, qui les dissipent
» par des chants et par des danses. Balancez
» l'influence réunie des iarles et des druides,
» par celle des femmes. Aidez celles-ci à sortir
» de leur esclavage domestique. Qu'elles assis-
» tent aux festins, aux assemblées, et même
» aux fêtes religieuses. Leur douceur naturelle
» affaiblira peu-à-peu la férocité des mœurs et
» de la religion. »

Le roi répondit à Céphas : « Vos observations
» sont pleines de vérité, et vos maximes de
» sagesse. J'en profiterai. Je veux rendre cette
» ville fameuse par son industrie. En attendant,
» mon peuple ne demande pas mieux que de se
» réjouir et de chanter ; je lui ferai moi-même
» des chansons. Quant aux femmes, je crois
» véritablement qu'elles peuvent m'aider beau-
» coup : c'est par elles que je commencerai à

» rendre mon peuple heureux, au moins par
» les mœurs, si je ne le peux par les lois. »

Pendant que ce bon roi parlait, nous aperçûmes, sur le bord opposé de la Seine, le corps de Torstan. Il était tout nu, et paraissait sur l'herbe comme un monceau de neige. Ses amis et ses vassaux l'entouraient, et jetaient de temps en temps des cris affreux. Un de ses amis traversa le fleuve dans une barque, et vint dire au roi : « Le sang se paie par le sang ; que
» l'Égyptien périsse ! » Le roi ne répondit rien à cet homme ; mais quand il fut parti, il me dit :
« Votre défense a été légitime ; mais ce serait
» ma propre injure, que je serais obligé de
» m'éloigner. Si vous restez, vous serez, par les
» lois, obligé de vous battre successivement avec
» tous les parents de Torstan, qui sont nombreux,
» et vous succomberez tôt ou tard. D'un autre
» côté, si je vous défends contre eux, ainsi que
» je le ferai, vous entraînerez cette ville naissante dans votre perte ; car les parents, les amis
» et les vassaux de Torstan ne manqueront pas
» de l'assiéger, et il se joindra à eux beaucoup
» de Gaulois que les druides irrités contre vous
» excitent à la vengeance. Cependant, soyez sûr
» que vous trouverez ici des hommes qui ne
» vous abandonneront pas dans le plus grand
» danger. »

Aussitôt il donna des ordres pour la sûreté de

la ville, et on vit accourir sur ses remparts tous les habitants, disposés à soutenir un siége en ma faveur. Ici, ils faisaient des amas de cailloux; là, ils plaçaient de grandes arbalètes et de longues poutres armées de pointes de fer. Cependant, nous voyions arriver le long de la Seine une grande foule de peuple. C'étaient les amis, les parents, les vassaux de Torstan, avec leurs esclaves; les partisans des druides, ceux qui étaient jaloux de l'établissement du roi, et ceux qui, par inconstance, aiment la nouveauté. Les uns descendaient le fleuve en barques; d'autres traversaient la forêt en longues colonnes. Tous venaient s'établir sur les rivages voisins de Lutétia, et ils étaient en nombre infini. Il m'était impossible désormais de m'échapper. Il ne fallait pas compter d'y réussir à la faveur des ténèbres; car, dès que la nuit fut venue, les mécontents allumèrent une multitude de feux, dont le fleuve était éclairé jusqu'au fond de son canal.

Dans cette perplexité, je formai en moi-même une résolution qui fut agréable à Jupiter. Comme je n'attendais plus rien des hommes, je résolus de me jeter entre les bras de la vertu, et de sauver cette ville naissante en allant me livrer seul aux ennemis. A peine eus-je mis ma confiance dans les dieux, qu'ils vinrent à mon secours.

Omfi se présenta devant nous, tenant à la main une branche de chêne, sur laquelle avait crû une branche de gui. A la vue de cet arbrisseau qui avait pensé m'être si fatal, je frissonnai; mais je ne savais pas que l'on doit souvent son salut à qui l'on a dû sa perte, comme aussi l'on doit souvent sa perte à qui l'on a dû son salut.

« O roi! dit Omfi, ô Céphas! soyez tranquilles;
» j'apporte de quoi sauver votre ami. Jeune
» étranger, me dit-il, quand toutes les Gaules
» seraient conjurées contre toi, voici de quoi les
» traverser sans qu'aucun de tes ennemis ose
» seulement te regarder en face. C'est ce rameau
» de gui qui a crû sur cette branche de chêne. Je
» vais te raconter d'où vient le pouvoir de cette
» plante, également redoutable aux hommes [25]
» et aux dieux de ce pays. Un jour Balder ra-
» conta à sa mère Friga qu'il avait songé qu'il
» mourait. Friga conjura le feu, les métaux, les
» pierres, les maladies, l'eau, les animaux, les
» serpents, de ne faire aucun mal à son fils; et
» les conjurations de Friga étaient si puissantes,
» que rien ne pouvait leur résister. Balder allait
» donc dans les combats des dieux, au milieu
» des traits, sans rien craindre. Loke, son en-
» nemi, voulut en savoir la raison. Il prit la
» forme d'une vieille, et vint trouver Friga. Il
» lui dit : Dans les combats, les traits et les ro-
» chers tombent sur votre fils Balder, sans lui
» faire de mal. Je le crois bien, dit Friga; toutes
» ces choses me l'ont juré. Il n'y a rien dans la

» nature qui puisse l'offenser. J'ai obtenu cette
» grace de tout ce qui a quelque puissance. Il
» n'y a qu'un petit arbuste à qui je ne l'ai pas
» demandée, parce qu'il m'a paru trop faible. Il
» était sur l'écorce d'un chêne; à peine avait-
» il une racine. Il vivait sans terre. Il s'appelle
» Mistiltein. C'était le gui. Ainsi parla Friga.
» Loke aussitôt courut chercher cet arbuste; et
» venant à l'assemblée des dieux pendant qu'ils
» combattaient contre l'invulnérable Balder, car
» leurs jeux sont des combats, il s'approcha de
» l'aveugle Hæder. Pourquoi, lui dit-il, ne
» lances-tu pas aussi des traits à Balder? Je suis
» aveugle, répondit Hæder, et je n'ai point
» d'armes. Loke lui présente le gui de chêne, et
» lui dit : Balder est devant toi. L'aveugle Hæder
» lance le gui : Balder tombe percé et sans vie.
» Ainsi le fils invulnérable d'une déesse fut tué
» par une branche de gui lancée par un aveugle.
» Voilà l'origine du respect porté dans les
» Gaules à cet arbrisseau.

» Plains, ô étranger! un peuple gouverné par
» la crainte, au défaut de la raison. J'avais cru,
» à ton arrivée, que tu en ferais naître l'empire
» par les arts de l'Égypte, et voir l'accomplis-
» sement d'un ancien oracle fameux parmi nous,
» qui prédit à cette ville les plus grandes desti-
» nées; que ses temples s'éleveront au-dessus des
» forêts; qu'elle réunira dans son sein des

» hommes de toutes les nations ; que l'ignorant
» viendra y chercher des lumières, l'infortuné
» des consolations, et que les dieux s'y commu-
» niqueront aux hommes comme dans l'heureuse
» Égypte. Mais ces temps sont encore bien
» éloignés. »

Le roi nous dit, à Céphas et à moi : « O
» mes amis ! profitez promptement du secours
» qu'Omfi vous apporte. » En même temps, il
nous fit préparer une barque armée de bons rameurs. Il nous donna deux demi-piques de bois
de frêne, qu'il avait ferrées lui-même, et deux
lingots d'or, qui étaient les premiers fruits de son
commerce. Il chargea ensuite des hommes de
confiance de nous conduire chez les Vénitiens.
« Ce sont, nous dit-il, les meilleurs navigateurs
» des Gaules. Ils vous donneront les moyens de
» retourner dans votre pays ; car leurs vaisseaux
» vont dans la Méditerranée. C'est d'ailleurs un
» bon peuple. Pour vous, ô mes amis ! vos noms
» seront à jamais célèbres dans les Gaules. Je
» chanterai Céphas et Amasis ; et pendant que
» je vivrai, leurs noms retentiront souvent sur
» ces rivages. »

Ainsi nous prîmes congé de ce bon roi, et
d'Omfi mon libérateur. Ils nous accompagnèrent
jusqu'au bord de la Seine, en versant des larmes,
ainsi que nous. Pendant que nous traversions la
ville, une foule de peuple nous suivait en nous

donnant les plus tendres marques d'affection. Les femmes portaient leurs petits enfants dans leurs bras et sur leurs épaules, et nous montraient en pleurant les pièces de lin dont ils étaient vêtus. Nous dîmes adieu au roi Bardus et à Omfi, qui ne pouvaient se résoudre à se séparer de nous. Nous les vîmes long-temps sur la tour la plus élevée de la ville, qui nous faisaient signe des mains pour nous dire adieu.

A peine nous avions débordé l'île, que les amis de Torstan se jetèrent dans une multitude de barques, et vinrent nous attaquer en poussant des cris effroyables. Mais, à la vue de l'arbrisseau sacré que je portais dans mes mains, et que j'élevais en l'air, ils tombaient prosternés au fond de leurs bateaux, comme s'ils eussent été frappés par un pouvoir divin ; tant la superstition a de force sur des esprits séduits ! Nous passâmes ainsi au milieu d'eux, sans courir le moindre risque.

Nous remontâmes le fleuve pendant un jour. Ensuite, ayant mis pied à terre, nous nous dirigeâmes vers l'occident, à travers des forêts presque impraticables. Leur sol était çà et là couvert d'arbres renversés par le temps. Il était tapissé par-tout de mousses épaisses et pleines d'eau, où nous enfoncions quelquefois jusqu'aux genoux. Les chemins qui divisent ces forêts, et qui servent de limites à différentes nations des

Gaules, étaient si peu fréquentés, que de grands arbres y avaient poussé. Les peuples qui les habitaient, étaient encore plus sauvages que leur pays. Ils n'avaient d'autres temples que quelque if frappé de la foudre, ou un vieux chêne dans les branches duquel quelque druide avait placé une tête de bœuf avec ses cornes. Lorsque, la nuit, le feuillage de ces arbres était agité par les vents, et éclairé par la lumière de la lune, ils s'imaginaient voir les esprits et les dieux de ces forêts. Alors, saisis d'une terreur religieuse, ils se prosternaient à terre, et adoraient en tremblant ces vains fantômes de leur imagination. Nos conducteurs mêmes n'auraient jamais osé traverser ces lieux, que la religion leur rendait redoutables, s'ils n'avaient été rassurés bien plus par la branche de gui que je portais, que par nos raisons.

Nous ne trouvâmes, en traversant les Gaules, aucun culte raisonnable de la Divinité, si ce n'est qu'un soir, en arrivant sur le haut d'une montagne couverte de neige, nous y aperçûmes un feu au milieu d'un bois de hêtres et de sapins. Un rocher moussu, taillé en forme d'autel, lui servait de foyer. Il y avait de grands amas de bois sec, et des peaux d'ours et de loup étaient suspendues aux rameaux des arbres voisins. On n'apercevait d'ailleurs autour de cette solitude, dans toute l'étendue de l'horizon, aucune

marque du séjour des hommes. Nos guides nous dirent que ce lieu était consacré au Dieu des voyageurs. Ce mot de consacré me fit frémir. Je dis à Céphas : Éloignons-nous d'ici. Tout autel m'est suspect dans les Gaules. Je n'honore désormais la Divinité que dans les temples de l'Égypte. Céphas me répondit : « Fuyez toute religion qui
» asservit un homme à un autre homme au nom
» de la Divinité, fût-ce même en Égypte ; mais
» par-tout où l'homme est servi, Dieu est dignement
» honoré, fût-ce même dans les Gaules.
» Par-tout, le bonheur des hommes fait la gloire
» de Dieu. Pour moi, je sacrifie à tous les autels
» où l'on soulage les maux du genre humain. »
Alors, il se prosterna et fit sa prière ; ensuite, il jeta dans le feu un tronçon de sapin et des branches de genevrier, qui parfumèrent les airs en pétillant. J'imitai son exemple ; après quoi, nous fûmes nous asseoir au pied du rocher, dans un lieu tapissé de mousse et abrité du vent du nord ; et, nous étant couverts des peaux suspendues aux arbres, malgré la rigueur du froid, nous passâmes la nuit fort chaudement. Le matin venu, nos guides nous dirent que nous marcherions jusqu'au soir sur des hauteurs semblables, sans trouver ni bois, ni feu, ni habitation. Nous bénîmes une seconde fois la Providence, de l'asyle qu'elle nous avait donné ; nous remîmes religieusement nos pelleteries aux rameaux de sapins; nous

ALORS IL SE PROSTERNA ET FIT SA PRIERE.

jetâmes de nouveau bois dans le foyer ; et, avant de nous mettre en route, je gravai ces mots sur l'écorce d'un hêtre :

CÉPHAS ET AMASIS

ONT ADORÉ ICI LE DIEU

QUI PREND SOIN DES VOYAGEURS.

Nous passâmes successivement chez les Carnutes, les Cénomanes, les Diablinthes, les Redons, les Curiosolites, les habitants de Dariorigum, et enfin nous arrivâmes à l'extrémité occidentale de la Gaule, chez les Vénétiens. Les Vénétiens sont les plus habiles navigateurs de ces mers. Ils ont même fondé une colonie de leur nom, au fond du golfe Adriatique [26]. Dès qu'ils surent que nous étions les amis du roi Bardus, ils nous comblèrent d'amitiés. Ils nous offrirent de nous ramener directement en Égypte, où ils ont porté leur commerce ; mais, comme ils trafiquaient aussi dans la Grèce, Céphas me dit : « Allons en
» Grèce, nous y aurons des occasions fréquentes
» de retourner dans votre patrie. Les Grecs sont
» amis des Égyptiens. Ils doivent à l'Égypte les
» fondateurs les plus illustres de leurs villes.

» Cécrops a donné des lois à Athènes, et Inachus
» à Argos. C'est à Argos que règne Agamemnon,
» dont la réputation est répandue par toute la
» terre. Nous l'y verrons couvert de gloire au sein
» de sa famille, et entouré de rois et de héros. S'il
» est encore au siége de Troie, ses vaisseaux
» nous ramèneront aisément dans votre patrie.
» Vous avez vu le dernier degré de civilisation
» en Égypte, la barbarie dans les Gaules ; vous
» trouverez en Grèce une politesse et une élé-
» gance qui vous charmeront. Vous aurez ainsi
» le spectacle des trois périodes que parcourent
» la plupart des nations. Dans la première, elles
» sont au-dessous de la nature ; elles y atteignent
» dans la seconde ; elles vont au delà dans la
» troisième. »

Les vues de Céphas flattaient trop mon ambition pour la gloire, pour ne pas saisir l'occasion de connaître des hommes aussi fameux que les Grecs, et sur-tout qu'Agamemnon. J'attendis avec impatience le retour des jours favorables à la navigation ; car nous étions arrivés en hiver chez les Vénétiens. Nous passâmes cette saison dans des festins continuels, suivant l'usage de ces peuples. Dès que le printemps fut venu, nous nous embarquâmes pour Argos. Avant de quitter les Gaules, nous apprîmes que notre départ de Lutétia avait fait renaître la tranquillité dans les états du roi Bardus ; mais que sa fille, la belle Gotha, s'était retirée avec ses femmes dans le temple d'Isis, à laquelle elle s'était consacrée, et que nuit et jour elle faisait retentir la forêt de ses chants harmonieux.

Je fus très-sensible au chagrin de ce bon roi, qui perdait sa fille par un effet même de notre arrivée dans son pays, qui devait le couvrir un jour de gloire ; et j'éprouvai moi-même la vérité de cette ancienne maxime, que la considération publique ne s'acquiert qu'aux dépens du bonheur domestique.

Après une navigation assez longue, nous rentrâmes dans le détroit d'Hercule. Je sentis une joie vive à la vue du ciel de l'Afrique, qui me rappelait le climat de ma patrie. Nous vîmes les hautes montagnes de la Mauritanie, Abila, située au détroit d'Hercule, et celles qu'on nomme les Sept-Frères, parce qu'elles sont d'une égale hauteur. Elles sont couvertes, depuis leur sommet jusqu'au bord de la mer, de palmiers chargés de dattes. Nous découvrîmes les riches coteaux de la Numidie, qui se couronnent deux fois par an de moissons qui croissent à l'ombre des oliviers, tandis que des haras de superbes chevaux paissent en toute saison dans leurs vallées toujours vertes. Nous côtoyâmes les bords de la Syrte, où croît le fruit délicieux du Lothos, qui fait, dit-on, oublier la patrie aux étrangers qui en mangent. Bientôt nous aperçûmes les sables de la Libye, au milieu desquels sont placés les jardins enchantés des Hespérides; comme si la nature se plaisait à faire contraster les contrées les plus arides avec les plus fécondes. Nous entendions la nuit les rugissements des tigres et des lions, qui venaient se baigner dans la mer; et au lever de l'aurore, nous les voyions se retirer vers les montagnes.

Mais la férocité de ces animaux n'approchait pas de celle des hommes de ces régions. Les uns immolent leurs enfants à Saturne; d'autres ensevelissent les femmes toutes vives dans les tombeaux de leurs époux. Il y en a qui, à la mort de leurs rois, égorgent tous ceux qui les ont servis. D'autres tâchent d'attirer les étrangers sur leurs rivages, pour les dévorer. Nous pensâmes un jour être la proie de ces anthropophages; car, pendant que nous étions descendus à terre, et que nous échangions paisiblement avec eux de l'étain et du fer pour divers fruits excellents qui croissent dans leur pays, ils nous dressèrent une embuscade dont nous ne sortîmes qu'avec bien de la peine. Depuis cet événement, nous n'osâmes plus débarquer sur ces côtes inhospitalières, que la nature a placées en vain sous un si beau ciel.

J'étais si irrité des traverses de mon voyage, entrepris pour le bonheur des hommes, et surtout de cette dernière perfidie, que je dis à Céphas : Je crois toute la terre, excepté l'Égypte, couverte de barbares. Je crois que des opinions absurdes, des religions inhumaines et des mœurs féroces, sont le partage naturel de tous les peuples ; et sans doute la volonté de Jupiter est qu'ils y soient abandonnés pour toujours ; car il les a divisés en tant de langues différentes, que l'homme le plus bienfaisant, loin de pouvoir les réformer, ne peut pas seulement s'en faire entendre.

Céphas me répondit : « N'accusons point Ju-
» piter des maux des hommes. Notre esprit est
» si borné, que quoique nous sentions quelque-
» fois que nous sommes mal, il nous est impos-
» sible d'imaginer comment nous pourrions être
» mieux. Si nous ôtions un seul des maux naturels
» qui nous choquent, nous verrions naître de son
» absence mille autres maux plus dangereux. Les
» peuples ne s'entendent point ; c'est un mal,
» selon vous : mais s'ils parlaient tous le même
» langage, les impostures, les erreurs, les pré-
» jugés, les opinions cruelles particulières à
» chaque nation, se répandraient par toute la
» terre. La confusion générale qui est dans les
» paroles, serait alors dans les pensées. » Il me
montra une grappe de raisin : « Jupiter, dit-il,
» a divisé le genre humain en plusieurs langues,
» comme il a divisé en plusieurs grains cette
» grappe, qui renferme un grand nombre de
» semences, afin que si une partie de ces semences

» se trouvait attaquée par la corruption, l'autre
» en fût préservée. 27.

» Jupiter n'a divisé les langages des hommes,
» qu'afin qu'ils pussent toujours entendre celui
» de la nature. Par-tout la nature parle à leur
» cœur, éclaire leur raison, et leur montre le
» bonheur dans un commerce mutuel de bons
» offices. Par-tout, au contraire, les passions
» des peuples dépravent leur cœur, obscur-
» cissent leurs lumières, les remplissent de hai-
» nes, de guerres, de discordes et de supersti-
» tions, en ne leur montrant le bonheur que
» dans leur intérêt personnel et dans la ruine
» d'autrui.

» La division des langues empêche ces maux
» particuliers de devenir universels ; et s'ils sont
» permanents chez quelques peuples, c'est qu'il
» y a des corps ambitieux qui en profitent ; car
» l'erreur et le vice sont étrangers à l'homme.
» L'office de la vertu est de détruire ces maux.
» Sans le vice, la vertu n'aurait guère d'exercice
» sur la terre. Vous allez arriver chez les Grecs.
» Si ce qu'on a dit d'eux est véritable, vous trou-
» verez dans leurs mœurs une politesse et une
» élégance qui vous raviront. Rien ne doit être
» égal à la vertu de leurs héros, exercés par de
» longs malheurs. »

Tout ce que j'avais éprouvé jusqu'alors de la
barbarie des nations, redoublait le désir que

j'avais d'arriver à Argos, et de voir le grand Agamemnon heureux au milieu de sa famille. Déjà nous apercevions le cap de Ténare, et nous étions près de le doubler, lorsqu'un vent d'Afrique nous jeta sur les Strophades. Nous voyions la mer se briser contre les rochers qui environnent ces îles. Tantôt, en se retirant, elle en découvrait les fondements caverneux; tantôt, s'élevant tout-à-coup, elle les couvrait, en rugissant, d'une vaste nappe d'écume. Cependant nos matelots s'obstinaient, malgré la tempête, à atteindre le cap de Ténare, lorsqu'un tourbillon de vent déchira nos voiles. Alors, nous avons été forcés de relâcher à Sténiclaros.

De ce port, nous nous sommes mis en route pour nous rendre à Argos par terre. C'est en allant à ce séjour du roi des rois, que nous vous avons rencontré, ô bon berger! Maintenant, nous désirons vous accompagner au mont Lycée, afin de voir l'assemblée d'un peuple dont les bergers ont des mœurs si hospitalières et si polies. En disant ces dernières paroles, Amasis regarda Céphas, qui les approuva d'un signe de tête.

Tirtée dit à Amasis: « Mon fils, votre récit
» nous a beaucoup touchés; vous avez dû en
» juger par nos larmes. Les Arcadiens ont été
» plus malheureux que les Gaulois [28]. Nous n'ou-
» blierons jamais le règne de Lycaon, changé
» jadis en loup, en punition de sa cruauté. Mais,

» à cette heure, ce sujet nous mènerait trop loin.
» Je remercie Jupiter de vous avoir disposé,
» ainsi que votre ami, à passer demain la jour-
» née avec nous au mont Lycée. Vous n'y verrez
» ni palais, ni ville royale, et encore moins des
» sauvages et des druides, mais des gazons, des
» bois, des ruisseaux, et des bergers qui vous
» recevront de bon cœur. Puissiez-vous prolon-
» ger long-temps votre séjour parmi nous! Vous
» trouverez demain, à la fête de Jupiter, des
» hommes de toutes les parties de la Grèce, et
» des Arcadiens bien plus instruits que moi, qui
» connaîtront sans doute la ville d'Argos. Pour
» moi, je vous l'avoue, je n'ai jamais ouï parler
» du siége de Troie, ni de la gloire d'Agamem-
» non, dont on parle, dites-vous, par toute la
» terre. Je ne me suis occupé que du bonheur
» de ma famille et de celui de mes voisins. Je
» ne connais que les prairies et les troupeaux.
» Jamais je n'ai porté ma curiosité hors de mon
» pays. La vôtre, qui vous a jeté, si jeune, au
» milieu des nations étrangères, est digne d'un
» dieu et d'un roi. »

Alors Tirtée se retournant vers sa fille, lui dit:
« Cyanée, apportez-nous la coupe d'Hercule. »
Cyanée se leva aussitôt, courut la chercher, et
la présenta à son père d'un air riant. Tirtée la
remplit de vin; puis, s'adressant aux deux voyageurs, il leur dit : « Hercule a voyagé comme

» vous, mes chers hôtes. Il est venu dans cette
» cabane ; il s'y est reposé lorsqu'il poursuivit,
» pendant un an, la biche aux pieds d'airain du
» mont Érymanthe. Il a bu dans cette coupe :
» vous êtes dignes d'y boire après lui. Aucun
» étranger n'y a bu avant vous. Je ne m'en sers
» qu'aux grandes fêtes, et je ne la présente qu'à
» mes amis. » Il dit, et il offrit la coupe à Céphas. Elle était de bois de hêtre, et tenait une cyathe de vin. Hercule la vidait d'une seule haleine ; mais Céphas, Amasis et Tirtée eurent assez de peine à la vider, en y buvant deux fois tour-à-tour.

Tirtée ensuite conduisit ses hôtes dans une chambre voisine. Elle était éclairée par une fenêtre fermée d'une claie de roseaux, à travers laquelle on apercevait, au clair de la lune, dans la plaine voisine, les îles de l'Alphée. Il y avait dans cette chambre deux bons lits, avec des couvertures d'une laine chaude et légère. Alors Tirtée prit congé de ses hôtes, en souhaitant que Morphée versât sur eux ses plus doux pavots. Quand Amasis fut seul avec Céphas, il lui parla avec transport de la tranquillité de ce vallon, de la bonté du berger, de la sensibilité et des graces de sa jeune fille, à laquelle il ne trouvait rien de comparable, et des plaisirs qu'il se promettait le lendemain à la fête de Jupiter, où il se flattait de voir un peuple entier aussi heureux que cette famille solitaire. Ces agréables entretiens leur auraient fait passer à l'un et à l'autre la nuit sans dormir, malgré les fatigues de leur voyage, s'ils n'avaient été invités au sommeil par la douce clarté de la lune qui luisait à travers la fenêtre, par le murmure du vent dans le feuillage des peupliers, et par le bruit lointain de l'Achéloüs, dont la source se précipite en mugissant du haut du mont Lycée.

PRÉFACE DE L'ÉDITEUR

SUR

LES MANUSCRITS DE L'ARCADIE.

PRÉFACE DE L'ÉDITEUR

SUR

LES MANUSCRITS DE L'ARCADIE.

Quelle que soit la perfection du fragment qui sert de préambule au premier livre de l'Arcadie, on est obligé d'avouer qu'il ne satisfait pas toujours la curiosité du lecteur, quoiqu'il ne cesse jamais de charmer son imagination. Vainement on y cherche le dessein, la marche et le plan d'un ouvrage dont la littérature déplore la perte. Tout ce que l'auteur songe à nous apprendre, c'est que Jean-Jacques Rousseau lui conseilla d'opposer à l'état de nature des peuples d'Arcadie, l'état de corruption d'un autre peuple; ce qui lui fit naître l'idée d'ajouter à ces deux tableaux, celui d'un troisième peuple dans l'état de barbarie, et de tracer une harmonie complète des trois périodes ordinaires aux sociétés humaines. Plus les contrastes auraient été frappants, plus il eût fait aimer la simplicité de l'heureuse Arcadie. Cette image riante se fût montrée comme par enchantement au milieu des Gaules barbares et de l'Égypte corrompue. Ainsi les influences du printemps ont d'autant plus de douceur, que la nature vient les répandre entre les frimas de l'hiver et les ardeurs de l'été.

Voilà tout ce que nous savons sur cette immense composition; mais la singularité la plus remarquable du préambule, c'est qu'il renferme des études délicieuses du second livre de l'Arcadie, que l'auteur n'a pas publié; et qu'il donne à peine quelques détails sur le livre des Gaules, auquel il sert d'introduction. Ici Bernardin de Saint-Pierre ne fait plus que céder aux inspirations de Virgile. Séduit par les charmes d'une poésie divine, il semble adoucir sa voix pour répéter ses vers; il l'admire, il le commente, il l'adore; son ame en est toute pénétrée; c'est comme un feu qui la vivifie. L'éloquence de son style, l'entraînement de ses pensées, il lui doit tout; et dans son ravissement, il est prêt à dire de Virgile ce que Tityre dit d'Auguste: « Si tu vois mes génisses errer dans ces pâtu- » rages; moi-même, si je fais entendre à mon » gré les airs de mon rustique chalumeau; » c'est lui qui l'a permis : »

« Ille meas errare boves, ut cernis, et ipsum
» Ludere quæ vellem calamo permisit agresti. »

Notre but a été de suppléer au silence de l'auteur, en recherchant tout ce qu'il nous a laissé ignorer. Pénétrés de l'importance de ce travail, nous étions loin d'en connaître les difficultés. Plusieurs cartons remplis de notes sans ordre, sans indications, d'une écriture souvent illisible, nous offraient des matériaux nombreux : il fallait déchiffrer les unes, copier les autres, les réunir, les classer, et faire un choix dans vingt leçons différentes. Effrayés du nombre et de la confusion de ces papiers, notre premier mouvement fut de croire que toutes nos recherches seraient inutiles : elles ne le furent cependant pas; et après huit mois du travail le plus fatigant et le plus minutieux, nous étions parvenus à connaître le plan général de l'ouvrage, et à rassembler quelques fragments du second et du troisième livre. Dans ces fragments, rien n'est achevé, rien n'est écrit : ils n'offrent que les premiers traits d'un tableau que l'auteur eût perfectionné à loisir. Les faits y sont, le style y manque : cependant on y retrouve quelquefois cette simplicité noble et touchante qui rappelle l'antique, et dont le livre des Gaules est un modèle. En un mot, ce sont de simples croquis que nous présentons au public; nous avons détaché pour lui quelques feuillets du portefeuille où l'artiste les crayonnait. Le vulgaire n'y verra que des pages faibles et sans couleur; mais les esprits plus éclairés y verront une étude d'homme. Après la mort de Platon, on trouva sur sa table la première phrase de sa République, écrite trois fois de sa main, et de trois manières différentes. Ces lignes, qui ont traversé les siècles pour venir jusqu'à nous, occupent encore les commentateurs. Quelques-uns, comme Charpentier, n'y ont vu qu'un argument en faveur de la construction directe; mais le plus grand nombre s'est plu à y chercher les secrets, les modifications et la marche d'une pensée qui avait produit des chefs-d'œuvre.

La première chose que la lecture des manuscrits nous ait apprise, c'est que la plume de Bernardin de Saint-Pierre ne savait donner la vie qu'à ce qu'il avait vu. Dès que son esprit était frappé, ou plutôt dès que son cœur était ému par la présence d'un objet, il lui suffisait de rendre son impression : il y avait alors tant de vérité dans ses couleurs, tant de justesse dans ses expressions, qu'il était inimitable. Aussi ne pouvait-il tracer la plus légère esquisse sans appeler la nature à son secours, comme un peintre appelle son modèle. Mais il avait beaucoup voyagé, et ses souvenirs l'environnaient de tous les charmes de la vérité, embellie de tous les charmes de son imagination. On conçoit facilement qu'avec une pareille tournure d'esprit, il n'ait dû se livrer au plaisir d'écrire que dans un âge assez avancé. C'est un rapport de plus qui unit son destin à celui de Jean-Jacques : tous deux n'écrivirent que très-tard, et tous deux furent calomniés aussitôt qu'ils eurent écrit.

A peine eut-il crayonné quelques passages du livre des Gaules, qu'il éprouva le besoin de voir. Comme les grands poëtes de l'antiquité, il voulut parcourir les lieux que sa muse allait célébrer; mais son plan ne lui permettant de peindre qu'une partie de la Gaule, les doux souvenirs du pays le firent naturellement pencher pour la Normandie. Par une belle matinée du printemps, seul, à pied, n'emportant d'autres livres que Virgile et les Commentaires de César, il se met gaiement en route pour exécuter son projet. L'aspect de la première verdure et des premières fleurs, le chant de cette multitude d'oiseaux qu'un jour avait reposés de leurs lointains voyages, ce renouvellement de la nature auquel on croit toujours assister pour la première fois, le pénétrèrent d'une joie inconnue, d'un ravissement inexprimable. Heureux, comme il le disait lui-même, de ne plus rencontrer ces oisifs de la capitale, qui ne savent vous aborder qu'en prononçant ces mots : *Qu'y a-t-il de nouveau ?* Heureux sur-tout d'interroger la nature, qui sans cesse lui répondait par des inspirations nouvelles!

Ce fut ainsi qu'il parcourut la Normandie, marchant au hasard, évitant les routes battues, s'enfonçant dans les bruyères, dans les champs cultivés, et s'égarant volontiers dans les lieux les plus solitaires. Tantôt, il s'assied à la table des bons villageois, qui lui répètent les vieilles traditions du pays; tantôt, il s'arrête dans un mauvais cabaret, où il rencontre des voyageurs pauvres et isolés comme lui: ils se racontent leurs aventures, ils se consolent par des vœux mutuels, et se quittent plus heureux. Souvent il s'étonne de trouver sous le chaume des hommes vertueux et contents de leur sort, malgré la misère. Ses observations s'étendent à tout; il s'instruit avec les ignorants, il écoute les vieillards, et dérobe aux petits enfants quelques-unes des graces naïves qui font aimer ses écrits. Le journal de son voyage, est un monument unique de cette manière d'observer qui a tant de rapport avec celle des anciens. Il ne laisse rien passer sans le décrire; ce qui échapperait à l'indifférence du vulgaire, son ame le découvre et le peint aussitôt. Un jour il vit deux petites filles couvertes de lambeaux, et traversant avec peine une terre labourée : l'une d'elles était saisie de froid et ne pouvait marcher, l'autre la regardait en pleurant; et relevant un coin de la serpillière qui lui servait de jupe, pour chercher à la réchauffer, elle laissait voir une nudité complète. Ému à l'aspect d'une si grande misère, le voyageur s'approche, les ranime, les console, et s'indigne, en les secourant, de voir des enfants si pauvres, marcher sur une terre si riche. Il n'avait pas manqué de noter ce trait, qu'il inséra dans ses Études; je ne le rappelle ici que pour montrer avec quel bonheur la vérité venait se placer dans ses ouvrages.

Un autre jour qu'il s'était égaré dans les détours d'un vallon, il aperçut une jeune Cauchoise assise sous des pommiers en fleurs. Elle était seule, elle était pensive; il fait un signe, elle se lève; un corset d'écarlate dessinait sa taille élancée, son jupon cachait à peine une jambe nue et blanche comme l'ivoire : on eût dit la divinité de ce vallon. Du haut de la colline, elle indique la route au voyageur, et cela avec des mouvements si pleins de grace, qu'il ne put jamais les oublier. Mais ensuite, comme si elle eût craint qu'il ne s'égarât, elle lui fit signe de l'attendre, descendit légèrement, et lui servit de guide, pendant plus d'une demi-heure, au milieu de ces bocages solitaires, sans témoigner la moindre inquiétude, et mettant avec innocence sa vertu sous la garde de l'étranger. Une pareille scène est digne des premiers jours du monde. Aussi Bernardin de Saint-Pierre se plaisait à répéter que les filles de la Normandie lui avaient donné une idée du bonheur champêtre. Ce souvenir l'inspira, et il rendit aux Cauchoises un hommage bien flatteur dans la fable si ingénieuse de la pomme enlevée à Vénus par un triton. Ce fut également pour rendre hommage à sa ville natale, qu'il plaça au Havre les principales scènes de son poëme.

Au retour de ce voyage, la première partie de son travail fut bientôt terminée. Mais lorsqu'il fallut peindre l'Arcadie et l'Égypte, qu'il n'avait pas vues, son imagination resta froide, malgré les beaux vers de Virgile, et la variété de ses recherches sur l'empire de Sésostris. Dans le premier moment, il tenta de suppléer par ses souvenirs à ce qu'il ignorait, en comparant les climats qu'il avait parcourus avec ceux qu'il voulait d'écrire. Ses notes offrent même plusieurs traces de ces essais. Par exemple, il écrivait au-dessus de l'esquisse d'un effet de soleil en Égypte : *Été brûlant à Malte*. Céphas, dans ses courses maritimes, devait visiter les habitants des Pôles : l'auteur avait préparé ce morceau, sur la marge duquel on lisait ces mots : *Une nuit d'hiver en Russie*. Enfin, appelant à son aide tout ce que la nature, dans ses voyages, lui avait offert de plus riant et de plus frais, il empruntait à trois contrées différentes la peinture d'une des soirées si paisibles de l'Arcadie; et il écrivait à la suite des premiers traits de son tableau : *Printemps en Hollande ; soirée dans les bois en Pologne ; matinée en Normandie.*

Cependant il sentit bientôt l'inutilité de ses efforts; mécontent de son travail, et ne pouvant y renoncer, il résolut d'aller sur les lieux mêmes chercher des inspirations. Mais sa fortune était si médiocre, qu'en la réunissant tout entière, elle n'aurait pu couvrir les premiers frais d'une semblable expédition. Il s'adressa donc au gouvernement, et lui demanda les moyens de visiter la Grèce et l'Égypte. Plein de confiance et d'enthousiasme, il offrait de recueillir les plantes, les insectes, les animaux, qui pouvaient servir à l'avancement de l'agriculture et des sciences. Quand je ne rapporterais, disait-il, qu'une plante utile aux landes de Bordeaux, j'aurais assez fait pour ma patrie ! Mais il était pauvre, isolé, sans protection ; il ignorait cet art de l'intrigue, qui est devenu le premier de tous, parce qu'il mène à tout : est-il besoin d'ajouter que sa demande ne fut pas accueillie ? Ce refus le jeta dans un si grand découragement, que dès lors il abandonna un ouvrage qui avait occupé les plus belles années de sa vie, et qu'il se croyait hors d'état de porter à sa perfection. Environné d'une multitude de débris, et semblable à un voyageur naufragé, sa première pensée fut de recueillir ces fragments, et de les consacrer à la nature, qui console de tout, même de l'abandon des hommes. La partie morale des Études fut donc tirée de l'Arcadie, ainsi que la Chaumière indienne ; c'est encore de là que fut tirée une partie du roman de Paul et

Virginie, dont la scène se passait alors, sous d'autres noms, au pied du mont Lycée. Il est vrai que l'ensemble et le plan des deux récits n'ont que des rapports bien éloignés; mais les détails les rapprochent, et révèlent l'imitation; dans l'un comme dans l'autre, l'auteur a voulu peindre les délices d'un premier amour, les charmes de l'innocence, et le calme de la vie champêtre. On voit encore que c'est sur le vocabulaire des bergers de l'Arcadie que s'est formé celui des deux familles de l'Ile-de-France : chez ces bergers, les heures du jour étaient marquées par le réveil des fleurs; et les époques de l'année, par l'arrivée ou le départ des oiseaux. Cyanée disait : Les petits de l'alouette ont chanté, voilà le moment de recueillir la moisson. Ne vous éloignez pas de la vallée, il y aura de l'orage ce soir; la fleur du souci était fermée au premier rayon du jour.

Cet ouvrage fût la source de tout ce que l'auteur écrivit dans la suite. Le plan en était immense: il renfermait en même temps l'histoire de la nature et celle de l'homme. C'était une encyclopédie morale, dans laquelle devaient entrer les principales aventures des héros qui

avaient assisté au siége de Troie ; la peinture politique de l'Égypte, de la Grèce et de la Gaule, à la même époque ; le plan du gouvernement patriarcal de l'Arcadie ; les fêtes, les cérémonies, et les superstitions de tous ces peuples ; enfin, les fictions les plus riantes de la mythologie, et les faits les plus admirables de ces temps que nous appelons par excellence les temps héroïques. Pourquoi l'auteur n'a-t-il pas eu le courage d'achever les cinq premiers livres, qui devaient être consacrés à l'Arcadie ? Quelle fraîcheur, quelle nouveauté, quel tour gracieux dans sa pensée ! Comment pouvait-il craindre de ne pas reproduire le prestige de ces beaux lieux, celui qui avait dit : « Je rassemblai sur
» l'Arcadie tout ce que la nature a de plus
» aimable *dans nos climats*, et l'histoire de
» plus vraisemblable dans l'antiquité ? » Là, chaque site, chaque arbre, chaque fontaine lui eût offert le souvenir d'un Dieu ; chaque monument lui eût rappelé un bienfaiteur des hommes ; chaque cabane lui eût laissé voir des heureux... Voici les rives du lac de Stymphale ; on y raconte encore le combat fabuleux d'Hercule et des oiseaux voraces qui l'infes-

taient. Pan, qui enseignait l'art de soigner les troupeaux, errait dans les bocages du Ménale, consacrés à Vénus. Mercure descendait des cimes du mont Cyllène, lorsqu'inventeur d'un art nouveau, il unissait les hommes par les liens du commerce. Plus loin retentissaient les chants divins d'Orphée, fondateur de Tégée. Voici le mont Lycée, berceau de Jupiter. Voici la cabane d'Aristée, inventeur des abeilles. O voyageur! prosterne-toi sur une terre fécondée par Cérès ; des gerbes d'or sont dans sa main ; c'est là, c'est dans les vallons de Phigale qu'elle fit naître pour la première fois cette graine fragile qui a civilisé le genre humain.

Au milieu de ces héroïques souvenirs, quel tableau que celui des jeux, des fêtes, des amours d'un peuple dont la vie entière était consacrée à aimer, et qui, environné de ses dieux, comblé de leurs bienfaits, voyait pour dernier bonheur couler ses jours dans la délicieuse Arcadie!

Dans un moment d'orgueil, Gygès, roi de Lydie, fit demander à l'oracle de Delphes, s'il était sur la terre un mortel plus heureux que lui. La Pythie répondit : Aglaüs de Phosphis.

Aglaüs ne portait pas une couronne ; simple berger d'Arcadie, il cultivait un petit enclos, et ses désirs ne s'étendaient point au delà ; il habitait une chaumière, et quoique pauvre, il avait encore de quoi donner ; enfin, il ignorait les hommes, et ne connaissait que les dieux des laboureurs et des bergers.

A cette peinture d'un peuple libre sous un gouvernement paternel, nous avons déjà vu que l'auteur voulait opposer le tableau d'une grande nation, oubliant les lois de la nature, après avoir brisé toutes les lois humaines, et périssant au milieu des richesses, des arts, des sciences et de la volupté. C'était l'Égypte. Mais d'autres récits, plus courts et non moins tragiques, devaient interrompre les doux récits de l'Arcadie. On eût mieux apprécié le repos de la vie des bergers, en voyant les agitations de la vie des rois. L'histoire du meurtre d'Agamemnon et de la vengeance d'Oreste devait remplir ce but. L'auteur eût fait revivre le génie d'Euripide et de Sophocle... Ici Clytemnestre favorise l'assassin de son mari, et tout sanglant, le place à ses côtés sur le trône. Là Électre chassée du palais de son père, réduite à épouser un simple laboureur, triste, mais résignée, se livre aux travaux champêtres ; elle-même guide ses troupeaux, et va puiser à la fontaine l'eau qui doit les désaltérer. L'arrivée d'Oreste et de Pylade; la rencontre du frère et de la sœur auprès de la fontaine ; l'hospitalité qu'Électre accorde à Oreste, sans le connaître; enfin leur reconnaissance, si touchante dans Sophocle, et la punition des coupables, si terrible dans Euripide : telles étaient les scènes que devait reproduire le talent de Bernardin de Saint-Pierre. Ah! sans doute qu'il n'eût point oublié cette action pieuse des vierges d'Argos, lorsqu'au lever de l'aurore, elles viennent frapper à la porte d'Électre en chantant ces paroles : « Nous ve- » nons, ô fille d'Agamemnon, sous votre » humble et rustique toit, etc. » Cet hommage rendu par de jeunes vierges à la vertu malheureuse; le rapprochement inattendu de la fille d'Agamemnon et de l'humble toit son dernier asyle; la réponse d'Électre qui refuse de se mêler à leurs danses, parce que ses yeux ne savent plus que répandre des larmes, parce qu'elle n'a d'autres vêtements que les lambeaux de l'indigence; et cependant, ajoute-t-elle, Troie se souvient encore qu'Agamemnon fut son vainqueur ! toutes ces idées sont d'une vérité si déchirante, qu'elles arrachèrent des pleurs même aux farouches Lacédémoniens. Vainqueurs d'Athènes, ils se hâtaient de consommer sa ruine ; rien n'avait pu les émouvoir, ni les gémissements des victimes, ni la douleur d'un peuple entier, ni la haine de l'univers dont on les menaçait ; mais lorsque le soir, au théâtre, ils entendirent le chœur des vierges d'Argos; lorsqu'ils virent paraître Électre à la porte de son humble cabane, alors un cri de pitié s'échappa de leur sein, et ils restèrent comme accablés de ce grand exemple de l'inconstance de la fortune qui avait placé sous le chaume la fille du roi des rois.

Un grand nombre d'épisodes de ce genre auraient répandu la variété dans cette immense composition. L'histoire devait fournir les uns, l'imagination de l'auteur devait créer les autres ; quelques-uns prenaient encore leur origine dans les traditions fabuleuses des peuples. Tel était l'épisode des deux amants dans la guerre de Tégée contre les Pélasges. Les notes que nous avons sous les yeux ne donnent malheureusement qu'une bien faible idée de cette histoire, dont Pausanias ne parle pas. Cependant, afin de mettre le lecteur à même de juger, par un exemple, de l'intérêt de cette multitude de petits drames jetés avec art dans le drame général, nous essaierons de réunir les principaux traits de celui-ci ; bien entendu qu'on ne jugera ni les détails, ni le style : ce ne serait plus juger l'auteur.

« . . . . . . Et lorsqu'ils virent que les ennemis avaient déjà ravagé les campagnes, ils coururent aux armes, et jurèrent de se venger. Il y avait alors dans la ville un jeune guerrier qui devait bientôt devenir l'époux de la belle Pholoé. La veille de la bataille, Pholoé arma elle-même son amant, elle lui mit son casque, lui ceignit son épée. Dans son enthousiasme, elle aimait sa gloire encore plus qu'elle ne craignait le danger ; elle allait jusqu'à promettre d'être tranquille pendant le combat, mais en parlant ainsi elle cherchait à cacher quelques larmes. Le jour vint ; l'armée se fit ouvrir les portes. Les femmes, les enfants, les vieillards accouraient de tous côtés ; on les voyait se presser sur les remparts, sur les murs, et jusqu'au sommet des tours. Tous gardaient le silence en élevant leurs mains vers le ciel. Mais quand ces jeunes bataillons s'ébranlèrent tout-à-coup pour marcher à l'ennemi; quand le son des flûtes se fit entendre, et qu'on vit tous ces pieds se mouvoir, toutes ces lances se baisser; lorsqu'enfin l'armée entière fit retentir les airs de l'hymne de Castor et Pollux, alors les pleurs cessèrent de couler, on n'entendit plus une seule plainte, et une voix unanime s'éleva des remparts: Sauvez la patrie. La timide Pholoé ne fit point de vœux : le cœur troublé par l'amour, elle n'eut plus qu'une pensée, celle de mourir avec son amant. Déjà sa main, qui n'avait jamais manié que les fuseaux, se charge d'une forte lance ; un casque de fer couvre cette tête charmante, qui jadis se penchait sous le poids d'un chapeau de fleurs. Elle franchit les remparts, elle accourt auprès de son amant, et lui dit : J'avais juré de vivre pour toi ; et je viens mourir à tes côtés !

« Cependant le bruit se répand dans l'armée qu'on a vu Minerve elle-même descendre des remparts de la ville. Les dieux sont pour nous, s'écrient les guerriers de Tégée ; et ils deviennent invincibles. Le chef des Pélasges est tué, et la terreur disperse son armée. Cependant on cherche la divinité protectrice; on veut lui élever des autels, l'honorer par des sacrifices; mais elle avait disparu, et les deux amants, couverts de blessures, venaient d'expirer. Leurs mains étaient encore unies, rien n'avait pu les séparer. Heureux ! car ils avaient été fidèles, et la patrie était sauvée. La ville de Tégée leur éleva un magnifique monument; et chaque année, on leur adresse des vœux et des sacrifices. C'est au pied de leur tombe que les amants viennent jurer de vivre et de mourir comme eux. »

Cette histoire devait trouver place dans le voyage d'Arcadie; et ce voyage, dont nous n'avons pu recueillir que des fragments bien imparfaits, se serait composé d'une suite de descriptions champêtres et de riantes pastorales. C'est là sur-tout qu'on eût reconnu la touche gracieuse de celui qui avait par excellence le don de peindre la nature. Son ame se fût répandue dans cette multitude de petits tableaux, et nous les eût fait aimer. Quelle douceur de sentiment dans ses moindres esquisses ! voyez ce groupe d'enfants au pied du mont Ménale : tous sont occupés à consoler un jeune berger qui pleure une chèvre couchée à ses pieds. Les uns présentent à l'animal expirant des branches de cytise; d'autres, des épis encore verts, dérobés dans les champs de Cérès; quelques-uns chassent les mouches avec les tiges fleuries du genêt; mais leurs efforts ne peuvent rien. Le jeune berger leur disait : Elle a été ma nourrice; mon père me l'avait donnée, en me promettant qu'elle ne me serait jamais ôtée; et voilà qu'elle ne m'entend plus ! voilà qu'elle meurt, et qu'il faut la perdre pour toujours ! Ah ! c'est en vain que vous lui offrez la fleur du cytise, elle n'a rien voulu recevoir de ma main........ Cette action, si courte, fait mieux connaître les mœurs simples et naïves de ces peuples, que ne le feraient les plus longues descriptions. Il y a là comme une inspiration du Poussin !

Que si l'on veut, à présent, se former une idée de l'état des manuscrits, et de la manière dont l'auteur préparait son travail, il suffira de donner ici textuellement les notes où il avait déposé cette charmante pensée. Les voici :

« Au pied du mont Ménale ; — Jeune
» berger pleurant une chèvre sa nourrice.—
» Groupe d'enfants autour de la chèvre. —
» Ils ne peuvent le consoler. — Son père lui
» avait promis qu'elle ne lui serait jamais
» ôtée. »

En lisant ces notes, on en saisit facilement le sens ; elles renferment le poëme entier : mais combien on regrette que l'auteur n'ait pas lui-même achevé son ébauche ! que de nuances aimables il aurait saisies dans les sentiments de ces jeunes bergers ! avec quel plaisir on eût vu naître, sous sa plume, une multitude de ces traits naïfs, simples, naturels, que tout le monde admire, que chacun croit qu'il aurait trouvés, et qui cependant sont des inspirations du génie !

Souvent il se trouvait des notes que leur brièveté rendait inintelligibles : ou nous les avons entièrement négligées ; ou, si quelquefois nous nous sommes essayés à en développer le sens, nous avons toujours fini par sacrifier ces développements, dans la crainte de substituer notre pensée à celle de l'auteur. Un seul exemple suffira pour montrer jusqu'où nous avons porté le scrupule à cet égard.

Amasis et Céphas avaient visité les îles de l'Alphée, dont l'une, couverte de hauts peupliers, apparaît comme une vaste forêt, tandis que l'île voisine, entièrement dépouillée d'arbres, mais revêtue d'un gazon verdoyant, sort comme une émeraude du sein des flots. Encore ravis de ces riants aspects, ils arrivent dans un défriché de la forêt de Némée. Là, ils voient un berger au milieu d'un immense troupeau. Céphas lui demande comment il se trouve seul dans des lieux si sauvages. Mes compagnons, dit-il, sont allés à Tégée pour concourir à l'élection des magistrats. Mais je reconnais à votre accent que vous êtes étrangers : reposez-vous auprès de cette fontaine ; quoique habitants des forêts, nous accueillons ceux que Jupiter nous envoie : voici du lait de nos brebis ; voici des gâteaux tels que Cérès enseigne à les préparer. Il dit, et dépose ses dons aux pieds des voyageurs, qui bénissent sa vertu. Bientôt ils le virent occupé à entretenir un grand

14.

feu allumé sur le penchant de la montagne. Debout sur un rocher voisin, les regards tournés vers le Ménale, il jouait sur sa flûte les airs les plus tendres, comme si l'amour l'eût inspiré, comme si sa bergère attentive eût dû être touchée de ses accents. Tout-à-coup une colonne de flamme s'élève des bocages lointains : elle semblait répondre à la pensée qui avait dirigé le premier feu. A cette vue, le jeune berger se livre aux transports les plus doux ; il s'écrie : Ah, je suis sûr d'être aimé ! elle n'est point allée aux fêtes de Tégée ! voyez ces flammes qui brillent à l'horizon ; le vent même les respecte, et c'est pour moi qu'elles s'élèvent jusqu'au ciel. O bergers du Ménale ! vous êtes heureux, vous voyez celle que j'aime ; et moi, par le moyen de ces feux, je lui fais entendre ma pensée ! Ainsi ces deux amants se consolaient de l'absence. Cette scène, si mélancolique, de la solitude, n'était indiquée, dans les notes, que par ces mots :

« Amants solitaires, pendant les fêtes de
» Tégée. — S'entendent en allumant des
» feux sur les rochers. — Les feux du Ménale répondent à ceux de Némée. — Joie

» innocente du berger à l'aspect de la co-
» lonne de fumée. »

Il est probable que nous avons saisi le sens de ces notes ; cependant leur peu de développement nous a décidés à ne faire aucun usage du morceau qu'on vient de lire.

Les divers fragments que nous publions à la suite de cette Préface, ont donc été composés sur des notes beaucoup plus étendues; elles formaient souvent des pages entières, et notre travail s'est borné à les réunir, à chercher la place que l'auteur leur avait destinée : travail ingrat, difficile, auquel nous avons consacré plusieurs mois, et qui ne nous a pas toujours donné tout ce qu'il nous avait promis. Au reste, en nous livrant à l'étude des manuscrits, notre but n'était pas seulement de recueillir des pages plus ou moins intéressantes, mais d'essayer de surprendre quelques-uns des secrets de la composition de Bernardin de Saint-Pierre. Effectivement, c'est en lisant ces manuscrits que nous avons pu juger de la manière dont il préparait un sujet : courant d'abord au dénoûment sans s'arrêter sur les détails ; se bornant à esquisser toutes les parties accessoires, et laissant en arrière tout ce qui, dans l'ensemble, était destiné à produire de l'effet. Seulement il interrompait son récit par ces notes indicatives : « Ici le combat des géants contre les dieux, ou la mort d'Agamemnon, ou l'épisode de Pholoé, ou enfin le berger et la chèvre sa nourrice. » Ces divers sujets devaient être traités à part ; c'étaient des compositions soignées, des morceaux de prédilection, que l'auteur introduisait ensuite dans son ouvrage. Ainsi, avant de rien achever, son premier soin était de prendre une idée complète du plan, pour le modifier ; il ne revenait sur les détails que lorsque d'un coup-d'œil il avait pu juger de l'effet général de l'ensemble.

Et, quant à l'art d'écrire, au style, au matériel de la composition, que ne pouvons-nous livrer au public quelques-unes des notes qui sont sous nos yeux ! on y verrait avec quel soin l'auteur dispose les mots, les phrases, les périodes ; comment il rejette successivement toutes les fausses couleurs, toutes les couleurs trop vives, trop fleuries. Souvent une pensée se présente à son esprit parée d'expressions magnifiques. Il l'écrit telle quelle lui est inspirée ; puis il la modifie en la récrivant; et, renouvelant ses essais jusqu'à dix ou douze fois, il la dépouille chaque fois de ces ornements superflus, ne s'arrêtant que lorsque son expression est réduite à la plus grande simplicité. Ainsi trois pages lui fournissent trois lignes, mais ces trois lignes sont parfaites. On ne peut concevoir ce qu'il en coûte, disait-il, pour être simple et naturel. Cela vient peut-être de ce que, dans les écoles, on nous apprend à revêtir les plus petites pensées d'expressions pompeuses : l'habitude reste, et, pour la détruire, il faut le travail de toute la vie. C'est ainsi qu'il expliquait ce penchant singulier de la jeunesse pour tout ce qui est brillant, gigantesque, recherché. On revient ensuite à la nature, disait-il, mais c'est avec effort : ce qui est vraiment beau, n'est inspiré que par l'étude et la réflexion ; encore faut-il que l'ame le cherche, et qu'elle en soit touchée.

Un dernier épisode, le plus intéressant de tous par l'immense variété des objets qu'il devait présenter, était destiné à charmer les longues soirées d'hiver en Arcadie. En traçant l'histoire de Céphas, l'auteur se proposait de rappeler ses propres voyages dans les diverses parties du monde. Nous avons trouvé dans ses notes une description charmante de la vie des Arabes au milieu du désert ; une autre d'un peuple de l'Océan, qui erre d'île en île, comme les Arabes d'*Oasis* en *Oasis*. Il eût également décrit les plaisirs de l'hiver chez les Hyperboréens, les douceurs du printemps dans les rochers de l'île de Mélite ; passant de l'esquisse des Harmonies du genre humain, à l'esquisse des Harmonies de la nature.

Tels étaient les cinq premiers livres de l'Arcadie, après le livre des Gaules. Mais il y avait une pensée dominante, un nœud dramatique qui réunissait cette multitude d'actions accessoires à une action générale et d'un intérêt puissant : les Amours d'Amasis et de Cyanée. L'auteur avait eu l'art de tout ramener à ces deux amants. Vous êtes émus des scènes paisibles de la vie des bergers, de leur innocence, de leur vertu, de leurs amours : eh bien ! c'est aussi la vie de Cyanée. Vous aimez ces vallons, asyle du bonheur, ces danses sur les bords des fontaines, ces fêtes au milieu des bocages : eh bien ! Cyanée les embellit encore. Son image est par-tout avec celle d'Amasis; ils s'aiment, ils vont être heureux, lorsqu'un événement inattendu vient jeter le trouble dans leur cœur, et changer leur joie en désespoir. L'histoire de cet événement; l'ambition qui se réveille tout-à-coup dans le cœur d'Amasis pour y combattre l'amour; ses angoisses, sa faiblesse, son départ pour l'Égypte; tel était le septième livre, tel était peut-être le morceau le plus touchant, le plus dramatique de l'Arcadie. Pénétrés de cette pensée, notre premier dessein avait été de reconstruire le livre entier; mais toutes nos recherches, tous nos efforts n'eurent d'autre résultat que de réunir une multitude de notes informes et aussi peu détaillées que celles de *la Chèvre et du Berger*. C'est avec ces matériaux que nous avons essayé d'ébaucher la scène suivante. On y retrouvera toujours la marche et la pensée de l'auteur; que n'a-t-il pu l'écrire lui-même! on y trouverait ces formes de style qui représentent au vif tous les mouvements de l'ame, et dont lui seul avait le secret d'empreindre ses ouvrages.

« Vers le commencement du printemps, les deux voyageurs étaient assis dans la cabane de Tirtée. Amasis, auprès de Cyanée, s'occupait des travaux des bergers; il s'entretenait avec elle de leur prochaine union, et une douce joie pénétrait tous les cœurs. Tout-à-coup un Égyptien se présente, il se prosterne aux pieds d'Amasis, et lui dit : Seigneur, l'Égypte attend son roi; votre aïeul, le grand Sésostris, n'est plus. Après sa mort, une terrible sédition a renversé du trône le roi Bocaris, votre frère; la division est parmi les chefs, et vous seul pouvez sauver l'Égypte. Venez donc, car les dieux eux-mêmes ordonnent votre départ.

»A ces mots, une profonde tristesse se répand sur tous les visages. Cyanée ne peut comprendre ni cette tristesse, ni les honneurs qu'on rend à Amasis. Qu'est-ce qu'un roi? lui dit-elle; puis elle ajoute, d'une voix tremblante : Les devoirs d'une reine sont-ils donc plus difficiles à remplir que ceux d'une bergère ? Un roi, dit tristement Amasis, est un maître qui réprime l'audace des méchants, et qui souvent est payé par la haine des bons. Puis, tournant ses regards vers Cyanée, il ajouta : Le devoir d'une reine est d'être compatissante; sa bienfaisance s'étend dans tous les lieux où le roi ne fait connaître que sa justice; elle essuie les larmes, adoucit les maux, suspend le désespoir; et l'amour est sa récompense. Hélas! dit Cyanée, comment pourrai-je jouir de tant de bonheur pendant que vous serez si malheureux! Ah! je veux emmener avec moi ma jeune cousine; elle devine ceux qui souffrent; elle lit leur peine dans leurs yeux, et personne ne connaît mieux le secret de prononcer à propos des paroles consolantes. Avec son secours, nous formerons en Égypte une autre Arcadie; j'aurai un troupeau, dont je distribuerai chaque jour le lait et la toison.

» Amasis souriait à ce discours; bientôt le ministre de Sésostris commença le récit des grands événements qui venaient d'ébranler le monde. Il dit la chute de Troie. Après dix ans d'efforts, la capitale de l'Asie n'est plus qu'un monceau de cendres; une femme infidèle a causé tous ces maux; les héros de la Grèce sont dispersés; Ajax s'est frappé lui-même; Achille est mort par la trahison du lâche Pâris; Énée erre avec ses dieux sur des mers inconnues; on ignore le sort d'Ulysse; et Agamemnon, assassiné par son épouse, a été vengé par son fils. Rien ne saurait exprimer la surprise et le saisissement des bergers, en entendant parler, pour la première fois, de ces effroyables catastrophes. Ils ne pouvaient comprendre tant de douleurs : le monde était bouleversé, la terre avait bu le sang des rois, les larmes coulaient encore ; et l'heureuse Arcadie avait tout ignoré.

» Cependant Amasis dit à Tirtée : Donnez-moi votre fille, afin que je l'emmène en Égypte ; vous ne la quitterez point, je vous comblerai de biens, et vous serez riche et puissant. Tirtée lui répondit : Seigneur, j'ai donné ma fille à un berger, et non à un roi ; cependant vous pouvez l'épouser et l'emmener, mais moi je ne quitterai pas l'heureuse Arcadie. Pourrais-je avoir quelque joie, loin des lieux où j'ai aimé, où j'ai été aimé ? Ici j'ai connu les dieux des bergers ; ici errent les mânes de mes aïeux : mon épouse est dans ce tombeau. Je suis vieux ; bientôt un même cyprès nous couvrira de son ombre. — Amasis, touché de cette réponse, alla trouver Cyanée, et lui dit : Votre père vous a donnée à moi ; il faut vous résoudre à le quitter, car il refuse de nous suivre.—Ah ! dit-elle, je ne puis abandonner mon père : si je vous suis, qui prendra soin de sa vieillesse? Sans doute il me serait doux d'être instruite de vos sciences, d'habiter les climats qui vous ont vu naître, et de révérer vos dieux, car un époux doit être tout pour sa femme, sa science, son pays, sa religion; mais les droits d'un père sont encore plus sacrés. Quoi ! dit Amasis, vous refusez un trône ? et plein de cette pensée, il s'efforçait de la déterminer, en lui parlant des hommages qui l'attendaient, et de la pompe qui environne les rois. Mais elle l'écoutait avec un sentiment pénible, et se sentait blessée de ses discours; des larmes roulaient dans ses yeux, car Amasis, comme si déjà il eût été roi, ne parlait que de la puissance, et il oubliait de parler de l'amour. Elle lui répondit : Heureux celui qui n'a jamais quitté sa patrie! il ignore les soucis d'une terre étrangère; il ne porte point hors de sa cabane les affections qu'il doit aux amis de son enfance; il n'a pas dispersé son amour, et laissé çà et là quelque chose de lui-même. Hélas ! il n'a pas légué les regrets et la douleur à ceux qu'il allait abandonner. A ces mots, elle s'éloigna en pleurant.

» Amasis vit bien qu'un homme, quelque puissant qu'il soit, ne peut rien offrir au-dessus du bonheur. Cependant les Arcadiens, voyant le chagrin qui le dévorait, sans en deviner la cause, vinrent le trouver et lui dirent : On nous a raconté que vous aviez fait naufrage, mais vous êtes dans une terre amie, où l'on respecte, où l'on aime les malheureux. Si vous regrettez les présents de la fortune, que ne restez-vous parmi nous ? les dieux bénissent nos travaux, et nos champs sont les plus beaux et les plus riches de l'univers. Si vous avez perdu quelques parents chéris, il n'est point de famille qui ne vous adopte avec joie, point de mère qui ne vous traite comme son fils. En disant ces mots, les uns lui apportaient les dons de Cérès, d'autres les fruits de Pomone ou les pampres de Bacchus. Recevez nos présents, lui disaient-ils, ce sont les mêmes que nous offrons aux dieux. Les vieillards ajoutaient : L'amour console de tout; choisissez parmi nos bergères; mais vous connaissez Cyanée : ah ! c'est elle, c'est elle que vous devez aimer ! Ces témoignages de bonté redoublaient les regrets d'Amasis; il était vivement touché de ce qu'il entendait : cependant il n'avait pas la force de vouloir être heureux.

» Un jour que Cyanée était absente, il vint trouver Céphas, et lui dit : Profitons du moment où mes yeux ne la voient pas, fuyons, éloignons-nous; et il l'entraînait loin de la cabane. Céphas le suivit en silence, ils descendirent jusqu'à la fontaine de Cérès, au bas du vallon; mais quand il fallut monter la colline, et qu'Amasis ne vit plus la maison de Tirtée, les forces commencèrent à l'abandonner. Plusieurs fois il se retourna pour cacher ses larmes, et s'arrêtant tout-à-coup : Non, dit-il, non, je ne la quitterai point. Puis il revint en pleurant sur ses pas. Son trouble était si grand, que sa raison semblait être égarée ; il embrassait la terre, les arbres, les gazons ; il s'écriait : Fontaine sacrée! lieux de délices! je ne vous abandonnerai jamais. Puis, s'asseyant sur le tronc d'un vieux chêne abattu par l'orage, il se tourna vers Céphas, et lui dit : Mon ame est malade; il me semble que je vais mourir; je suis jaloux, inquiet, furieux; je me laisse emporter à toutes mes passions ; je veux et ne veux plus. Pourquoi m'avez-vous tiré de l'Égypte?

pourquoi suis-je venu en Arcadie? Il fallait m'apprendre à me surmonter moi-même. Oh! que je suis malheureux! obligé de me sacrifier au bonheur de mon peuple, ou de le sacrifier au mien!—Céphas lui répondit: Vous voulez, mon fils, qu'un homme guérisse vos maux; il n'y a que les dieux qui guérissent les passions : c'est aux dieux qu'il faut s'adresser. Avec leur secours, les plus grands biens naissent des plus grandes douleurs; et c'est lorsque vous vous croyez abandonné, qu'ils sont le plus près de vous. Pour moi, n'est-ce donc pas assez que je vous aie appris votre devoir? Que puis-je, si vous n'avez pas la force de le remplir? Je n'ai promis à Sésostris que de vous rendre heureux, et c'est le sentiment de votre bonheur qui m'avait fait désirer de vous fixer en Arcadie, dans ce pays où les passions sont plus douces que dans tous les autres lieux de la terre. Mais vous y avez apporté les passions terribles de l'Égypte; les délices du trône sont venues y troubler les délices de l'amour, et vous ne savez rien sacrifier à la vertu. Oh! que l'homme est fort pour prendre de nobles résolutions! qu'il est faible pour les exécuter! Cependant ayez confiance aux dieux. Je connais ici près un sage vieillard que les hommes corrompus ont persécuté, et auquel l'Arcadie vient d'accorder un asyle. Il passe ses jours à recueillir des plantes, et leurs douces images calment ses passions. Souvent, le soir, il joue de la lyre, et les bergers aiment à répéter ses chants.

» Amasis, tout troublé du discours de Céphas, le suivit en silence. Ils trouvèrent le vieillard assis à la porte d'une grotte creusée dans le roc; sa lyre était dans ses mains; une multitude de petits oiseaux voltigeaient autour de lui, se posaient sur les arbres voisins, et venaient jusqu'à ses pieds. Céphas encourageait Amasis, et s'approchant du vieillard, il lui dit : Voici un jeune homme qui vient s'éclairer de votre expérience : apprenez-lui comment on triomphe de l'amour. — Par la fuite, répondit le vieillard. Mais, dit Céphas, mon ami aime un objet vertueux et charmant. — En ce cas, reprit le sage, je n'y connais point de remède; il en conservera toujours la cicatrice, il est marqué par le feu. — Mais, dites-nous au moins comment on guérit de l'ambition. — En lui opposant l'amour d'un objet vertueux, et en laissant triompher cette douce passion. — Mais, à l'ambition d'Amasis se joint un devoir : il est le fils d'un roi ; il est l'unique espérance d'un grand peuple qui l'attend. — Que vous êtes à plaindre ! s'écria le vieillard ; ayez recours aux dieux, car les hommes ne peuvent rien pour vous. Céphas lui adressa encore plusieurs questions ; mais il ne répondit plus, et reprenant sa lyre, il continua ses chants.

» Amasis retourna tristement chez Tirtée : l'envoyé d'Égypte l'attendait. Ce courtisan perfide avait deviné les incertitudes de son maître ; il lui dit : l'Arcadie est le séjour des bergers, mais l'Égypte est le séjour des rois. C'est là que leur vie est une fête continuelle, et que leur puissance ne connaît point de bornes. Qui vous arrête encore ? Ce pays est-il donc si difficile à conquérir ? Vous n'y voyez que de misérables chaumières, et vous pouvez le couvrir de palais. Sésostris a étendu son pouvoir vers l'orient, vous étendrez le vôtre au septentrion ; et si ces beaux lieux vous semblent préférables à l'Égypte, vous pourrez y fixer, près du berceau de Jupiter, le siége triomphant de votre empire.

Amasis écoutait en silence; il promenait ses regards pensifs à l'horizon, contemplant le vaste paysage arrosé par l'Inachus, les rives fleuries de l'Alphée, et les tours de Mycènes et d'Argos, qui se dessinaient au loin dans un ciel d'azur. Son cœur était séduit par l'idée de voir sous son empire ces promontoires, ces îles, ces vallons habités par les dieux : le seul aspect du trône avait ébranlé sa vertu. Simple berger, il eût repoussé ces pensées avec horreur; roi, il commençait à les trouver justes, et déjà son cœur penchait secrètement vers la toute-puissance. En ce moment un aigle parut comme un point dans le ciel; Amasis le suivit des yeux; l'aigle prit son vol vers la mer, et se perdit du côté de l'Égypte. O dieux ! s'écria Amasis, vous me décidez : et dès ce moment son départ fut arrêté..... »

Ici se termine la tâche que nous nous étions imposée; ou pour mieux dire, il nous devient impossible de tracer une seule ligne des scènes suivantes. Et comment l'oserions-nous, lorsque ces scènes ont été décrites par l'auteur lui-même, et dans son plus bel ouvrage ? Qui pourrait ne pas reconnaître dans la dernière entrevue d'Amasis et de Cyanée, le type, le modèle de la séparation de Paul et de Virginie? Sans doute les situations offrent quelques différences, les caractères sont également modifiés; mais les sentiments sont les mêmes. Si Amasis est abusé un moment par l'ambition, l'amour le maîtrise encore. On sent qu'il emporte le trait qui l'a frappé, et que son réveil n'en sera que plus douloureux. Bernardin de Saint-Pierre ne fit donc que reporter la scène au lieu de son origine, changer la condition des acteurs, et placer leur cabane au milieu d'une nouvelle nature. Mais en se dépouillant ainsi lui-même pour créer son chef-d'œuvre, il consommait un sacrifice dont ce chef-d'œuvre ne pouvait nous dédommager : il renonçait sans retour à l'Arcadie.

Les livres suivants étaient consacrés à l'Égypte. L'auteur devait peindre successivement les fêtes religieuses, les initiations, le gouvernement, les sciences, enfin la splendeur et la corruption de ses peuples. Malheureusement il n'a laissé sur cette grande composition que de simples notes, sans suite et sans ordre; et l'examen rapide que nous en avons fait, nous a convaincus que plusieurs années suffiraient à peine pour les réunir, et y mettre quelque liaison. Il a donc fallu nous décider à borner ici notre travail.

Tel est l'aperçu général du plan de l'Arcadie. Les aventures de Céphas eussent rappelé la vie et les opinions de l'auteur. Il aurait peint Jean-Jacques Rousseau dans le philosophe solitaire qui joue de la lyre, et s'occupe de l'étude des plantes. Chose singulière, et qui prouve jusqu'à quel point les souvenirs de Bernardin de Saint-Pierre influaient sur tout ce qui sortait de sa plume! La première entrevue d'Amasis et du sage de la grotte, n'est qu'une copie presque littérale de la première entrevue de Jean-Jacques Rousseau et de l'auteur, telle que ce dernier la raconte :
« Près de lui était une épinette, sur laquelle
» il essayait de temps en temps des airs. Un
» serin chantait dans sa cage. Des moineaux
» venaient manger du pain sur ses fenêtres
» ouvertes du côté de la rue; et sur celles de
» l'antichambre, on voyait des caisses et
» des pots remplis de plantes, telles qu'il
» plaît à la nature de les semer.* »

* Essai sur J.-J. Rousseau, tome XII des Œuvres de Bernardin de Saint-Pierre.

On sent, en comparant ces deux morceaux, que l'auteur ne crée que parce qu'il se rappelle, et ne se rappelle que parce qu'il a été vivement touché : aussi disait-il souvent que, pour bien écrire, trois choses étaient nécessaires : l'amour de la vertu, la persévérance, et le goût de l'observation. Ce fut sans doute dans ces principes qu'il trouva la source de son divin talent, celui qui, sans murmurer, supporta pendant quinze années la mauvaise fortune et l'oubli des hommes; celui qui, dans ces jours d'abandon, partageait avec sa sœur et sa vieille gouvernante un revenu à peine suffisant aux premiers besoins de la vie; celui, enfin, qui, se livrant à l'étude de la nature avec une constance qu'aucun malheur ne put troubler, n'y cherchait que les moyens de se rendre meilleur, et d'adoucir les maux de l'humanité.

Cependant le souvenir de l'Arcadie occupait encore la vieillesse de l'auteur : il ne pouvait se consoler de l'avoir abandonnée, et son imagination la reproduisait sous mille formes nouvelles. Tel fut l'ouvrage qu'il entreprit au milieu des désastres de la révolution. Son but était de tracer le plan d'un gouvernement parfait. C'était comme une autre Arcadie qu'il allait fonder. Dans sa première jeunesse, il avait imaginé de conduire une colonie sur les bords de l'Amazone. Cette pensée lui revint, et on le vit recommencer un ouvrage devenu bien au-dessus des forces d'un vieillard plus que sexagénaire. Le fragment de l'Amazone, publié dans ce volume, à la suite des fragments de l'Arcadie, donnera une idée de cette infructueuse entreprise. L'auteur devait y fondre les Harmonies de la nature, dont l'Arcadie lui avait fourni les matériaux, comme il en avoit tiré tous ceux des Études. Quoi qu'il en soit, cette noble et douce chimère occupa sans relâche ses dernières années; et si elle ne produisit rien pour sa gloire, elle servit au moins à son bonheur.

Ainsi, au moment où les hommes abandonnés à leurs propres fureurs ne songeaient plus qu'à se détruire, Bernardin de Saint-Pierre se livrait encore au besoin de soulager leurs douleurs. Plein de sollicitude et d'amour, il se hâtait d'ouvrir un asyle aux infortunés. Hélas! c'était y appeler tout ce que la terre avait alors de vertueux.

Une dernière observation sur l'Amazone prouvera jusqu'à quel point les sinistres événements de la révolution avaient influé sur le caractère de l'auteur. Celui dont l'imagination riante n'avait observé la nature que pour peindre ses beautés, que pour faire aimer ses bienfaits, maintenant ne se proposait plus d'autre étude que celle des maux de la société, et des vices de nos institutions. Il avait substitué la recherche du mal à celle du bien, parce que tout était mal autour de lui, et il se réjouissait de ses découvertes, comme d'un moyen de préserver son Utopie des mêmes misères. Cependant, au milieu de tant de calamités qui frappaient toute une nation, les espérances les plus douces venaient consoler sa vertu. En présence des méchants, il répétait encore ces paroles des Études : Le règne des méchants passera. Plein de cette pensée, il les contemplait du fond de sa solitude, croyant toujours que sa parole allait s'accomplir. Mais il devait lui en arriver comme à ce villageois d'Horace, qui, à la vue d'un fleuve rapide, s'assied tranquillement sur ses bords, attendant, pour aller sur l'autre rive, que toutes ses eaux soient écoulées!

.... At *amnis*
Labitur, et labetur in omne volubilis ævum.

L'ARCADIE.

FRAGMENT DU LIVRE SECOND.

L'ARCADIE.

Tirtée fut réveillé par le chant des coqs, lorsqu'à peine la lumière blanchissait le fond du vallon : on n'apercevait pas encore le soleil ; mais les sommets dorés du mont Lycée annonçaient qu'il allait bientôt paraître. Tirtée alla donc saluer ses hôtes, et leur dit : Il est temps de partir, si nous voulons profiter de la fraîcheur. Aussitôt il fit sortir l'ânesse, la chargea de deux paniers, y mit du vin, des gâteaux, et tout ce qui était nécessaire aux besoins du voyage. Après quoi, Cyanée parut, brillante comme une rose ; elle venait de la fontaine, sur les bords de laquelle elle allait, chaque matin, adresser une prière aux naïades. Sa tête n'était plus couronnée de fleurs depuis la mort de sa mère ; seulement pour paraître à la fête, elle avait mis autour de son chapeau une branche de pin. Tirtée lui proposa de monter sur l'ânesse ; mais elle s'en excusa, disant que ce n'était pas un voyage, mais un pélerinage qu'ils allaient faire. Tirtée se souvint alors qu'on ne portait point d'armes aux fêtes du mont Lycée ; il pria donc ses hôtes de déposer les leurs, et en échange il leur présenta à chacun une branche de chêne, pour les soulager de la fatigue de la route. D'abord, ils se dirigèrent vers le levant par un sentier tracé au milieu d'une immense prairie ; de là, ils gagnèrent insensiblement les flancs de la montagne, côtoyèrent les bois arrosés par le *Nisa* et le *Myolus*, qui se précipitent en torrents, et coulent parmi les pierres ; ensuite ils suivirent les bords d'une vallée, dont le fond marécageux et couvert de joncs, ne leur offrait aucun passage, mais qu'ils traversèrent sur un pont jeté entre deux rochers. Déjà l'alouette s'élevait dans les airs ; la grive, le ramier, le bec-figue, et une multitude d'autres oiseaux, faisaient entendre leurs ramages, lorsqu'ils parvinrent à l'entrée d'une plaine semée de genêts et de bruyères, qui les conduisit à la vallée de Bathos. Cette vallée s'ouvre au sommet du Lycée, et, suivant sa pente, elle se prolonge jusque dans la plaine. En quittant les sommets, toujours couverts de glaces, de la montagne, ils suivirent un instant le cours de la fontaine Olympias, qui est à sec de deux années l'une, et dans le voisinage de laquelle la terre vomit des flammes. Là, de tous côtés, l'œil effrayé ne découvre que des scènes de destruction : un vent continuel y élève des tourbillons de sable ; on n'y voit que des roches entassées, et des masses suspendues et prêtes à s'écrouler : à leur couleur, on dirait les débris d'un incendie. Quelques arbres desséchés attestent que rien ne peut plus croître dans cette terre désolée. Quand Tirtée et ses hôtes eurent atteint les limites du vallon, ils se reposèrent sur le tronc d'un vieux sapin. Vous devez être étonnés, dit alors Tirtée, de vous trouver au milieu de ces ruines, lorsqu'à peine vous venez de quitter un pays si fertile. Votre surprise cessera, quand vous saurez que c'est ici la vallée où les géants combattirent les dieux. Là, s'assemblèrent ces monstres, moitié hommes, moitié serpents ; là, ont rampé *Ephialte* et son frère *Otus*, de taille et de visage semblables à Orion : Hercule et Apollon leur crevèrent les yeux. Là, *Pallas*, qui osa s'attaquer à Minerve, et *Polybotès*, sur le dos duquel Neptune jeta, lorsqu'il fuyait, la moitié de l'île de *Cos*. Là, l'audacieux *Porphyrion*, qui osa, dans la fureur du combat, attenter à l'honneur de Junon : ce monstre fut tué par Jupiter. *Antée*, qui reprenait ses forces en touchant la terre, les perdit avec la vie dans les bras d'Hercule. *Briarée*, qu'aucun des dieux n'osait approcher, avait cent bras, chacun armés d'un chêne enflammé : ses propres armes lui furent fatales ; la foudre de Jupiter l'ayant renversé, il fut consumé dans ce vaste incendie.

Le plus horrible de tous ces monstres, était *Encelade*, fils de la Terre et du noir Tartare. Il avait cent têtes de dragon ; de chacune de ses bouches s'échappait un son différent : des unes sortaient l'injure, le blasphème, la calomnie, les malédictions ; d'autres rugissaient comme le lion, ou éclataient comme le tonnerre ; tantôt, ces voix isolées poussaient chacune leur cri particulier ; tantôt, toutes ensemble, faisaient entendre d'horribles mugissements. Ce monstre, fier de sa force, osa s'adresser à Jupiter : trois fois le roi des dieux lui lança un triple foudre de grêle, d'eau et de feu, et trois fois il opposa éclairs à éclairs, tonnerre à tonnerre ; il combattait avec les feux de l'Erèbe, son père : on eût dit une vaste fournaise ; les rochers fondaient autour de lui ; les dieux effrayés, cessèrent d'entourer Jupiter ; Minerve même fut émue. Alors le maître des dieux saisit un foudre à qui rien ne résiste, et qu'il réserve pour les impies. A cette vue, le monstre veut fuir ; mais le feu l'atteint au moment où il allait franchir le mont Hémus, ainsi nommé du sang qui s'échappait de ses plaies. La foudre s'attache à ses chairs palpitantes ; ses artères et ses veines, déchirées, paraissent à découvert ; un sang noir coule de sa poitrine, et couvre ses membres foudroyés. Vainement il menace encore ; Jupiter l'écrase sous le poids du mont Etna, d'où il vomit encore des torrents de flamme et de fumée.

Mais rien ne fut égal à la punition du fils de Léphas. Il tenait de son père la haine des dieux, et de sa mère la haine des hommes : tout ce qui s'élevait l'offensait, il ne pouvait aimer que sa propre ambition. Dans le combat, il osa, comme *Encelade*, attaquer Jupiter, qui, pour le punir, lui inspira la plus funeste des pensées, celle de lutter contre lui-même. Dévoué à sa propre rage, il attaque sans cesse sa propre vie ; mais il l'attaque vainement, elle lui est toujours rendue pour donner une nouvelle proie à sa fureur ; et précipité dans le Tartare, il y devient le démon du suicide.

Ainsi parla Tirtée. Cyanée versa des larmes sur le sort réservé aux impies. Tirtée dit : Avançons, le soleil s'élève, il faut gagner la forêt avant qu'il ne soit d'aplomb sur nos têtes. Une allée de verdure les conduisit à cette forêt, à l'entrée de laquelle on voyait un temple dédié au dieu Pan ; le silence de ces beaux lieux n'était interrompu que par le chant des ramiers. Cyanée ne voulut point passer sans offrir ses vœux au dieu qui préside aux troupeaux. Cette divinité, dit-elle, dédaigne les riches présents ; mais elle accepte le lait et le miel offerts dans la coupe des bergers. *Pan* et *Arcas* naquirent de Jupiter et de la nymphe *Calisto ;* ils étaient jumeaux, ils reçurent la vie dans les bois du mont Lycée. Mais *Pan* aime sur-tout le mont Ménale, où il fut nourri par la nymphe *Sinoé*, et où il vit *Syrinx* pour la première fois. Cette belle chasseresse, poursuivie par le dieu, descendait des bois du Lycée ; elle se précipita dans le Ladon, et fut changée en roseaux, qui gémissent encore auprès de la ville de Lycosure. Toujours malheureux dans ses amours, Pan fut aimé de *Pitys ;* mais *Borée*, son rival, dans sa fureur jalouse, précipita la nymphe du haut d'un rocher. Pan pria les dieux de la métamorphoser en pin; il fut exaucé, et voilà pourquoi ce bel arbre se plaît dans les montagnes, et croît volontiers sur les bords des précipices ; souvent il y penche sa tête battue des vents, et Pan se couronne de son triste feuillage.

Tirtée et ses hôtes lui adressèrent leur prière ; puis, suivant les détours d'un chemin qui montait toujours en serpentant, ils pénétrèrent dans le bois, où ils entendirent un murmure semblable à celui du zéphyr au milieu des arbres, lorsque le bruit des feuilles agitées se confond avec le chant des oiseaux; ou semblable à celui de la mer, lorsqu'elle expire sur ses rivages. Bientôt ils arrivèrent sur une belle pelouse, couverte d'un peuple immense. On n'entendait de toutes parts que le son des trompettes, des flûtes, des hautbois et des chalumeaux : ceux-ci dansaient en rond, ceux-là chantaient ou jouaient de la flûte ; d'autres, assis à l'ombre des arbres, faisaient des bouquets et des couronnes de fleurs.

Au milieu de cette vaste pelouse, on voyait un rocher ombragé de vieux chênes qui le couronnaient jusqu'à son sommet. Jupiter avait pris naissance dans ce lieu. Une majestueuse obscurité régnait sous ces arbres, tout chargés de mousse, de lichen et de longues scolopendres ; lorsque le vent agitait leurs branches, il en sortait des sons harmonieux comme des chênes de Dodone : du milieu de ce massif, s'élevait une longue flèche de rochers, sur laquelle les nuages se reposaient. Là, les douces colombes faisaient leurs nids ; la biche blessée et poursuivie par le chasseur y trouvait un asyle inviolable ; elle venait y refermer ses plaies ou y mettre bas ses petits, tandis qu'au loin les bois retentissaient des cris des chasseurs et des aboiements des chiens. Il était défendu, sous peine de bannissement, de pénétrer sous ces ombrages sacrés. Trois nymphes y avaient nourri Jupiter : *Thisoa*, *Néda* et *Hagno* ; la première avait donné son nom à une ville, la seconde à une rivière, et la troisième au ruisseau qui coule au bas de la pyramide. Pendant les grandes sécheresses, le magistrat jette une branche de chêne dans la fontaine ; soudain il s'en élève un brouillard qui s'étend sur toute l'Arcadie, pour y entretenir l'abondance et la fraîcheur ; aussi chacun vient sur ces bords offrir les prémices de ses biens. Les fils du laboureur y apportent les gerbes de leurs guérets, et la jeune bergère les fleurs de ses prairies. Souvent, la biche timide et le daim farouche accourent à la vue de ces dons innocents ; et comme rassurés par la sainteté du lieu, ils les prennent jusque dans les mains des jeunes filles.

Tirtée, après avoir déposé son offrande aux pieds de la naïade, dit à ses hôtes : Allons nous reposer sur le penchant de cette colline couronnée de pommiers sauvages, dont les fruits sont aussi variés et aussi brillants que des fleurs, et qui rappelleront à Céphas les doux ombrages de sa patrie. Ah ! dit Céphas, si les Gaulois ressemblaient aux Arcadiens, jamais je ne l'eusse quittée. Sous ces beaux arbres, dit Tirtée, nous serons à l'abri de la chaleur, nous goûterons près de la foule les douceurs de la solitude, et notre vue s'étendra sur le lieu de la fête et sur les routes qui y aboutissent : nous y observerons les peuples qui arrivent de toutes les parties du Péloponèse. Dès qu'ils furent sous ces pommiers, ils détachèrent les paniers de l'âne, qui se mit à paître sur la lisière de la forêt avec les troupeaux de quelques Arcadiens.

Cyanée servit le repas sur l'herbe : après avoir béni les dieux, ils allaient s'asseoir, lorsqu'un jeune homme d'une figure charmante s'avança vers eux. Il s'approcha de Tirtée, et lui dit : Mon père, Lamon est près d'ici avec notre famille, il vous prie de venir le joindre, votre présence et celle de vos hôtes nous rendra plus agréables à Jupiter ; si vous ne répondez pas à cette prière, vous pouvez être sûr que mon père ne tardera pas à arriver lui-même. Lamon, dit Tirtée, se réjouit de nous voir ; il faut donc nous rendre à ses vœux : Vous allez connaître, ô mes chers hôtes, une des plus heureuses familles de l'Arcadie ; Lamon est un magistrat de Lycosure, il vous instruira mieux que moi des usages de ce pays. Ainsi parla Tirtée ; ensuite il rechargea l'ânesse qui, docile, revint à la voix de Cyanée. Les chevaux et les bœufs, ornés de guirlandes comme s'ils eussent participé à la fête, obéirent également à la voix de leurs maîtres ; car ils étaient aussi privés et aussi doux que les chiens qui veillaient auprès d'eux. A peine l'ânesse était elle rechargée, qu'ils aperçurent le vieux Lamon qui s'avançait à travers la forêt. Agé de plus d'un siècle, sa démarche était ferme, son air vif et joyeux ; on ne devinait son âge qu'à sa barbe, qui descendait à grands flots sur sa poitrine ; tous ses mouvements annonçaient une vieillesse verte et vigoureuse. Voilà, dit-il à Tirtée, bien du temps que vous êtes loin de nous : eh quoi ! vous laisserez-vous toujours consumer par la tristesse ? la solitude ne convient pas à ceux qui souffrent : Amenez avec vous ces étrangers ; qu'ils se réunissent à ma famille. Il dit, et Tirtée suivit ses pas.

La nombreuse famille de Lamon était assise sous un vaste tilleul qui la couvrait à peine de son ombre ; auprès de là, étaient rangés trois chariots autour desquels on voyait paître un grand nombre de jeunes taureaux qui servaient à les traîner. A l'approche de Lamon et de ses hôtes, neuf jeunes filles, belles comme les Muses, se détachent du groupe ; elles entourent Cyanée, et, en l'embrassant, elles disaient entre elles : Comme elle est embellie ! il semble que sa taille soit plus parfaite, que son teint ait plus de blancheur qu'à notre dernière entrevue. En parlant ainsi, elles la conduisirent vers le lieu du festin : on s'assit sur l'herbe, et l'on apporta un jeune sanglier, des gelinottes et des pâtisseries. Sur la fin du repas, on chanta un hymne à Jupiter ; mais à peine les chantés taient-ils finis, que Lamon adressant la parole à Tirtée et à ses hôtes, dit : J'ai une grace à vous demander, souvenez-vous qu'on n'en refuse aucune le jour de la fête de Jupiter : c'est que vous veniez faire, dans quelques jours, les vendanges avec nous ; jamais les vignes n'ont été si richement chargées. Pour moi j'y consens, dit Tirtée ; puis s'adressant à Céphas : Rien ne vous presse pour votre départ ; vous ne connaissez point encore nos mœurs et nos coutumes, et sans doute vous ne refuserez pas d'apprendre comment les étrangers sont reçus en Arcadie. Amasis gardait le silence; il balançait, dans la crainte d'être à charge à ses hôtes; mais Céphas dit : Ce que vous proposez nous est trop agréable pour ne pas l'accepter; nous resterons donc parmi vous, puis nous irons visiter ces belles villes dont les tours s'élèvent à l'horizon. Ce consentement répandit la joie dans la famille de Lamon, qui n'était qu'en partie rassemblée; car il comptait six gendres, neuf filles, deux fils, et un grand nombre de petits enfants. Pendant que les jeunes filles arrangeaient sur les chariots les restes du repas, Amasis, Tirtée et Céphas se placèrent auprès de Lamon. Du lieu où ils étaient, on apercevait les coteaux du Ménale, et les différentes routes qui aboutissaient au lieu de la fête, où la foule était rassemblée; et cependant on voyait encore les différents peuples accourir de toutes parts : ceux de Pholoé venaient à cheval, ceux du Ménale à pied ou dans des chariots ; des barques légères remontaient l'Alphée, et leurs voiles blanches se détachaient sur la verdure des prairies, et disparaissaient derrière les saules et les roseaux, pour reparaître bientôt. Une chose m'étonne, dit

Céphas, c'est la beauté singulière des peuples d'Arcadie; elle les fait distinguer des autres Grecs par je ne sais quoi d'heureux. Les vieillards mêmes conservent un air frais et vigoureux, et je n'ai rien vu d'aussi aimable que vos femmes et vos enfants : devez-vous ces avantages à la situation du pays, ou à l'air sain de vos montagnes? La beauté, dit Lamon, est un don des dieux, elle naît du bonheur et du calme de l'ame. Céphas repartit : Ainsi la beauté des Arcadiens naît du sentiment de leur bonheur. Mais tous sont-ils donc heureux? Rien n'est plus touchant, sans doute, que cette multitude de peuples qui s'unissent par des chants religieux; et cependant je suis fâché de ne voir ici ni les serviteurs, ni les esclaves, ni les pauvres, comme s'ils n'étaient pas dignes de participer à la fête des dieux. Où sont vos prêtres, vos autels, vos sacrifices? Combien l'Égypte l'emporte à cet égard sur tous les peuples du monde! On y voit une multitude de temples consacrés à Jupiter, à qui vous n'avez pas même élevé une statue, et qui cependant eut son berceau parmi vous. On y entend sans cesse la mélodie des voix et des instruments. Les prêtres immolent les victimes, et y brûlent de l'encens avec des cérémonies d'une grande magnificence.

O étranger! reprit Lamon, nous avons aussi élevé des temples et des statues à Apollon, à Pan, à Minerve, ces dieux protecteurs de l'Arcadie ; mais qui oserait élever un temple à Jupiter ? La terre, la mer, les cieux, ne racontent-ils pas sa puissance ? Vous parlez de temple ; mais ces hautes forêts ne sont-elles pas plus élevées que des colonnes ? Est-il une voûte plus majestueuse que celle des cieux, des flambeaux aussi brillants que le soleil, un encens plus doux que celui des fleurs, une musique plus touchante que la reconnaissance des peuples, et des pontifes plus vénérables que les magistrats des nations ? Vous demandez qu'on élève une statue à Jupiter ; quel art exprimera donc une puissance si opposée à notre faiblesse, une durée si contraire à notre rapidité, une immensité si éloignée de notre petitesse ? Ah ! si quelque chose peut donner une idée de cette sublime image, c'est l'aspect de l'homme vertueux et juste qui, à l'exemple de Jupiter lui-même, s'occupe du bonheur des misérables mortels.

Vous avez parlé de serviteurs et d'esclaves ; nous n'en avons point : aucun Arcadien ne se soucie de servir, ni d'être servi ; l'échange des soins les plus doux se fait entre les personnes qui vivent sous le même toit, des enfants aux pères et des pères aux enfants. L'aisance ne se rencontre que dans les familles nombreuses ; nous nous gouvernons bien plus par les mœurs que par les lois : aussi c'est l'éducation de nos enfants que nous soignons sur toute chose ; ils sont élevés non par la puissance des préceptes, mais par la douceur de l'habitude. Une enfance heureuse et une jeunesse paisible servent à prolonger la vie: aussi il n'est pas rare, comme vous le voyez ici, de voir en Arcadie des pères entourés de quatre générations. Quant à ceux qui sont privés du bonheur d'être pères, et qui vieillissent dans l'isolement, leurs parents s'empressent de les recevoir chez eux ; et au défaut de parents, les voisins réclament le droit de les recueillir. Comme l'amour de la patrie dépend de l'union des familles, on s'est bien gardé de détourner les affections naturelles par des éducations étrangères. La patrie ne donne ici aucun prix aux talents ou à la science ; mais elle en accorde à la vertu ; et, par un effet bien naturel, ce me semble, la vertu inspire le goût de la science et des talents. Vous ne verrez pas ici de grands monuments, mais vous en verrez beaucoup d'utiles ; les arts y sont portés à un haut degré de perfection : nos statuaires sont célèbres par les expressions sublimes ou charmantes qu'ils donnent à la beauté. Nos mœurs, si simples, ne mettent aucune entrave à l'essor du génie, mais elles lui inspirent des graces divines, et qu'on aurait pu croire inexprimables. Du reste, on n'examine point ici comment une chose est faite, mais pourquoi elle est faite ; l'imposture et le charlatanisme y sont inutiles, car personne ne profite de l'erreur. Quant aux douleurs et aux maux du corps, la vie simple que nous menons n'engendre jamais de maladies aiguës : aussi l'exercice en santé, le repos et la diète dans la maladie, et sur-tout une bonne conscience, sont les seuls médecins de l'Arcadie.

Dans un pays si heureux et si libre, reprit Céphas, il semble que les sciences ont dû faire d'immenses progrès. Vous avez sans doute des astronomes et des mages plus habiles que ceux de l'Égypte. Lamon reprit : La vertu vaut mieux que toutes les sciences ; il n'y a que la vertu qui rende l'homme heureux. Nous ne nous attachons jamais aux causes naturelles, mais nous remontons jusqu'à la Divinité. Comme elle est le principe de toutes choses, elle en est aussi la conséquence. Au lieu que vous vous élevez jusqu'aux principes les plus abstraits de la science, où l'esprit se confond, où l'œil n'aperçoit plus rien ; nous descendons au contraire des principes aux résultats, comme la nature nous l'enseigne ; et nous nous arrêtons là. On dit que vous savez la cause des mouvements du soleil ; nous savons, nous, qu'un dieu conduit son char. Vous connaissez l'origine des fontaines; tandis que nous adorons les nymphes qui les laissent échapper de leurs urnes bienfaisantes. Vous calculez le cours des étoiles ; nos pères nous ont appris que des hommes fameux par leurs vertus y résident. Par-tout nous voyons les dieux ; c'est dans leur sein que nous aimons à nous reposer. Ce ne sont point les sciences de l'Égypte qui ont appris aux hommes à semer le blé ou à préparer le vin : deux enfants de Jupiter, Bacchus et Cérès, président par son ordre aux moissons et aux vendanges. La vie de l'homme est si courte, il y a si peu de temps pour la vertu; comment en resterait-il pour la science? Vous avez, dit-on, en Égypte, recueilli toutes les plantes, décrit tous les animaux, disséqué le corps humain; pour nous, nos collections sont vivantes, nos champs renferment nos végétaux, et nous n'étudions l'homme que lorsqu'il est animé par l'ame qui le fait homme.

Il paraît, dit Céphas, que vous suivez en tout les penchants et les instincts de la nature; vous devez donc vous livrer à la vengeance, à la haine, au plaisir, qui sont des penchants naturels? Lamon repartit : Le premier instinct, l'instinct universel de l'homme, est son bonheur; or, le vice ne fait pas le bonheur; la vengeance détruit les lois; les excès affaiblissent la santé, qui est le premier des biens; l'inconstance s'oppose au mariage, et divise les familles. Au contraire, chaque vertu attire une portion de bonheur : la tempérance, la santé; la constance, les douces unions; et le mariage, l'amour de nos enfants. Ainsi, la vertu, en faisant le bonheur particulier, fait le bonheur général; c'est ce que l'expérience nous apprend, et nous nous en tenons à l'expérience. Mais, dit Céphas,

il me semble qu'on ne doit quitter tant de biens
qu'avec peine, et que la vieillesse et la mort
sont d'autant plus cruelles que les plaisirs de la
jeunesse ont été plus ravissants. La nature, dit
Lamon, nous fait sortir de la vie aussi doucement que nous y sommes entrés, sans nous en
apercevoir. Est-il rien de plus heureux que la
vieillesse ? Délivrés des passions, les hommes
ne s'occupent plus que de la vertu; ils ressemblent déjà aux dieux : ils ne font que du bien, et
reçoivent de tous ceux qui les approchent, des
hommages et des respects. Leurs espérances ne
sont plus pour une vie passagère; mais pour une
vie immortelle, pour un bonheur sans fin. Ils
regardent la mort comme le plus doux des asyles;
car, une fois sortis de la vie, ils deviennent les
dieux de leurs familles et de leur patrie. La perte
de nos parents, celle de nos amis, nous porte à
penser qu'un jour nous serons tous réunis ; loin
de les éloigner de nous après leur mort, ils reposent dans nos jardins, dans les lieux de nos
réunions et de nos plaisirs : nous croyons qu'ils
prennent part à notre bonheur, comme un jour
nous prendrons part à celui dont ils jouissent.
Ainsi la mort se présente à nous comme l'entrée
d'une vie plus heureuse; car la vie de ce monde,
même en Arcadie, est mêlée de beaucoup de
maux : les dieux l'ont voulu pour nous ramener
à eux par le malheur. Cependant, reprit Céphas,

le bonheur, en Arcadie, semble fait sur-tout pour la jeunesse ; car la vieillesse ne peut plus aimer, et il ne lui reste que le regret des plaisirs qu'elle a perdus. Tirtée prit alors la parole, et dit : Ah! que vous connaissez peu le plaisir d'avoir bien vécu! les ouvrages du grand Jupiter vont toujours de perfections en perfections : d'une graine s'élève d'abord une tige verdoyante ; elle devient ensuite un arbre qui se couvre de fleurs et donne des fruits ; ces fruits se multiplient, et forment des vergers et des forêts qui pourraient s'étendre à l'infini. Ainsi l'homme n'est d'abord qu'un enfant : élevé par les caresses de sa mère, il est heureux ; l'âge d'aimer vient, il se marie, c'est l'âge le plus doux ; il devient père et roi, et ses jouissances augmentent à mesure qu'il avance dans la vie. Déjà les folles passions l'abandonnent, sa raison le conduit, son expérience le fait adorer de tous. Plein de confiance et de sagesse, il s'approche du terme sans regret ; car il n'a que d'heureux souvenirs. Et que regretterait-il sur la terre ? ce qu'il a de plus cher a déjà pris les devants : ses aïeux, ses amis, le doux objet de son amour, tout a disparu ; un peuple nouveau se présente, qui ne le connaît que pour le vénérer comme un dieu. Vouloir retrancher la vieillesse de la vie, c'est vouloir en retrancher les plus délicieux souvenirs, c'est vouloir retrancher la nuit du cercle du jour, la nuit, qui nous rend seule la vue des cieux. Le jour, nous ne voyons que les objets de la terre, l'astre de la lumière nous éblouit ; mais la nuit, quand la terre a disparu, la majesté du ciel se montre, nos regards pénètrent jusqu'à l'habitation des dieux. Ainsi la vieillesse découvre un spectacle inconnu à la jeunesse, et jouit du bonheur infini dont elle s'approche. Vouloir ôter à la vie son dénouement, qui est la mort, c'est vouloir anéantir le temps des récompenses et de la vraie félicité. Pourquoi marchons-nous sur les pas des héros, si nous ne devons plus les revoir ? Pourquoi honorons-nous les dieux, si nous ne devons pas les connaître ? Ce monde, si bien ordonné dans toutes ses parties, ne serait donc qu'un vain spectacle, dont les acteurs se renouvelleraient sans cesse et sans but ? La vertu ne mérite-t-elle aucun prix ? Divin Hercule ! toi qui honoras ces lieux par tant d'actions d'éclat, tes vertus n'auraient été suivies d'aucune joie, tes bienfaits d'aucune récompense ! Ah ! ma vieillesse ne s'est point vainement promise de te voir dans une vie immortelle ! Et vous, mes enfants ! vous qui ne fîtes qu'apparaître sur la terre, et dont aucun bien n'a pu me faire oublier la perte ; vous, pieux compagnons de ma jeunesse, et vous aussi, chère épouse, qui faisiez les délices de ma maison, maintenant solitaire, vous entendez sans doute ces derniers accents de ma voix affaiblie, et vous vous préparez à me recevoir dans votre sein ! A ces mots, Cyanée, ne pouvant plus contenir son émotion, se mit à fondre en larmes; et tous désiraient de mourir, goûtant par avance le bonheur de revoir leurs amis, qui les avaient précédés dans les Champs Élysiens.

Cependant Amasis s'informait auprès d'un des fils de Lamon, du nom et des mœurs des différentes tribus qui arrivaient de toutes parts. Le jeune berger lui fit d'abord remarquer les robustes habitants de la Messénie, qui fécondent une terre aride; puis les peuples si doux de l'Élide, qui ne respirent que les fêtes; les belliqueux Achaïens, et ceux de la voluptueuse Sicyone; les Épirotes, les Acarnaniens, les habitants de l'Étolie; les rudes Molosses, descendus de leurs montagnes; les peuples de Delphes, ville célèbre par ses oracles; ceux de Samos, qui naviguent par toute la terre; les Dolopes, si légers à la course, qui se vantent d'être compatriotes du vaillant Achille; enfin, les Athéniens, si ingénieux, rassemblés par Cécrops, et les Spartiates, si remarquables par une beauté mâle et par la sévérité de leurs mœurs. Montrez-moi, dit Amasis, les habitants d'Argos; Céphas et moi, nous voulons aller visiter la patrie du grand Agamemnon. Les peuples d'Argos, répondit le fils de Lamon, sont ceux dont la physionomie est si sérieuse et si fière; nous pourrions savoir d'eux quelle distance les sépare de nous, et combien ils ont mis de temps à se rendre jusqu'ici. Alors, Amasis et le fils de Lamon abordèrent un homme d'Argos, qui répondit ainsi à leurs questions : Il ne faut que deux jours de marche pour se rendre à Argos; mais, aimables bergers, vous qui êtes assez heureux pour ignorer ce qui se passe à la cour des rois, ne venez point dans cette déplorable cité; vous n'y verriez que des infortunés. Aussitôt une profonde tristesse se peignit dans tous ses traits, et il ajouta en s'éloignant : Vous suppliez les dieux de protéger vos plaisirs, tandis que nous venons demander à Jupiter de soulager nos maux. Eh quoi! dit Amasis, voilà donc le sort de tous les rois! par-tout je les ai vus enviés et malheureux! Le jeune fils de Lamon lui répondit : Ce sont les hommes qui font leur propre malheur; les lois de la nature sont toutes fondées sur l'amour; les lois humaines le sont sur le besoin de punir le crime. Heureux ceux qui ne sont gouvernés que par les lois de la nature! Mais l'Arcadie, aujourd'hui si riante, n'est point arrivée de suite à cet état de perfection; elle a eu des mœurs sauvages, et rien n'était égal alors à la désolation qui régnait parmi nous.

Les hommes ne se sont rien donné, ils doivent tout aux dieux : Jupiter versa les fruits dans nos jardins; Cérès nous apporta le blé; Bacchus, le vin; Pan, les troupeaux; Vénus nous envoya les doux présents qui ravissent les cœurs : c'est elle qui environne de grâces ineffables, le sourire, la taille et le sein de l'objet aimé. A sa naissance, l'Amour parut ; et soudain un charme secret se répandit au milieu des bois et des prairies, sur le bord des fontaines, dans le fond des vallées; la nature entière devint son empire : voilà pourquoi il fuit les tristes palais. A la campagne, tout ajoute une volupté céleste aux sentiments que l'amour inspire ; la vue d'une fleur penchée sur sa tige, celle des nuées errantes, les pluies de l'automne, jettent l'ame dans de douces rêveries : il semble que ce dieu soit par-tout, qu'on le respire avec l'existence. Quand Jupiter créa le monde, les arbres avaient des fruits, mais point de fleurs ; les ruisseaux coulaient sans murmure; les animaux se voyaient sans se chercher, sans se livrer à leurs jeux et à leurs instincts; les oiseaux ne chantaient point encore ; enfin le monde était comme une broderie, comme une œuvre inanimée; tout y était monotone, sans joie et sans désir. Mais Vénus parut, conduite par les Néréides, sur la surface des mers ; elle prit ses cheveux avec ses belles mains, elle en pressa l'eau, et les laissa flotter sur ses épaules : les Heures vinrent au-devant d'elle, et lui donnèrent une robe de pourpre ; les Zéphyrs la poussèrent doucement sur les rivages de Cythère, et l'Amour naquit pour la recevoir. D'abord elle se baigna dans l'eau des fontaines, et les ruisseaux se mirent à murmurer; chaque herbe qu'elle touchait en marchant, se couvrait de fleurs ; chaque oiseau qui la voyait, se mettait à chanter. Elle cueillit des branches de myrte dont elle se fit une couronne, et cet arbre devint celui des amants. Alors les Heures rattachèrent les tresses de ses cheveux avec un bandeau de mille couleurs, et la conduisirent au ciel, où son aspect ravit les dieux ; dès ce moment, l'homme sentit le désir de la suivre dans les cieux, où elle fait la joie des immortels. Voilà, dit Amasis, une charmante allégorie de la plus noble des passions, de la seule nécessaire à toute la nature. L'amour perpétue le souvenir de ce qui est bien ; il est la raison divine ; la raison humaine ne peut lui résister ; il subjugue le sage, il donne du courage au faible, il entretient, il conserve tout ; il n'est point l'effet de la sagesse ou de la prudence ; il est une inspiration céleste, les délices de l'ame, le charme des sens, l'essai de la félicité éternelle. Vos lois sont fondées sur cette loi universelle : voilà pourquoi votre sort est digne d'envie, ô heureux Arcadiens !

Amasis achevait à peine ces paroles, que les filles de Lamon vinrent annoncer que la fête du mont Lycée allait commencer. Elles étaient suivies de plusieurs jeunes bergères. Céphas en vit une qui marchait avec peine en s'appuyant sur sa compagne. Voilà, dit-il, la première infirmité que je remarque en Arcadie. Tirtée lui dit : Cette

jeune fille n'est point infirme, elle s'est blessée en fuyant un ravisseur. Regardez la jeune Aglaure qui la suit; elle louche, et pourtant personne n'a un regard plus doux : toute petite, elle était aimée d'un enfant qu'elle voyait chaque jour dans les écoles publiques; placée sur les gradins d'en bas, et sans cesse combattue par la décence et par l'amour, elle levait les yeux pour le voir à la dérobée : c'est ainsi qu'elle contracta peu-à-peu un défaut qui devait un jour l'embellir aux yeux de son amant. Depuis ce temps, l'ordre des écoles est changé, et, pour éviter un pareil malheur, les deux sexes ont été placés sur des gradins séparés les uns des autres. . . . .
. . . .
. . . .)

Déjà l'ombre des montagnes se prolongeait dans les vallées, lorsque la foule qui entourait le mont Lycée, se divisa en quatre chœurs : le premier, formé d'enfants qui se tenaient par la main, et dont quelques-uns pouvaient à peine marcher; le second, de jeunes gens des deux sexes groupés ensemble, ou marchant deux à deux, suivant que l'amour les avait unis ; le troisième, d'hommes mariés et de jeunes femmes enceintes, ou de jeunes mères portant leurs enfants entre leurs bras : le quatrième et dernier était composé de vieillards, dont les cheveux blancs imprimaient le respect.

Les enfants commencèrent à chanter d'une voix douce et touchante :

O Jupiter ! exauce les souhaits de l'innocence, verse de tes mains bienfaisantes les moissons sur nos terres, et le lait dans les mamelles de nos brebis. O Jupiter ! roi des dieux, sois le père de l'heureuse Arcadie. Et tout le peuple répétait : Sois le père de l'heureuse Arcadie.

Les jeunes gens unis par l'amour priaient le maître des dieux de bénir les amants fidèles, et de ne point souffrir de perfides dans l'heureuse Arcadie.

Les hommes mariés chantaient sur le mode dorien : O Jupiter ! bénis les fruits de nos chastes amours; nos enfants appartiennent aussi à l'heureuse Arcadie. Et les vallées et les échos des montagnes répétaient : Nos enfants appartiennent aussi à l'heureuse Arcadie.

Après ces chants pieux, tous ces peuples se séparèrent, en s'invitant à venir se voir : les uns descendirent à travers les prairies baignées par le Myolus, les autres suivirent les rives du Nisa ou celles de l'Achéloüs, tous emportant dans leurs cœurs la paix et un doux sentiment de piété. Céphas et Amasis, charmés de ce qu'ils voyaient, désiraient beaucoup céder aux prières de leurs hôtes; et séjourner dans ces beaux climats; mais ils étaient combattus par la crainte d'être à charge à celui qui les avait accueillis. Céphas dit à son ami : Lorsque nous partîmes de la Gaule, le roi nous donna trois lingots d'or; l'un a suffi aux dépenses de notre navigation ; des deux qui nous restent, l'un nous défraiera jusqu'en Égypte ; prions Tirtée d'accepter l'autre, et restons encore quelques mois en Arcadie. Amasis saisit cette idée avec joie ; ils allèrent donc vers Tirtée, et lui dirent : Vous nous avez appris que vos magistrats trafiquent avec les étrangers, acceptez ce morceau d'or, vous en acheterez un troupeau, et il vous rappellera notre séjour auprès de vous. Tirtée répondit : Vous dites que ceci est de l'or ; j'ai entendu parler de ce métal, qui fait tant de mal au monde ; mais il est inutile ici, où l'on ne fait usage que du fer qu'on trouve dans nos montagnes. Il est vrai que nos magistrats trafiquent avec les étrangers, pour les intérêts de la nation; mais les particuliers ne font aucun commerce, et leur richesse est dans leurs champs et dans leurs troupeaux. L'usage de l'or est un grand mal, puisqu'il peut faire vivre les hommes sans travailler. Le travail fait le bonheur, il est le compagnon de la vertu, du repos, de l'abondance. Le possesseur d'un métal inutile est bien malheureux ; il étend ses désirs à tout, sa convoitise n'a plus de bornes. Oh! quel pernicieux trésor que celui qui peut également payer les bonnes et les mauvaises actions ! mais, les Dieux en soient loués ! ces faux biens nous sont inconnus. Cyanée, qui craignait qu'un refus n'affligeât ses hôtes, se prit à dire : Peut-être, avec cet or, on ferait un vase à bouillir le lait. Aussitôt Céphas lui présenta le lingot. Mais, dit-elle, comme il est lourd! Oh! nos vases de terre sont plus légers et plus commodes ; à quel usage donc pourrait-on l'employer? Tirtée reprit : Cet or, tant estimé des peuples qui s'éloignent de la nature, est trop mou pour couper, trop lourd pour faire des vases, trop dur pour servir aux mêmes usages que le plomb. Eh bien! dit Amasis, nous en ferons une chaîne pour Cyanée. Une chaîne! dit Cyanée en riant, si mes compagnes me voyaient un ornement si étrange, elles me croiraient devenue esclave. D'ailleurs, l'éclat de ce métal approche-t-il de celui des anémones de nos prés? a-t-il la forme des fleurs, leur légèreté, leurs nuances variées et leurs bonnes odeurs?

Si vous ne voulez pas de notre or, dit Amasis, permettez du moins que je partage vos travaux. — Volontiers, reprit Tirtée; voici justement des arbres qui sont restés sans culture : la terre ne demande qu'à rendre; mais j'ai perdu mes enfants, et mon patrimoine est triste et négligé. Ils se dirigèrent alors vers un petit tertre couvert de cyprès ; c'était le tombeau des ancêtres. Une allée de saules conduisait de là jusqu'à la cabane, et se prolongeait vers la place où jadis était situé le jardin. Cet espace renfermait tout le patrimoine du berger. Arrivé chez lui, il dit à ses hôtes : Reposez-vous ici. Ailleurs, l'hospitalité est un devoir, mais en Arcadie elle est un bonheur. Après quelques jours de travail, Amasis dit à son ami : Voilà que le jardin n'a plus besoin de nos bras, mettons-nous en route, nous visiterons les autres contrées de l'Arcadie, et nous serons de retour au temps des vendanges. Céphas lui dit : J'approuve vos pensées, peut-être recueillerons-nous quelques plantes utiles à nos hôtes; ils n'estiment que les biens naturels, et l'or ne peut rien ajouter à ce qu'ils possèdent.

Le départ arrêté, Céphas dit à son hôte : Quelques jours s'écouleront encore avant que les raisins soient bons à couper, nous allons en profiter pour parcourir ce beau pays : Amasis est destiné à vivre dans une grande nation; il est nécessaire qu'il apprenne parmi vous les choses qui peuvent le rendre heureux. Aussitôt que Tirtée connut le dessein de ses hôtes, il se hâta de faire préparer tout ce qui leur était nécessaire. Cyanée cueillit des fruits et pétrit des gâteaux; elle mit ensuite du vin dans des vases, car son père avait dit que le vin était un des meilleurs compagnons de voyage. Pendant ces apprêts, Tirtée traça une carte de l'Arcadie sur une écorce de bouleau, et montra à Céphas la route qu'il devait suivre. Le matin étant venu, il conduisit les deux voyageurs jusqu'à l'entrée du vallon;

puis, avant de prendre congé d'eux, il leur recommanda de ne point marcher pendant la chaleur du jour. Si vous êtes pressés par la soif, dit-il, ne vous arrêtez pas après avoir bu de l'eau des fontaines, évitez sur-tout l'ardeur du soleil, dangereuse dans cette saison. Après quelques instructions semblables, il leur donna, à chacun, un épieu pour se défendre des bêtes féroces, les assura que par-tout ils trouveraient bonne réception ; puis il les quitta en les recommandant aux dieux.

Les deux voyageurs passèrent le Myolus et le Nisa; de-là ils suivirent le chemin qui conduit au mont Lycée, dont ils découvraient à peine le sommet couvert de nuages; arrivés au pied de cette montagne, ils virent le château de *Lycaon;* il était en ruines, et ces ruines, noircies par les siècles, ressemblaient à un immense bloc de bronze. Bientôt ils arrivèrent au pied des hauteurs du Ménale. Là, ils s'arrêtèrent pour éviter l'ardeur du soleil, et voyant à quelques pas d'eux un immense troupeau, formé de toutes les chèvres de plusieurs bergers, qui les conduisaient au son de la flûte, Céphas proposa de s'approcher d'eux : on juge bien, dit-il, des mœurs d'une nation par celles de ses enfants. Ils vinrent donc au milieu d'une troupe de jeunes filles et de jeunes garçons, groupés autour d'un petit enfant, qui pleurait sur une chèvre couchée à ses pieds. Les uns présentaient à l'animal expirant des branches de cytise; d'autres, des épis encore verts, dérobés dans les champs de Cérès; d'autres chassaient les mouches avec les tiges fleuries du genêt; mais tous leurs efforts étaient inutiles. Le jeune berger leur disait : Elle a été ma nourrice, mon père me l'avait donnée, en me promettant qu'elle ne me serait jamais ôtée ; et voilà qu'elle meurt, et qu'il faut la perdre pour toujours! Ah! c'est en vain que vous lui offrez les fleurs du cytise, elle n'a rien voulu recevoir de ma main. Pour le consoler, ses amis lui disaient : Il faut espérer que Jupiter, à cause de ta perte et de ta douleur, mettra ta nourrice auprès de la chèvre *Amalthée*, qui lui a donné son lait. Cependant la chèvre ne pouvant plus soulever sa tête, tournait encore ses yeux sur son cher nourrisson ; mais bientôt elle expira, malgré les soins de tous ceux qui l'environnaient. Alors les bergers emmenèrent le jeune enfant loin de ces lieux, pendant que les plus forts se mirent à creuser la terre, et que d'autres plaçaient la chèvre sur des branches de chêne, et la couvraient de verts feuillages. Dès qu'ils furent éloignés, Céphas et Amasis, assis au pied d'un arbre, se mirent à contempler les rives charmantes d'une rivière qui coulait à peu de distance. Plusieurs enfants revinrent alors sur leurs pas, et dirent : Si vous êtes étrangers, ne restez pas ainsi seuls dans nos champs, venez au hameau, nous adorons Jupiter, et nous respectons les hôtes qu'il nous envoie. A ces mots, les uns conduisirent les voyageurs vers les collines où ils avaient leurs habitations ; les autres se séparèrent de la troupe, pour aller avertir leurs familles. Céphas et Amasis furent reçus par des hommes simples, qui s'empressèrent de les accueillir, et de leur présenter du lait de leurs troupeaux. L'après-midi, ils se remirent en route ; et le soir, ils arrivèrent au milieu d'une prairie. Des bergers vinrent au-devant d'eux, et les invitèrent à se reposer dans une grande laiterie, où plusieurs familles rassemblées préparaient des fromages, et pétrissaient le beurre avec du sel. Pendant que les mères et les filles étaient occupées de ces différents travaux, les hommes s'employaient au dehors à dompter de jeunes taureaux pour le labourage, et les accouplant à des chariots, ils les accoutumaient à obéir à la voix : nos voyageurs apprirent qu'on faisait tous ces apprêts pour aller à la foire de Tégée. La propreté, l'abondance et la joie régnaient dans cette maison ; tout le monde s'empressa d'accueillir les deux amis. Celui qui paraissait le chef dit à Céphas : Je ne puis m'éloigner, mais demain mon fils aîné vous mettra sur votre route, il vous conduira jusqu'aux lieux où naquit Esculape ; car ce dieu est né parmi nous, il fut élevé par le *centaure Chiron*, qui lui apprit la médecine ; vous verrez, sur les bords fleuris du fleuve Luse, le bosquet où il fut nourri par une chèvre ;

cette chèvre appartenait à un pâtre qui se nommait Antélaüs. Le hasard lui fit découvrir que tous les jours, à la même heure, sa chèvre quittait le troupeau ; il la suivit, et reconnut avec surprise qu'elle s'arrêtait auprès d'un enfant à qui elle donnait sa mamelle. Des flammes sortaient de la tête de l'enfant. Le pâtre le prit, et le donna à une nourrice nommée Tégon ; depuis ce temps ce lieu est sacré ; il est défendu d'y naître et d'y mourir. Mais vous y apprendrez plusieurs excellents préceptes pour conserver votre santé. Je me souviens de celui-ci : Exerce ton corps, et repose ton esprit. Après ces mots, le berger se retira, et chacun fut prendre du repos.

Dès qu'il fut jour, les voyageurs se remirent en route. Ils virent, en passant, le lieu où naquit Esculape, et côtoyèrent le Ladon jusqu'à Telphuse ; de là, ils traversèrent l'Érymanthe bouillonnant, et virent, dans les vastes plaines qui mènent à Olympie, les superbes chevaux qu'on élevait pour les courses. Les oliviers ondoyants, dont on couronne les vainqueurs, ombrageaient la chapelle de Vénus-Uranie. Les habitants de ces beaux lieux se croient plus heureux que les autres habitants de l'Arcadie, parce qu'ils peuvent assister à toutes les fêtes. Ils n'ont besoin ni de ponts ni de bateaux, leurs chevaux ne les quittent jamais ; ces animaux, dressés avec douceur, partagent l'habitation de leurs maîtres, et couchent sous les tentes, au milieu des femmes et des enfants ; ce sont des compagnons et des amis.

Après quelques jours de repos chez ces peuples singuliers, Céphas et son ami tournèrent leur route vers les montagnes, traversèrent des plaines où de riches troupeaux faisaient retentir l'air de leurs cris, et visitèrent le mont Cyllène dont le sommet est couvert de glaces éternelles; de là, ils se dirigèrent vers des fumées qui s'élevaient de toutes parts au sein d'immenses forêts de sapins ; ils y trouvèrent de vastes cabanes habitées par des hommes vêtus de la dépouille des animaux sauvages. Là, le fer coulait dans les forges qui retentissaient des coups de marteaux. Ce métal prenait toutes les formes sous la main habile des forgerons ; on le façonnait en faux tranchantes, en tridents, en socs de charrue. Nos voyageurs furent accueillis avec hospitalité par ces noirs enfants de Vulcain.

En quittant ces lieux, ils descendirent les hauteurs pour entrer dans les vallées du mont Érymanthe ; ces vallées n'étaient point habitées : les animaux sauvages y trouvent des retraites inaccessibles, sur des rochers couverts de bruyères pourprées, ou de genêts à fleurs d'or. Au sommet des collines, au-dessus des bruyères et des genêts, croissaient des pins et des oliviers sauvages ; un peu plus haut, le fleuve Érymanthe se précipitait en bouillonnant à travers les roches. Les voyageurs franchirent plusieurs collines avant de descendre dans la vallée, et vers le milieu du jour, ils arrivèrent sur le bord du fleuve. Là, ils se reposèrent à l'ombre d'un rocher, et contemplèrent les pics de la montagne, et ses croupes qui, frappées des rayons du soleil, paraissaient tout étincelantes de lumière. Les monts étaient couronnés d'arbres toujours verts; dans la plaine, les bords du fleuve paraissaient entrecoupés de riants pâturages, tandis que, sur les cimes éloignées des montagnes, des troupeaux de cerfs s'arrêtaient attentifs, et que des chevreuils, suivis de leurs petits, gravissaient des roches en précipice. Ces scènes de l'hiver n'étaient animées ni par l'aspect, ni par la voix de l'homme; seulement les coqs de bruyère et les francolins faisaient retentir ces solitudes de leurs cris aigus. A cette vue, Céphas soupira au ressouvenir du Nord; Amasis lui dit : Que ces lieux sont paisibles ! comme la pensée d'Hercule, qui a chassé dans ces lieux la biche aux pieds d'airain, ajoute à leur beauté ! c'est la vertu qui honore la terre. Que la nature est belle, ornée par les mains des dieux ! elle semble appeler les travaux de l'homme ; et sa magnificence est la promesse de ses bienfaits. Que ne pouvons nous vivre ici ! je cultiverais ces landes désertes, je ferais croître la vigne à la place de ces genêts, ces prairies nourriraient un troupeau, je ferais retentir de ma flûte ces rives désertes, et je mêlerais ma voix à celle des oiseaux . . . .

. . . .

. . . .

. . . .

Après avoir traversé une vaste forêt, ils arrivèrent au sommet d'une montagne d'où l'on découvrait une ville magnifique ; c'était Argos. Voilà la cité d'Agamemnon, dit Céphas, irons-nous la visiter ? Non, dit Amasis. Je ne souhaite plus rien hors de l'Arcadie ; je préfère la cabane de Tirtée au séjour d'Argos ; mais puisqu'il faut voyager jusqu'aux vendanges, tâchons de visiter les bergers qui habitent les rives de l'Inachus. Ils se remirent donc en route ; mais le temps était si couvert, et les chemins si mauvais, qu'ils ne tardèrent pas à s'égarer. La nuit vint les surprendre, et ils résolurent de se mettre à l'abri sous un massif de sapins, et d'allumer du feu pour écarter les bêtes féroces. Cependant leurs provisions étaient épuisées : ils recueillirent quelques châtaignes, si vertes, qu'ils furent obligés de les jeter. Céphas dit alors : Puisque les arbres nous refusent leurs fruits, voyons si les eaux nous seront plus favorables ; le poisson aime les lieux solitaires, et j'ai aperçu un ruisseau au milieu des rochers. Amasis le suivit, et ils trouvèrent plusieurs poissons qu'ils dardèrent avec leurs épieux. Céphas fut le plus heureux, il frappa une truite et la jeta sur le gazon; alors ils allumèrent du feu, à la manière des Gaulois, avec du bois d'if et de lierre, et ils firent griller leur proie sur des charbons ardents. La soirée était fraîche, et un orage terrible commençait à éclater : c'était l'époque des coups de vent de l'équinoxe ; ils se hâtèrent de préparer un lit de feuilles sèches, et se couchèrent à la pâle lueur des éclairs. Bientôt la pluie tomba par torrents, les vents faisaient gémir au loin la forêt ; mais ils étaient à l'abri sous un épais feuillage, et tous ces bruits lointains ne firent qu'augmenter les charmes de leur repos.

Le lendemain, Amasis dit à son ami : Que j'aime la liberté de cette vie sauvage! Qu'elle m'est chère avec vous! Ainsi j'aurais voulu vivre autrefois ; aujourd'hui, un sentiment plein de douceur m'attache ici. Ce ne sont point seulement les mœurs de l'Arcadie qui me charment ; je ne suis plus heureux qu'auprès de la fille de Tirtée. L'aimable Cyanée m'a laissé un souvenir que rien ne peut effacer ; elle me ferait oublier la Gaule, l'Égypte et l'Arcadie ; enfin, je n'ai plus de goût que pour la vie des bergers. Je me rappelle sa tendresse pour ses parents, pour ses amis, pour les malheureux ; sa religion si douce, sa modestie et ses grâces naïves : il me semble que je n'ai point d'autres souvenirs. Le resté m'est indifférent ; il n'y a plus que Cyanée pour moi dans la nature.

L'amour d'un objet vertueux, dit Céphas, est un bienfait des dieux. Sans doute ils veulent vous récompenser, en Arcadie, du bien que vous avez fait dans la Gaule. Une femme vertueuse est le plus beau présent qu'ils puissent faire à l'homme. Elle est sa joie, sa consolation, ses délices, la compagne de ses plaisirs et de ses peines. O mon ami ! puissent les dieux protéger vos amours, dussé-je m'en retourner seul, porter en Égypte la nouvelle de votre bonheur !

Amasis embrassa Céphas. Ah ! dit-il, si votre cœur m'approuve, il n'est point d'obstacles que je ne puisse vaincre. Cependant une crainte me tourmente : comment Cyanée a-t-elle pu conserver si long-temps sa liberté ? Comment une ame si pleine d'amour ne s'est-elle pas encore donnée ? — Ah ! dit Céphas, les ames sensibles sont toujours disposées à aimer, mais leur sensibilité même les rend plus difficiles. Mettez votre confiance dans les dieux ; ce sont eux qui ont tout fait, et ils auront bien la puissance de vous rendre heureux.

Cependant la pluie tombait encore, et un vent terrible agitait les arbres de la forêt. Au-dessus de leur tête, ils ne voyaient que des chaînes de montagnes, qui fuyaient à perte de vue ; à leurs pieds, la vallée ressemblait à un vaste lac, où se précipitaient une multitude de torrents. Amasis ayant aperçu un pin dont la cime dominait la forêt, essaya d'y monter, pour découvrir la route ; mais il ne découvrit rien. Je n'aperçois, disait-il, ni fumée, ni maisons, ni troupeaux ; je ne vois que des forêts et des montagnes qui se prolongent à l'infini. — Cherchez, disait Céphas, à découvrir quelques oiseaux, et observez bien de quel côté ils dirigent leur vol. — Je ne vois qu'un aigle, dit Amasis ; il plane en silence sur la droite, au-dessus des rochers et des forêts. — Malheur à nous ! reprit Céphas, ces lieux ne sont pas habités. Cependant Amasis s'écria : Voici, de l'autre côté de la forêt, une volée de moineaux qui partent à tire-d'aile, et se dirigent vers ces rochers lointains, au pied du vallon. Notre route est trouvée, dit Céphas, l'oiseau de Vénus nous sera plus favorable que celui de Jupiter. L'aigle n'aime que les lieux déserts, mais les moineaux chérissent l'habitation de l'homme; ils y trouvent des grains et des fruits, et ils jouissent de nos moissons. En s'entretenant ainsi, les deux amis traversaient la forêt, franchissaient les torrents, et après plusieurs heures de marche, ils arrivèrent au bord d'un ruisseau qui les conduisit à une clairière, d'où s'élevait une fumée épaisse : bientôt après, ils entendirent le bruit des haches et des marteaux, et

le fracas causé par la chute des arbres. Ils se retrouvaient parmi les hommes. . . . .
. . . .
. . . .
. . . .

L'ARCADIE.

FRAGMENT DU TROISIÈME LIVRE.

L'ARCADIE.

Le temps des vendanges venu, Tirtée et ses hôtes se mirent en route pour assister aux fêtes de Bacchus, chez le vieux Lamon. Sa maison était bâtie sur une colline, au bas de laquelle serpentaient les eaux de l'Alphée. Elle dominait sur six avenues d'arbres fruitiers qui conduisaient à six maisons habitées par les gendres de Lamon. Ce vieillard avait neuf filles, et deux fils jumeaux, si semblables, que pour les distinguer on les habillait de diverses couleurs. Mais souvent ils changeaient de vêtements, et faisaient naître de douces méprises. L'amour cependant sut mettre une différence entre eux ; car il enflamma Castor pour la belle Cyanée, tandis que Pollux n'était sensible qu'à l'amitié de son frère : on avait donné les noms des fils de Léda à ces deux frères, parce qu'ils semblaient, comme eux, sortis du même œuf. Ce groupe de jeunes filles, d'enfants à la mamelle, de femmes, de gendres, toute cette famille nombreuse ressemblait à ces arbres qui, dans l'heureux climat des îles Fortunées, présentent à-la-fois des fleurs, des fruits encore verts, et d'autres qui sont mûrs. Lamon et sa femme, assis au milieu du groupe, semblaient des dieux protecteurs ; la paix et l'abondance régnaient autour d'eux. Chacun de leurs gendres avait une industrie particulière : l'un cultivait les vergers, et s'enrichissait des dons de Pomone ; l'autre, voisin de la forêt, nourrissait des troupeaux immenses ; l'autre, favori de Cérès, semait des grains, et versait ses moissons dans les greniers de ses frères. Le quatrième ne possédait rien, mais il avait un talent qui lui était propre : le bois prenait sous sa hache habile toutes sortes de formes ; il changeait, avec ce seul instrument, les arbres des forêts en vases gracieux, propres et commodes. Le cinquième et le sixième bâtissaient encore leur maison ; car les filles de Lamon avaient dit : Nous n'épouserons que ceux qui viendront s'établir auprès de notre père. Pour Lamon, il était riche en troupeaux, en prairies et en vignes ; les dons de Bacchus, de Floré et de Pomone, couronnaient sa table dans toutes les saisons. Sa maison était ouverte aux étrangers, on exerçait chez lui la plus noble hospitalité. Magistrat de Lycosure et prêtre de Bacchus, il était roi dans sa famille, et ne pouvait tourner les yeux sans voir ses petits enfants, qui croissaient autour de lui, comme une jeune forêt autour d'un chêne antique. Tirtée, à la vue de tant d'objets qui lui causaient une douce émotion, dit à ses hôtes : Nous allons entrer dans une maison favorisée des Dieux, la richesse de Lamon vient de ses enfants ; Jupiter a béni cette famille, il a voulu offrir en elle un exemple frappant du bonheur que donne la vertu.

Aussitôt qu'on put apercevoir Tirtée et ses hôtes qui suivaient les sentiers de la colline, les deux fils de Lamon, Castor et Pollux, accoururent en poussant des cris de joie ; ils portaient chacun un chapeau de fleurs différentes, c'était à cette marque qu'on les distinguait ; l'un tenait une urne pleine de vin, l'autre une coupe. Ils firent d'abord une libation à Jupiter hospitalier ; ensuite ils offrirent la coupe à Tirtée, et l'introduisirent dans la maison avec ses amis et la belle Cyanée. On s'empressa de les bien recevoir ; on se mit à table, où l'on chanta un hymne en l'honneur de Bacchus, puis on se prépara, par le repos, à la fête du lendemain.

Dès l'aurore, une petite pluie rafraîchit l'air, les grappes se chargèrent des perles de la rosée ; le soleil couvrit bientôt la plaine de ses rayons d'or. On sacrifia un porc et trois chèvres à Bacchus; on distribua les paniers, les serpettes, les hottes; et la troupe, pleine de gaieté, se répandit dans la vigne. Les jeunes gens montaient sur des échelles pour atteindre les grappes du haut, tandis que les jeunes filles et les enfants coupaient les grappes les plus basses; pendant ce temps, les hommes portaient la vendange, et foulaient le raisin. Déjà la joie animait tous les cœurs, et le vin coulait de toutes parts. Cependant Amasis ne quittait pas Cyanée; Castor et Pollux se placèrent aussi à ses côtés. Castor n'osait lui parler; mais il approchait d'elle les branches les plus élevées, ou les grappes les plus belles. A cette vue, la jalousie s'empara du cœur d'Amasis; Cyanée vit son trouble, et comme Pollux lui parlait de son frère, elle lui dit en riant : Si j'aimais votre frère, je craindrais d'en aimer deux. Ces paroles ne purent rassurer Amasis ; il voyait que toute la famille de Lamon désirait l'union de Castor avec Cyanée, et cependant il n'osait lui parler de son amour, dans la crainte de le voir repousser. Ainsi se passa la journée. Le soir, on se réunit dans la prairie; on dansa au clair de la lune ; puis on fit un cercle, et chacun, selon l'usage antique, fut obligé de raconter une histoire. Pollux, qui soupçonnait Amasis de cacher un rang plus élevé sous ses habits de berger, dit avec un sourire malin, qu'il allait prouver que l'égalité des conditions était nécessaire au bonheur. Alors, il raconta l'aventure d'Apollon et du bel Hyacinthe, fils d'Amyclas. Hyacinthe aimait tendrement Zéphire ; tous deux étaient de même âge, de même condition. Mais bientôt Hyacinthe, fier de l'amitié d'Apollon, qui lui apprenait à tirer de l'arc et à chanter en jouant de la lyre, négligea Zéphire, et repoussa ses soins et ses caresses. Son amitié même lui devint importune. Zéphire se jouait-il autour de lui en agitant sa chevelure? il l'accusait de déranger son chapeau de fleurs, et de le couvrir de poussière. En vain Zéphire l'environnait de parfums, et le rafraîchissait dans les chaleurs du jour ; en vain il tâchait de l'attendrir en le suivant avec de doux murmures, et en lui promettant le sceptre du roi des fleurs ; Hyacinthe était insensible. Alors l'amitié de Zéphire se changea en haine ; pour se venger, il épia les deux amis, et un jour qu'ils jouaient au palet, il se cacha derrière une roche, et soufflant tout-à-coup avec fureur sur la pierre d'Apollon, il la détourna sur la tête de l'ingrat, qui mourut aussitôt. Apollon, ne pouvant lui rendre la vie, changea son corps en une belle fleur qui porte encore le nom d'Hyacinthe, et autour de laquelle Zéphire ne cesse de faire entendre de tristes gémissements. Voilà, continua Pollux, ce qui arriva à ce jeune imprudent, pour avoir voulu être aimé d'un être au-dessus de lui.

Parmi les filles de Lamon, il y en avait une gaie, folâtre, indifférente, qui se moquait de l'amour. Plus d'un amant avait tenté de la fixer ; mais elle échappait toujours à leurs piéges. Tel le jonc fleuri se balance sur la surface des eaux ; courbé par les vents amoureux, on croit qu'il va leur céder ; mais il se relève, et semble se moquer de la main qui s'avance pour le cueillir. Amabel, c'était le nom de cette charmante personne, était aussi sensible à l'amitié qu'insensible à l'amour.

Après l'histoire d'Apollon, elle prit la parole ; et dit : Je veux vous conter l'histoire de trois sœurs qui promirent de ne se point marier pour ne point rompre leur union. Elles consacraient tout leur temps à faire du bien, elles étaient bonnes et sensibles comme Cyanée, car près d'elles il n'y avait plus de malheureux ; elles portaient à manger aux petits oiseaux, et les chevreuils de la montagne, qui les connaissaient, se mêlaient souvent à leur troupeau, comme je les ai vus se mêler à celui de Cyanée. De retour à la maison, elles filaient ou faisaient des étoffes, qu'elles teignaient ensuite dans le suc des herbes. Le dieu Pan en devint amoureux, mais il ne savait à laquelle il devait adresser ses hommages, car toutes trois étaient également belles ; et quand il les voyait ensemble, son cœur n'avait point de préférence. Cependant elles avaient une voisine aussi malfaisante qu'elles étaient vertueuses; cette méchante femme connaissait l'art de contrefaire le visage et le son de la voix. Éprise du dieu Pan, dont elle n'avait pu se faire aimer, et protégée par son art et par les ombres de la nuit, elle lui donna rendez-vous, sous le nom des trois sœurs; de manière que Pan croyait être tantôt avec l'une et tantôt avec l'autre. Ce dieu est indiscret et volage, il osa se vanter des faveurs qu'il s'imaginait recevoir, et la réputation des trois sœurs fut perdue. Cependant, un jour ayant découvert par quelle ruse cette femme était devenue sa maîtresse, il la tua, et s'enfuit pour cacher sa honte et sa douleur. Le matin, comme les trois sœurs ouvraient la porte de leur cabane, elles aperçurent le corps de leur méchante voisine. Oubliant les injures, elles ne sentirent plus que la pitié, et recueillant des herbes d'une grande vertu, elles tentèrent de lui rendre la vie. Jupiter fut touché de cette généreuse bonté, il les transporta dans l'Olympe, et ce sont elles qui, sous le nom de *Charites*, ouvrent les portes du ciel : elles accompagnent Vénus-Uranie; et comme les Grâces, elles donnent à la beauté ses charmes les plus touchants : ce sont elles, belle Cyanée, qui font que vous l'emportez sur toutes vos compagnes.

Cyanée pencha la tête, elle rougit, et parut semblable à la rose nouvelle. La pudeur l'embellissait encore, et sa beauté charmait tous les yeux. Cependant elle releva sa tête, et s'adressant à ses compagnes, elle leur dit : L'histoire que je vais vous raconter, vous apprendra comment un cœur sensible paraît quelquefois indifférent. J'ai entendu dire que l'amour est une sympathie, une espèce d'enchantement qu'on ne peut définir. Il arrive souvent que deux êtres nés pour s'aimer, sont placés par le sort aux deux extrémités de l'Arcadie, ou même à celles du monde : alors ils restent dans l'indifférence, mais ils aiment aussitôt qu'ils se voient. Ce que je dis là, chères compagnes, je le prouverai par l'histoire d'un enfant d'Argos, que ses parents avaient conduit à la fête du mont Lycée. Il n'avait que douze ans; son père possédait de grandes richesses, et ce fils était son unique espérance. Pendant la fête, il aperçut une bergère de son âge, nommée Alcinoé. Étonné du sentiment qu'il éprouve, il s'approche d'elle, il ose lui parler, et le soir, au moment de se séparer, il lui dit : Mon cœur s'est donné à vous, je sais qu'il faut que je vous quitte, mais au moins je puis vous jurer de vous aimer toujours. La bergère accepta ses vœux. La nuit venue, les parents du jeune homme le reconduisirent à Argos; depuis, ils ne revinrent plus à la fête du mont Lycée, ni même en Arcadie. Cependant le jeune homme avait atteint l'âge de se marier. Ses parents l'engageaient à faire un choix, et à aimer. Pour leur complaire, on le voyait chaque jour rendre hommage à un objet nouveau ; rien ne pouvait le fixer. A l'une il trouvait les yeux de celle qu'il aimait ; l'autre lui rappelait le son de sa voix, ou la couleur de ses cheveux ; mais il ne trouvait nulle part toutes les perfections qu'il cherchait, et son inconstance ne faisait qu'accroître son malheur. Cependant, de son côté, la jeune Alcinoé paraissait insensible ; l'objet de son amour occupait seul sa pensée. En vain on lui offrait les présents les plus précieux, rien ne la touchait ; en vain on lui disait : L'amour fait le charme de la vie, il console, il fortifie, elle ne répondait pas, mais elle fuyait ses compagnes et les jeux de son âge ; on la voyait sans cesse rêveuse sur le bord des fontaines, ou dans la solitude profonde des bois. Ses parents, inquiets, voulurent la marier ; ils firent des vœux ; on la conduisit aux fêtes de Pan, à celles de Cérès et de Bacchus, à Tégée, au temple de Vénus ; mais rien ne pouvait vaincre son indifférence : enfin on consulta l'oracle, qui répondit qu'il fallait la ramener à la fête du mont Lycée. A la même époque, une même inspiration conduisit le jeune homme en Arcadie : les voilà donc tous deux en pélerinage, l'une fuyant tous les hommes qu'elle rencontrait, l'autre allant à toutes les filles qu'il voyait, et les abandonnant aussitôt. Enfin, ils se revirent :

Alcinoé le reconnut la première, et se mit à verser des larmes; et lui, tombant à ses pieds, recueillait ces douces larmes, qui venaient de lui apprendre son bonheur. Leurs parents, témoins de cette scène touchante, les conduisirent à l'autel de l'Hyménée, et ils gravèrent cette histoire dans le Temple de l'Amour.

Amasis était transporté de joie en écoutant Cyanée ; elle avait parlé de l'amour, elle avait loué la constance de deux amants, il pouvait donc lui déclarer ce qui se passait dans son cœur. Plein de cette pensée, il se disait : J'irai m'asseoir auprès d'elle, et je lui dirai, comme le jeune berger : Mon cœur s'est donné à vous, je jure de vous aimer toujours. La chose était si simple, elle lui paraissait si facile, que pendant la nuit entière, il s'abandonna aux rêveries les plus délicieuses. Le matin venu, il ne se sentait plus la même résolution, une timidité secrète rendait son aveu plus difficile; cependant il s'encourageait encore. Après le sacrifice, on distribua les paniers ; il aperçut Cyanée, elle parlait à la jeune Amabel, et il se dit : Attendons qu'elle soit seule; ce contre-temps semblait avoir soulagé son cœur d'un grand poids. Cependant il cherchait toujours l'occasion : dès que Cyanée fut seule, il s'approcha d'elle en tremblant, puis il s'arrêta, n'osant prononcer un seul mot, de crainte qu'elle ne pût cacher sa rougeur devant ses compagnes. J'attendrai la nuit, se dit-il ; mais, la nuit venue, il trouva un instant favo-, rable, et il n'osa.

Il se disait : J'ai vu la guerre, j'ai essuyé des tempêtes, j'ai traversé des pays sauvages, je me suis vu sous le couteau des druides : si j'ai éprouvé quelque crainte, je l'ai surmontée ; et voilà qu'en approchant d'une simple bergère, tout mon corps tremble ! O amour ! tu es donc une faiblesse, puisque l'aveu de ce que tu inspires fait éprouver tant de confusion ! puis, après quelques moments de silence, il se disait encore : L'action que je veux faire offenserait-elle la vertu ? ou bien quelque dieu terrible environne-t-il cette jeune vierge pour la défendre contre moi ? Cependant il s'approcha d'elle, ils rougirent tous deux, tous deux devinrent muets, et il sembla à Amasis que son cœur venait de tout dire . . . .
. . . .
. . . .
. . . .

FRAGMENTS
DE
L'AMAZONE.

FRAGMENTS DE L'AMAZONE.

COMMENCEMENT DE MON JOURNAL.

Ce matin, à la première lueur du jour, j'ai fortifié mon cœur par une courte prière, suivant ma coutume ; je me suis levé sans faire de bruit, pendant que ma femme reposait au milieu de mes enfants ; je leur ai donné à chacun ma bénédiction et un baiser ; ensuite je suis descendu avec cette douloureuse pensée, que je les avais vus pour la dernière fois. Obligé de fuir une patrie où je ne dois attendre que la proscription et la mort, j'ai voulu au moins leur épargner la douleur des adieux. A peine dans la rue, j'ai senti mon cœur se resserrer : je me suis assis sur une pierre ; ma vue s'est troublée ; et lorsque j'ai pu distinguer les objets, le premier qui m'a frappé, a été un vieillard assez bien vêtu, qui ramassait sur le bord d'un ruisseau des cosses de haricots, qu'il dévorait; un peu plus loin, des femmes et des enfants assiégeaient la boutique d'un boulanger : tous ces affamés demandaient du pain d'une voix mourante. Le boulanger, accompagné d'un commissaire de police, a ouvert sa porte pour commencer la distribution; mais une troupe de portefaix, à moitié nus, se sont précipités dans la boutique, et soudain tout a été pillé.

L'horreur de ce spectacle m'a rendu assez de force pour m'en éloigner; je suis entré dans un café pour prendre quelque rafraîchissement, j'ai demandé un verre d'eau et de vin, et, en l'attendant, j'ai jeté les yeux sur un journal, où j'ai lu ces mots : « Un citoyen propose, pour subvenir » à la disette qui menace de s'emparer de la » république, de faire mourir toutes les per- » sonnes qui ont passé l'âge de soixante ans. » J'ai payé mon verre d'eau, et me suis retiré, en faisant quelques réflexions sur l'état d'une nation où l'on osait proposer le crime comme un moyen de salut.

J'entrai successivement chez plusieurs orfévres pour me défaire de quelques bijoux, car j'étais sans argent; mais les uns me proposèrent du papier-monnaie; d'autres me dirent qu'ils vendaient de l'orfévrerie, mais qu'ils n'en achetaient pas, se disposant à fermer bientôt leurs magasins. J'errai long-temps dans une triste incertitude, craignant d'être reconnu, et m'efforçant de conserver un air d'assurance pour ne pas exciter les soupçons; imaginant mille projets, et les rejetant tous; ne sachant à quoi m'arrêter, et n'osant ni retourner chez moi, ni sortir de la ville, ni demander un asyle à des amis que ma présence aurait perdus. Je venais de traverser le carrefour de la rue de Bussy, et j'essayais de gagner le quai, dans l'espérance de trouver à vendre mes bijoux, lorsque j'entendis des cris affreux; c'était une grande foule, rassemblée autour d'un chariot qui sortait du Châtelet. Les blanchisseuses montaient en hâte l'escalier du quai, criant à tue-tête : Combien sont-ils aujourd'hui? Dix-sept, répondit un homme en pantalon et en gilet rouges, debout sur le siége. Ce n'est pas assez, criaient les femmes; hier, il y en avait quarante. Cet homme était le bourreau, qui conduisait les victimes à la mort.

Je parcourus ainsi une partie de la ville, épuisé de besoin, de fatigue et de soucis. La nuit venue, les premières chandelles allumées, je vis briller quelques croix d'argent à travers les vitres d'une boutique. L'envie me prit d'y entrer. Elle était si basse que ma tête touchait le plafond : il y avait cependant, dans cette boutique, une femme et trois enfants, deux garçons et une petite fille; le plus petit des garçons, âgé de quatre ou cinq ans, était sur ses genoux ; elle lui apprenait à lire : la petite fille était occupée à coudre à sa droite, et le garçon le plus grand, âgé de neuf ou dix ans, était debout à côté du comptoir. Ce fut lui qui m'ouvrit la porte. Il y avait dans cette petite famille, un air de propreté, de bonheur et de paix, qui faisait plaisir à voir. Je saluai cette bonne femme, et la félicitai sur sa tranquillité et sur celle de ses enfants au milieu du tumulte qui bouleversait toute la France. Elle me répondit, en versant quelques larmes : Ces enfants ne sont pas tous à moi ; celui qui est sur mes genoux est le fils d'une de mes amies, qui vient de périr victime de sa vertu. Je n'ai pas voulu abandonner cet orphelin, car, quoique j'aie eu le malheur de perdre mon mari à l'armée, il y a environ quatre ans, Dieu ne m'a pas laissée sans ressource ; mon commerce suffit à mon existence et à celle de ma famille : si vous désirez vous défaire de quelques bijoux, vous pouvez être sûr que je vous en paierai la valeur. Je tirai alors de ma poche ma montre, je détachai mes boucles d'argent, et je les posai sur son comptoir. Alors elle mit ses lunettes, démonta fort adroitement le cristal et le mouvement de ma montre, et les chapes de mes boucles, pesa l'or et l'argent de ces pièces, et, d'un trait de plume, fit mon compte qui montait à 172 l. 13 s. 9 d. Elle me donna cette somme en argent, et me demanda si j'étais content. Oui, lui répondis-je. C'était, en effet, plus du tiers en sus de ce qu'on m'en avait offert chez les plus riches orfévres.

Ma bonne dame, lui dis-je, vous venez de me tirer d'un grand embarras, cependant ce n'est pas mon besoin le plus pressant : je meurs de faim ; je n'ai rien mangé de la journée ; enseignez-moi quelque restaurateur dans le voisinage. Je ne suis pas aubergiste, dit-elle; cet état ne convient guère à une mère de famille ; mais, en cas de besoin, je peux donner à manger à un honnête homme comme vous. J'attends ce soir un roulier de Bruxelles, qui apporte toutes les semaines des farines à l'Hôtel-de-Ville ; il se rafraîchit chez moi, et je fais ses commissions chez les marchands. Il ne me laisse pas manquer de pain; et, comme j'en ai de surplus, je l'échange contre de la viande chez le boucher, et contre du vin chez le cabaretier. Sans ce petit commerce d'échange, il nous serait impossible de vivre. Croiriez-vous que deux côtelettes se sont payées dernièrement 1500 liv., une corde de vieux bois de peuplier 10,000 liv.? En parlant ainsi, elle me fit entrer dans son arrière-boutique. Il y avait une table couverte d'un linge très-blanc, et j'allais m'y placer, lorsque la porte de la boutique s'ouvrit. Les trois enfants crièrent à la fois : Maman, le père Jérôme ! Aussitôt je vois entrer un homme à-peu-près de ma taille, de ma physionomie, de mon âge, vêtu d'un sarrau, et portant à la main le fouet d'un charretier. Bon soir, mon frère, me dit-il, sans m'ôter son chapeau; puis il s'assit sans façon vis-à-vis de moi. Je ne savais que répondre à ce singulier compliment, lorsque la veuve dit à l'aîné de ses enfants : Mon fils, allez dans la rue à la tête des chevaux, et veillez-y soigneusement pendant que le père Jérôme soupera avec nous. Elle prit alors les deux autres enfants, et les fit asseoir auprès d'elle entre cet étranger et moi. Voici votre petite provision, dit Jérôme, en tirant de dessous son sarrau un gros pain de huit livres, qu'il mit sur la table. Je vous en laisserai autant demain en repassant; avec cela, vous pourrez attendre mon retour de Bruxelles; puis il se mit à caresser les deux enfants du revers de sa grosse main. Ce mouvement paternel envers deux petits orphelins, me remplit d'émotion en me rappelant les miens. Tu as du chagrin, mon frère, me dit-il; il n'en faut point avoir, le chagrin tue l'homme. Il prit la bouteille, et remplit mon verre et le sien. J'en verserais, ajouta-t-il, à la citoyenne, mais elle ne boit que de l'eau; allons, à sa santé ! c'est une brave femme. Je lui dis : Quoique depuis long-temps je ne boive plus de vin, tu mets tant de simplicité dans ton invitation, que je l'accepte de tout mon cœur. Alors, m'inclinant vers lui et la maîtresse du logis : Quand le bonheur, ajoutai-je, n'existera plus dans Paris, puisse-t-il trouver son dernier asyle dans cette petite maison! et je vidai mon verre. Nous nous mîmes à manger tous de bon appétit. Tu as bien raison, mon ami, dit Jérôme; le bonheur n'est que dans ce petit coin : je n'ai vu que de la misère dans toute la route. En arrivant à la barrière, j'ai été reçu sans difficulté parce que j'y suis connu, et que toutes les semaines j'apporte des farines pour le gouvernement; mais comment se fait-il qu'une ville où l'on amène, tous les jours, quinze cents sacs de farine, pesant chacun trois cent cinquante livres, sans compter un nombre considérable de sacs de riz et de légumes, et des troupeaux immenses de bœufs et de moutons; comment se fait-il, encore une fois, que cette ville soit à la veille de mourir de faim? Après avoir passé la barrière, j'ai vu une multitude de gardes, armés de piques, qui s'opposaient à la sortie de ceux qui voulaient aller chercher du pain hors de Paris. Les malheureux avaient raison, puisqu'ils n'y peuvent plus vivre : eh bien! croirais-tu que les commis les forçaient de rester, sous prétexte que leurs passe-ports n'étaient pas en règle? Comment! repartis-je, il faut un passe-port pour sortir? — Oui; il faut de plus qu'il soit visé dans différents bureaux de la section, de la ville, de la barrière : ici il faut quatre témoins, là il en faut neuf : sans cela on ne peut sortir; et si on passe furtivement, on est arrêté par la gendarmerie, et conduit en prison. Eh bien!

mon frère, je n'ai point de passe-port, lui dis-je, et il faut absolument que je sorte de Paris. Point de passe-port! ce mot fut répété par la bonne femme, et même par les enfants, et Jérôme en pâlit.

Je lui contai alors, sans aucun déguisement, le danger où je me trouvais; l'avis secret que j'avais reçu le matin, et qui m'apprenait que je devais être arrêté dans la journée; la manière dont j'avais quitté ma femme et mes enfants; le dénûment où je les laissais; enfin je lui ouvris mon ame tout entière, et ce fut une inspiration du ciel: j'avais trouvé un libérateur. Ce brave homme me prit la main, tout ému : Il me vient une idée, me dit-il, que je te communiquerai tête-à-tête ; ne t'afflige pas. La bonne femme ayant fait coucher ses deux enfants, nous laissa seuls Jérôme et moi. Écoute, tu m'as touché le cœur, car je suis père comme toi, j'ai ma femme et des enfants à Bruxelles; Dieu bénira ton courage, et voici ce qu'il m'inspire pour t'obliger : il tira de sa poche un lambeau de papier revêtu de signatures et de cachets. Voilà, dit-il, mon passe-port qui pourra te servir, car nous nous ressemblons beaucoup ; mon signalement porte que j'ai cinq pieds cinq pouces, cheveux gris, yeux bleus, le nez aquilin, le visage coloré : tous ces signes te conviennent comme à moi ; cette pièce m'est assez inutile, je puis d'ailleurs m'en procurer une nouvelle dans ma commune, en disant que j'ai perdu l'ancienne. Tu diras donc que tu t'appelles Pierre Jérôme; que tu es roulier, établi auprès de Bruxelles au village de Saint-Romain : c'est là qu'il faudra attendre quelques jours de mes nouvelles. Tu vas changer de costume. A ces mots, il alla chercher un vieux sarrau, de gros souliers, et un grand fouet; puis il fit rafraîchir ses chevaux pendant que je m'affublais de mon nouvel habillement. A son retour, je lui dis : Tu viens de me rendre un service important d'une manière si généreuse, que je ne balance pas à te prier de m'en rendre un autre, c'est de remettre à ma femme ce paquet de papiers avec cet argent; tu lui diras que c'est la moitié de ce que je possède : il y a 86 liv. Écoute, me dit-il, n'as-tu pas encore quelque monnaie de papier à y joindre? donne-la moi. Je te préviens que tu n'en ferais rien sur la route; pour moi, je suis sûr de la passer en compte à l'Hôtel-de-Ville. Je tirai de mon portefeuille une cinquantaine d'écus en papier-monnaie, et il me promit de les remettre sous peu à ma femme en argent comptant. Ce dernier trait me pénétra de reconnaissance. Que Dieu te conduise, mon frère ! me dit-il. Alors, je fus prendre congé de la bonne femme dans la maison de laquelle j'avais trouvé tant de consolation; nous nous embrassâmes tous en pleurant.

Je m'acheminai vers les barrières, et mon bienfaiteur vers l'Hôtel-de-Ville ; il pouvait être dix heures et demie du soir, lorsque j'arrivai à la barrière ; elle était obstruée d'une multitude de voitures. Le tumulte me fut favorable ; j'eus bientôt traversé la Chapelle, et une fois dans la plaine, je marchai comme si j'avais eu des ailes, sans regarder derrière moi. Cependant j'étais fatigué quand j'arrivai à Saint-Denis, et je résolus de m'y reposer : j'entrai dans les vastes jardins de l'abbaye, dont la clôture était rompue en plusieurs endroits, et je me couchai au pied d'un mur, à l'abri du vent, sur un peu d'herbe sèche. De là j'apercevais la petite rivière qui traverse ce vaste enclos. La lune allait se coucher ; elle éclairait un côté de cette superbe flèche qui s'alonge dans les airs ; le reste du bâtiment était caché dans l'ombre. Jadis il couvrait les cendres de nos rois, mais ces cendres n'y étaient plus : celles de Louis XIV, si jaloux de l'admiration de la postérité, et celles de Henri IV, si digne d'être aimé, avaient été jetées aux vents et dispersées par la main des bourreaux. La nuit entière s'écoula au milieu de ces grands souvenirs. Au point du jour, je m'acheminai, suivant l'itinéraire que m'avait donné Jérôme, vers Écouen, pour m'écarter un peu de la grande route de Bruxelles. Parvenu au pied de la montagne d'Écouen, je me dirigeai vers une petite maison du village ; mais l'effroi régnait par-tout, on semblait me fuir, et je me décidai à m'éloigner à l'aspect de quelques hommes couverts de bonnets rouges, que j'aperçus à l'extrémité de la rue. Je marchai deux heures, jusqu'à l'entrée d'un bois, où j'attendis la nuit. Dès que la lune fut levée, je me mis en route, et j'arrivai à Amiens vers le matin. A l'aspect de sa rivière, je me trouvai dans le plus grand embarras : il fallait entrer dans la ville ou me jeter à la nage. J'étais dans cette perplexité lorsque j'aperçus une petite barque ; je fis signe au batelier, qui vint aussitôt à moi. Il me reçut fort bien, me fit asseoir à côté de lui, m'apprit qu'il était pêcheur, et qu'il allait lever des filets dans les roseaux voisins. En parlant ainsi, nous débarquâmes sur l'autre rive ; il m'enseigna ma route de son mieux, et me laissa.

Après sept jours, ou plutôt sept nuits de marche, pendant lesquelles il ne m'arriva aucune aventure remarquable, j'arrivai à la vue de Bruxelles. Ayant, suivant les instructions de Jérôme, laissé cette ville sur ma droite, j'entrai dans Saint-Romain, et la première personne que j'y rencontrai fut mon libérateur ; il y était depuis deux jours, et m'attendait à l'entrée du village. Dès que nous fûmes seuls, il me remit la lettre suivante de ma femme :

« Enfin je reçois de tes nouvelles ; tu vis

» encore et tu m'envoies des secours ! Ah ! que
» ne puis-je aller mourir avec toi !

» Hier, il était nuit, je venais d'allumer ma lampe,
» lorsque j'ai entendu un grand bruit dans l'es-
» calier, comme d'une troupe d'hommes armés.
» Mon premier mouvement a été de fermer ma
» porte au verrou ; alors on a frappé ; ma fille
» s'est mise à pleurer ; son frère m'a dit : N'aie
» pas peur, maman, je saurai bien te défendre.
» — Pauvre enfant ! lui ai-je dit, il faut obéir. Les
» coups ont redoublé, j'ai ouvert la porte ; alors
» six hommes, armés de sabres et de fusils, se
» sont précipités dans la chambre. Leur chef
» était une espèce de petit provençal, maigre et
» pâle, coiffé d'un grand chapeau, qu'il n'a pas
» ôté de dessus sa tête. Citoyenne, m'a-t-il dit
» dans son patois, veux-tu faire résistance à la
» loi ? où est ton mari ? — Je n'en sais rien, lui ai-je
» répondu. — J'ai ordre de l'arrêter. Quand
» viendra-t-il ? — Je l'ignore. Et je me suis mise
» à pleurer. Cependant, un de ses compagnons,
» plus honnête, m'a dit à l'oreille : On n'en veut
» ni à vous ni à vos enfants. La loi ne punit que
» les coupables. — S'il est coupable, me suis-je
» écriée, c'est d'avoir servi sa patrie dans tous les
» temps de sa vie.

» Enfin cette troupe, après avoir fouillé dans
» le cabinet voisin, et jusque sous mon lit,
» s'est retirée brusquement. Le petit comman-

» dant m'a dit : Il ne faut pas m'en vouloir ; tu
» dois obéir à la loi. Quand ils ont été des-
» cendus, Henri m'a dit : Qu'est-ce que la loi,
» maman ? — Ton père dit que la loi est un lien
» qui unit les hommes ; mais que lorsqu'elle n'est
» pas fondée sur la nature, elle les met en
» état de guerre ; il dit que la France, depuis la
» révolution, a, au moins, quatre-vingt mille lois.
» — Oh bien ! m'a dit Henri, je ne pourrai jamais
» les connaître toutes. Alors me jetant à genoux, et
» fondant en larmes, j'ai remercié Dieu de t'avoir
» sauvé jusqu'à présent des mains des méchants;
» je l'ai prié de sauver de même notre malheu-
» reux pays : mes enfants ont prié à mon exem-
» ple. Je me préparais à les coucher sans souper,
» car il était plus d'onze heures du soir, lorsque
» j'ai entendu frapper à ma porte ; je me suis ap-
» prochée. Ce sont de bonnes nouvelles de votre
» mari, m'a dit tout doucement une grosse voix.
» Aussitôt j'ai ouvert ma porte ; mais à la vue d'une
» espèce de charretier, j'allais la refermer, lorsque
» sa bonne mine m'a rassurée. Il avait un bissac
» sur l'épaule, son chapeau à la main, et te-
» nait dans l'autre un paquet, dont l'adresse
» était de ton écriture. Alors je l'ai prié d'en-
» trer et de se reposer ; j'ai ouvert avidement
» ta lettre : à la nouvelle de ta sortie de Paris,
» mon ame s'est ranimée. Après un moment de
» silence, il a tiré de son bissac un paquet de

» farine et un gros pain, qu'il a mis sur la table.
» Aussitôt ma fille a détaché son fichu de dessus
» sa tête, en lui disant : Prenez, monsieur, ce fichu
» pour votre petite fille. O vertu ! on ne t'apprend
» pas ; tu es naturelle au cœur des hommes. Ma-
» dame, m'a-t-il dit, en souriant de cette action,
» monsieur votre mari m'a donné encore pour
» vous cinquante écus en papier, je comptais les
» donner en paiement au bureau de la ville ; mais
» cette monnaie à présent est si discréditée, que
» j'ai été obligé de payer en argent ; et tout ce qu'a
» pu faire le chef du bureau, ça été de me pro-
» mettre de m'en dédommager par quelques
» livres de farine. Il m'a fait donner un premier
» à-compte, que je viens de vous remettre ;
» tous les huit jours, je vous en apporterai un pa-
» quet pareil. Vous voudrez bien répondre à
» votre mari, que je me suis acquitté en par-
» tie de sa commission. Demain, vers midi, je
» passerai sous vos fenêtres, je ferai claquer
» mon fouet, et, à ce signal, vous m'enver-
» rez votre lettre par votre fils, et soyez sûre
» qu'elle parviendra à votre mari ; faites atten-
» tion de n'y mettre ni votre adresse ni votre
» nom, de crainte de surprise. En disant ces
» mots, il a ôté ses gros souliers ferrés, afin,
» m'a-t-il dit, de ne pas faire de bruit dans
» l'escalier, et il est descendu sans vouloir
» qu'on l'éclairât. Peut-on voir tant de déli-

» catesse, de générosité, sous une aussi rude
» écorce ? »

Que mes enfants sont dignes d'amour ! D'où leur viennent ces semences de bonté ? est-ce la nature qui les a mises dans leur cœur ? est-ce par les soins de leur mère que ces plantes du ciel portent déjà des fruits ? Hélas ! pourquoi faut-il que je m'en éloigne peut-être pour jamais !........

. . . .

. . . .

SUITE DE MON JOURNAL.

Je suis entré à six heures du soir dans la barque ; elle est pleine, les chevaux sont attelés, on sonne la cloche, nous partons. Je goûte fort cette façon d'aller. Nous avons changé cette nuit plusieurs fois de chevaux, et le matin on nous a fait passer dans une autre barque ; peu de temps après, nous avons fait notre entrée en Hollande. Je me sens de l'amitié pour les Hollandais ; ils sont propres, ils aiment l'ordre ; leur pays me plaît ; il me paraît riche. J'ignore les noms des villes et des villages que nous traversons ou que nous apercevons de loin ; mais ils sont en grand nombre ; les campagnes sont superbes, ce sont pour l'ordinaire de vastes prairies couvertes de troupeaux. Les paysannes y ont un embonpoint et des couleurs qui font plaisir à voir. Les canaux unissent ces paysages ; ils sont couverts de bateaux et d'usines. Quelquefois un canal traverse sur un autre canal, et vous voyez dans le même temps une barque passer dans celui de dessus, et une autre dans celui de dessous. L'industrie règne par-tout. Les digues qui bordent le rivage, sont couvertes de moulins à vent qui pompent les eaux des canaux, et les empêchent de se corrompre en les rejetant dans l'Océan. Ces digues, en quelques endroits, sont si élevées, que je vis un gros vaisseau qui faisait voile à Amsterdam, à plus de quinze pieds d'élévation au-dessus des prairies. Si ces digues venaient à se rompre, la mer inonderait ces mêmes terres qu'elle couvrait autrefois. C'est ce qui est arrivé auprès de Harlem, où l'on ne voit plus qu'un vaste lac, au milieu duquel apparaissent encore quelques clochers.

Nous mîmes pied à terre à l'entrée d'Amsterdam, sur des quais magnifiques. Ils étaient couverts d'un peuple nombreux, tout occupé des soins du commerce. En arrivant, nous apprîmes que le stathouder était en fuite, et que les troupes françaises s'étaient emparées des principales villes de la Hollande. O asyle de la liberté ! combien ta prospérité durera-t-elle encore ? Il y avait plus de quarante ans que j'étais venu à Amsterdam. J'y avais rencontré un de mes compatriotes,

M. Mustel, alors gazetier, et fort au-dessus de son état par sa probité et ses talents. Dans l'origine il était homme de lettres, il avait remporté un prix aux *Palinards* de Caen ; c'était une ode fort belle sur la mort de Caton. Cette pièce fit tant de bruit, que M. Mustel fut appelé à Paris par mademoiselle Lecouvreur, par Jean-Baptiste Rousseau, et par des seigneurs de la cour de Louis XV. Tous lui firent beaucoup de complimens, et ne lui rendirent aucun service. Ayant épuisé ses ressources dans de vaines espérances, il se détermina à accepter l'emploi d'instituteur des enfants du roi de Pologne. Il partit pour Dantzick ; mais le roi étant venu à mourir dans ces entrefaites, M. Mustel se rembarqua pour la Hollande, où il se chargea d'écrire la Gazette de France ; ce qui lui procura un peu de fortune. Devenu vieux, il désira retourner dans son pays, pour y mourir ; et comme il avait cru trouver en moi quelques talents, il m'offrit sa place. Mais alors j'étais jeune, plein d'ambition, je préférais la carrière militaire à celle des lettres, et j'étais résolu à aller tenter la fortune dans le Nord. M. Mustel me dit : J'ose vous prédire que vous regretterez un jour ma place. Autrefois je faisais ma cour aux grands, ce sont eux qui me la font aujourd'hui. Ils veulent que je parle d'eux ; j'ai des malles pleines des lettres de ces hommes avides de réputation ; mais je ris de leurs espérances, et je me moque de leurs promesses.

M. Mustel était un vrai philosophe, d'un caractère sérieux et d'un esprit gai, mettant son bonheur dans la liberté, dans la culture des lettres, et dans celle d'un petit jardin où il aimait à se promener. Je voulais savoir s'il restait encore quelque souvenir de sa personne dans son voisinage, et s'il avait été heureux dans sa patrie, où il s'était retiré. Ma destinée était bien différente, puisque j'étais obligé de fuir la mienne, pour aller chercher un asyle dans des pays inconnus. Je traversai donc la ville, en partant de la grille du magnifique jardin du juif portugais P...., portant cinq croissants pour armes, comme le grand-maître de Malte son parent, et je me dirigeai vers le quartier qu'avait habité M. Mustel. Je reconnus aisément sa maison et celles qui l'environnaient à leurs frontispices, figurés en escalier pyramidal, et aux inscriptions qui en ornaient la façade. Ces inscriptions offraient toujours le nom du mari et de la femme, avec la date de l'année de leur naissance et de leur mariage. On trouve sur presque toutes les maisons d'Amsterdam, ces décorations conjugales. Je commençai mes informations ; mais dans aucune des maisons voisines je ne pus apprendre des nouvelles de mon ami. Tout était changé : une charmante petite école d'enfants des deux sexes était devenue une écurie ; une cave où l'on vendait autrefois des porcelaines du Japon, et où j'avais pensé un jour tomber par un temps de pluie, était un estaminet bruyant où l'on vendait du tabac. Je ne crois pas qu'il y eût encore en vie un seul des voisins de M. Mustel. Pour les maisons, elles semblaient embellies ; toutes leurs croisées et leurs portes étaient peintes en brun ou en gris. Comme j'avais conservé mon sarrau de roulier, et que d'ailleurs je n'avais rien à acheter, j'étais assez mal reçu des marchands, qui fumaient gravement leur pipe à leur comptoir. A toutes mes questions, ils ne répondaient que par un *Je ne sais pas*, fort sec. Si je m'adressais aux marchandes, c'était un babil qui ne finissait point, mais qui ne m'instruisait de rien ; elles répétaient souvent *Mustel, Mustel*, et finissaient par rire. Enfin je me retirai, réfléchissant combien la réputation est peu de chose, puisqu'un homme de lettres qui distribuait la renommée aux potentats deux fois par semaine, et dont le nom avait été répandu, pendant trente ans, dans toute l'Europe, n'était plus connu dans la rue même où il avait vécu.

Il était près de midi, j'éprouvais le besoin de manger, et je m'acheminai vers le port, guidé par les ruisseaux qui y descendaient. Arrivé sur le quai, je fus frappé d'un coup-d'œil que je n'avais vu nulle part. Le port contenait alors près de cinq mille voiles; de jolies marchandes de légumes, de fruits, de lait, et de toutes sortes de marchandises, le parcouraient en tous sens, dans de petites chaloupes qu'elles conduisaient fort adroitement. Ces chaloupes, bariolées de rouge et de vert, contenaient les provisions journalières; les marchandes les annonçaient, en chantant sur toutes sortes de tons. Un nombre prodigieux de marins, fort proprement vêtus, allaient et venaient sur les quais bordés de maisons, où il ne manquait pas une brique. Cet air d'aisance et de contentement d'un grand peuple, me remplissait de satisfaction. J'entrai dans un petit cabaret fort propre, qui avait pour enseigne un soldat qui se coupait un bras d'un coup de hache, dont la légende était : *A la Révocation de l'Édit de Nantes.*

L'hôtesse me reçut d'abord assez froidement; mais lorsqu'elle sut que j'étais émigré, et que je fuyais de Paris à la faveur de mon déguisement, elle me dit : Mon cher compatriote, je suis aussi Française; je m'appelle Richard de Tallard, parente du fameux maréchal de ce nom. Je suis obligée, pour vivre, de tenir ici une petite auberge. Aussi, je lui ai donné pour enseigne, le nom de la révocation qui a fait tant de mal à mon pays. Charmé de retrouver une compatriote, je m'entretins un instant avec elle; puis je la priai de me permettre de faire une petite toilette pendant qu'on apprêtait le dîner. Je n'ai jamais vu une femme si vive, si alerte, si babillarde et si bonne. Lorsque je descendis, le dîner n'étant pas encore prêt, je courus à la poste, où on me remit une lettre de ma femme; et je sentis que je pouvais encore être heureux! Un philosophe me disait un jour que la Providence conservait les espèces, mais qu'elle ne se mêlait pas des individus. Je lui répondis: La Providence est au moins aussi étendue que l'air, qui enveloppe également la terre et les plus petits objets qui sont à sa surface. Cette pensée est bien consolante; elle m'apprend que Dieu me protége en Hollande, dans le même temps qu'il veille à Paris sur ma femme et sur mes enfants. L'essentiel est que nous mettions notre confiance en lui seul. Chère épouse! m'écriai-je, embrasse nos enfants tous les jours après leurs prières; fais leur prendre des habitudes vertueuses: ce sont des câbles qui attachent notre cœur à Dieu. On comprend la Divinité par la raison, mais c'est par le cœur qu'on la sent. Lorsque les tempêtes de l'adversité soufflent, que la terre s'ébranle sous nos pas chancelants, que les ténèbres s'assemblent et nous voilent la lumière des cieux, nous sentons encore le côté qu'occupe le soleil, à la douce chaleur qui nous réchauffe.

Au milieu de ces réflexions, j'ai entendu madame Richard de Tallard qui m'appelait à grands cris. Je suis descendu, et, d'un air riant, elle m'a fait passer dans un petit salon, où il y avait une table d'hôte de douze couverts. La compagnie était rassemblée. Madame Richard s'est mise à table, à la place d'honneur, et m'a fait asseoir auprès d'elle. Après le dîner, les convives passèrent dans le salon, dont la vue donnait sur le quai ; là, chacun fuma sa pipe sans rien dire, suivant la coutume du pays. Madame Richard me retint, avec un des convives, dans la salle à manger. Ce convive était un homme de bonne mine, qui paraissait avoir environ quarante ans ; il avait un surtout bleu : madame Richard l'avait invité à prendre du café avec nous. M. Duval, lui dit-elle, voici un de mes compatriotes auquel vous pouvez être utile ; il cherche un emploi, vous avez des amis, tâchez de lui trouver une place convenable, vous m'obligerez. Je m'obligerai moi-même, répondit M. Duval ; mais vous savez qu'il est trop tard aujourd'hui : ici toutes les affaires se traitent entre midi et une heure. En attendant, monsieur, me dit-il, je vous offre la moitié du cabinet que j'occupe dans cette maison ; mais quelques affaires me forcent de sortir, nous nous verrons à mon retour. A ces mots, il se leva, et prit congé de nous.

Aussitôt madame Richard fit monter un lit dans le cabinet de M. Duval, et on y porta mon petit équipage. Pour moi, j'avoue que j'étais étonné de voir dans un inconnu tant d'activité et de zèle pour m'obliger. Je ne doutai pas que madame Richard n'eût déjà prévenu Duval en ma faveur. C'est une grande recommandation auprès d'une femme que le malheur ; il semble que la nature ait répandu les femmes entre les hommes pour fortifier les deux extrémités de la chaîne sociale, l'enfance et la vieillesse.

Le lendemain, à l'heure de la bourse, Duval, voulant tenir sa promesse, m'engagea à le suivre. Dès que nous fûmes arrivés, il me recommanda à quelques agents de change, dont l'unique fonction était de placer les étrangers. Le premier qui m'aborda, demanda à voir de mon écriture; mais il ne la trouva pas convenable pour être chez un négociant. Il me demanda ensuite si je savais l'anglais, l'allemand, le russe, le hollandais. Je lui répondis qu'à peine je savais le français, et un peu de latin; que j'étais incapable d'enseigner l'un ou l'autre à un enfant, parce que moi-même, depuis que j'étais au monde, j'avais oublié les règles de la grammaire. Eh bien ! que savez-vous donc? reprit-il avec impatience. Je lui répondis que, m'étant occupé de philosophie, j'étais en état d'enseigner aux enfants les principes de la religion et de la morale ; c'est-à-dire de leur donner la force de réprimer leurs passions. — De quelle religion êtes-vous? — De la religion catholique. Alors il se mit à rire, et me dit qu'il ne connaissait pas un père de famille qui voulût faire usage de mes talents, sur-tout de celui de réprimer les passions, c'est-à-dire de refréner le désir de gagner de l'argent; ce qui ne ferait de mon élève qu'un négociant toujours pauvre. M. Duval lui ayant dit que je n'étais pas aussi ignorant que je le disais; que j'avais appris les mathématiques, que j'étais versé dans la littérature française, mon agent me demanda si je saurais faire une chanson un jour de noces ou de fête; qu'il connaissait une dame russe qui avait trois enfants, auxquels elle voulait faire apprendre les mathématiques; mais qu'elle exigeait que le maître fût parfait dans son art, et qu'il tirât les sorts avec des cartes, de l'étain fondu, ou même du marc de café. Il ajouta qu'il connaissait un grand seigneur, le baron de Sparquen, ambassadeur d'Hanovre, qui paierait richement un secrétaire, s'il savait faire de l'or, science que sans doute je devais posséder à mon âge, s'il était vrai que j'eusse étudié les mathématiques. Il finit en me recommandant de ne pas perdre une minute : je me mis à rire, et il s'en fut. Je demandai à M. Duval ce qui revenait à cet agent pour ses peines. Il me dit : Il a un mois du revenu de chacune des personnes qu'il place. Vous voyez, lui répondis-je, qu'un vieillard véridique n'est bon à rien. Duval s'adressa encore à quelques autres agents du commerce, mais aussi inutilement.

Comme nous rentrions chez madame Richard, je vis plusieurs matelots qui lui remettaient des lettres, des paquets et même de l'argent, pour les faire parvenir à leurs familles. Dès qu'elle m'eut aperçu : Eh bien ! dit-elle, êtes-vous content ? Je secouai la tête ; puis, étant entré dans la salle à manger, je lui contai ce qui nous était arrivé. Oh ! dit-elle, comme l'esprit de commerce rend le cœur étroit ! cependant gardez-vous de perdre courage. Il s'en faut bien, lui dis-je. Dans la position où la fortune m'a placé, je me regarde comme un homme pour qui toutes les chances sont bonnes, et j'irais jusqu'au fond des déserts de l'Amérique, si j'étais sûr d'y trouver la paix. Mais la paix ne se trouve pas même dans les déserts ; je n'en veux d'autre preuve que ce qui m'arriva quelques mois avant de partir de Paris. Une dame, de mes amies, reçut une lettre de la Nouvelle-Orléans, par laquelle un jeune Français lui mandait son arrivée avec celle de plusieurs de ses amis ; il ajoutait que, se trouvant sans autres ressources que leurs bras, et un vaste terrain sur les bords du Mississipi, ils avaient formé une société active et laborieuse, où le bonheur semblait avoir choisi un asyle. Cependant ils manquaient de femmes ; et il lui écrivait que si elle avait quelques jeunes parentes ou quelques amies qui eussent le courage de les venir joindre, ils paieraient les frais de voyage, et qu'elles vivraient avec eux dans l'abondance, au milieu du plus beau pays du monde. Vraiment ! dit madame Richard. — Mais savez-vous, madame, la suite de cette aventure? Les femmes ne sont point arrivées ; l'ennui et le désordre se sont introduits dans cette société d'hommes : chacun voulait y commander, personne ne voulait obéir ; le besoin les avait rapprochés, l'ambition les sépara. Enfin, les uns ont cherché de nouvelles retraites dans les États-Unis de l'Amérique, les autres sont allés jusque dans les îles Antilles ; mais la plupart sont morts çà et là, victimes de l'intempérie du climat, des miasmes de l'air, et de l'indigence. Que conclure de ce déplorable exemple ? qu'il est bien difficile d'être heureux sur la terre.

Après dîner, M. Duval m'invita à monter dans sa petite chambre ; elle n'était pas plus grande que celle d'un vaisseau ; car, dans les ports de mer, les maisons, dans leur architecture, ressemblent beaucoup aux navires, et les navires aux maisons. Il en ouvrit la fenêtre, dont la vue s'étendait fort loin sur le port. En face, était un gros vaisseau amarré avec deux grelins ; deux larges ponts à planches joignaient sa proue et sa poupe, et on y voiturait sans cesse des caisses et des tonneaux. Son gaillard d'arrière était revêtu d'un ample filet, rempli de légumes de toute espèce ; de grandes chaloupes y débarquaient quantité de marchandises. Sur les quilles, entre les canons, on voyait des bœufs, des moutons, et des cages qui renfermaient une multitude de volailles. Ce vaisseau semblait porter dans ses flancs l'approvisionnement d'une grande ville. Eh bien ! dit M. Duval, êtes-vous encore dégoûté de l'envie de voyager? Non, lui dis-je, on peut tout risquer quand on n'a plus rien à perdre. Ce vaisseau, dit-il, que vous voyez, s'appelle *l'Europe :* j'en suis le pilote ; et avant deux jours, il doit mettre à la voile. Il y a une quantité prodigieuse de passagers, que nous attire la révolution française; mais je trouverai bien le moyen de vous y procurer une place, et même un emploi, quoique le capitaine soit le plus avare de tous les hommes. Il a doublé et triplé la plupart des emplois sur la même personne, pour les faire exercer à meilleur marché. Cependant il en a oublié un de la plus grande nécessité, c'est celui de commis à la distribution des vivres. Cet emploi ne demande qu'un peu de surveillance, et ne troublera guère votre repos, puisque vous ne l'exercerez qu'une fois la semaine, c'est-à-dire tous les samedis. Eh bien ! lui dis-je, nous partirons, et je suis prêt à suivre vos conseils. Écrivez donc à votre famille, répondit-il; demain matin, nous irons ensemble voir le capitaine. Quoique fort riche, il n'a point de logement à terre, parce qu'il dit qu'un bon marin ne doit jamais quitter son vaisseau. Il faut encore que je vous prévienne qu'il fait entendre à chaque passager, en particulier, qu'il abordera dans tous les pays où ils veulent aller : c'est un trait de son avarice ; il ne refuse l'argent de personne, soit qu'on veuille aller en Afrique, en Amérique ou en Asie. Pour moi, il me donne chaque jour la route que je dois tenir, et je n'ai point à m'en plaindre; car, au fond, je suis le pilote du vaisseau, et peu m'importe dans quelle mer il navigue, pourvu que je l'amène à bon port.

Le lendemain, nous nous levâmes sur les neuf heures, et je suivis Duval à bord du vaisseau *l'Europe*. Il entra le premier chez le capitaine, pour m'annoncer. Capitaine, lui dit-il, voici un homme qui veut passer aux Indes, et qui peut être nécessaire à votre équipage; alors j'entrai. Le capitaine, m'ayant regardé des pieds jusqu'à la tête, sans me saluer, répondit à Duval : Votre homme est bien cassé, que sait-il faire? Quel métier avez-vous exercé, me dit-il, depuis que vous êtes au monde? J'ai étudié les sciences, lui répondis-je. — A ce que je vois, on ne fait pas fortune à ce métier-là. Mon cher Duval, ajouta-t-il, je n'ai pas besoin d'un tel homme. Cependant, répondit Duval, il manque un commis à la cambuse : votre vaisseau est bien approvisionné; mais s'il n'y a pas une personne sage et discrète pour surveiller la distribution des vivres, vous en manquerez avant qu'il soit trois mois. Ne croyez pas que je puisse me charger de tant d'offices à-la-fois. J'ai veillé sur l'embarcation des boissons, du biscuit et des barriques d'eau; j'ai la liste de tous les passagers et des gens de l'équipage ; mais, quand nous aurons appareillé, je ne pourrai plus m'occuper que du gouvernail. La Providence nous envoie un homme éprouvé par l'infortune ; ne le laissez pas échapper. Le capitaine se frotta le front, et, tirant sa pipe de sa bouche, il me dit : La fonction que vous demandez, ne vous occupera qu'une fois par semaine; ce n'est qu'une simple surveillance qui ne vous fatiguera pas : je ne veux vous accorder qu'une demi-ration par jour. Cependant, lui dis-je, quoique cassé par l'âge, mes besoins n'ont pas diminué. Mais, dit le capitaine, il me semble que Duval m'a dit que vous vous proposiez de passer aux Indes pour faire fortune : vous avez donc de l'argent? car, sans argent, on en revient comme on y est allé, sur-tout à votre âge. Écoutez, je suis raisonnable; je ne passe personne aux Indes à moins de vingt-cinq ducats ; mais, comme je vous prends pour cambusier à demi-ration, vous m'en donnerez douze, et tout est dit. Je n'en ai que six, lui dis-je, en lui montrant tout ce que je possédais au monde. Pas à moins de douze, me répondit le capitaine. Duval, voyant que l'affaire allait manquer, lui dit : Je cautionne ce brave homme pour les six autres ; en même temps il les tira de sa poche, et les lui donna avec les miens. Le capitaine les prit, regarda s'ils étaient cordonnés, et les mit dans sa poche, en me disant de chercher un logement près de mon poste, et en ordonnant à Duval de mettre à la voile le lendemain matin, au point du jour. Nous sortîmes, et Duval me conseilla de choisir dès à présent le lieu que je devais occuper, de crainte que, plus tard, il ne fût plus temps. Nous arrivâmes à l'extrémité du vaisseau, près du cabestan. Là, était un noir colossal, avec sa femme, un enfant de deux ans, et un chien d'une taille proportionnée à celle de son maître. La vue de ces étranges voisins m'étonna. Vous voyez, me dit Duval, une famille victime de l'oppression. Elle est née en Guinée; le capitaine a ordre de la remettre dans son pays natal; il est même très-bien payé pour cela, et voilà comme il en use avec elle. Je descendis dans cette espèce d'abyme avec Duval. La cambuse était pleine de provisions arrangées avec un ordre admirable. A peine fûmes-nous descendus, que le noir, qui s'appelait Samson, s'approcha de nous : sa tête passait au-dessus de l'écoutille de plus d'un pied; son visage, quoique balafré, laissait entrevoir un bon naturel. Il avait pour tout vêtement une toile de coton, et à sa ceinture pendait une énorme hache, qui était son fétiche. Sa femme, qui tenait son enfant à côté de lui, semblait se réfugier sous sa protection, et ne s'élevait qu'à son épaule.

Lorsque j'eus pris connaissance de la localité, Duval me dit : C'est aujourd'hui samedi, jour de distribution; je vais vous mettre dans l'exercice de vos fonctions, vous verrez que rien n'est plus facile. A ces mots, il appela quatre matelots robustes, leur fit prendre dans la cambuse des barils de viande et de biscuit, avec des balances et des poids; puis des barils de liquides, avec diverses mesures. Il me remit le registre, où chaque passager et chaque homme de l'équipage était classé par chambrée de sept personnes; ensuite, faisant appeler le chef de chaque chambrée, nous distribuâmes la quantité de vivres qui lui revenait pour la semaine.

Dans un des barils de bœuf salé, qui avaient été défoncés pour la distribution, il s'était trouvé une jambe de cheval encore toute ferrée; le matelot, chargé de peser les rations, avait jugé à propos de l'envoyer à une chambrée de juifs polonais qui, d'abord, la refusèrent; mais, aux huées que fit l'équipage, ils prirent la résolution de la présenter directement au capitaine. Celui-ci, demi-ivre, se moqua d'eux à son tour, et leur fit observer que c'était une friponnerie des fournisseurs de leur nation; en même temps, il leur ordonna de se retirer sur le gaillard d'avant; ce qu'ils firent, en murmurant de dépit et de colère. Celui qui portait la jambe de cheval, parlait un peu français; il était furieux, et voulait s'en prendre à moi. Mes frères, leur dis-je, je vous ai distribué ces vivres au hasard; prenez patience, la distribution prochaine vous sera plus favorable. A peine j'achevais ces mots, que le plus colère d'entre eux tira son couteau, dont il m'appuya la pointe sur la poitrine ; je ne perdis pas la tête, et, le saisissant fortement, je parvins à le désarmer. Aussitôt la troupe entière m'environna en jetant des cris affreux. C'en était fait de moi, lorsque Samson, qui était à deux pas, saisit, par le cou, l'orateur qui avait porté la parole ; et, lui arrachant sa jambe de cheval, frappa à droite et à gauche. Son énorme chien se joignit à lui ; et bientôt ils restèrent maîtres du champ de bataille. Samson ne borna pas là ses services : il m'aida à descendre dans le trou qu'il occupait avec sa femme, et, dès que j'y fus, ils m'arrangèrent un lit sur quelques toiles à voiles, et m'engagèrent à prendre un peu de repos. J'en avais grand besoin ; mais les gens au milieu desquels j'étais, me paraissaient la plus misérable espèce que j'eusse jamais rencontrée ; et, malgré la confiance que devait naturellement m'inspirer le généreux zèle avec lequel le mari venait de me secourir, je ne pouvais me défaire d'une crainte fort vive qu'ils ne me rendissent l'objet de quelques nouveaux outrages.

J'étais encore absorbé dans ces réflexions, lorsque mon ami Duval entra dans la cambuse. Après nous être entretenus quelque temps de la scène de la veille, sur les suites de laquelle il ne paraissait pas avoir la moindre inquiétude : Vous êtes ici, me dit-il, avec les meilleures gens du monde; ce bon noir et sa femme vous seront de la plus grande ressource. Je vous dirai leur histoire en deux mots : Samson est né en Guinée; des voleurs le prirent étant enfant, et le vendirent au capitaine d'un vaisseau qui faisait la traite ; ce capitaine le revendit à un habitant qui l'envoya garder ses troupeaux. La simplicité de sa vie et de sa nourriture développa sa taille, et fortifia son tempérament. Jusque-là, il n'avait point encore vu son maître; mais un jour qu'il apportait un chevreau à l'habitation, celui-ci l'ayant aperçu, fut si frappé de sa force et de sa beauté, qu'il résolut de le faire instruire. En conséquence, il l'envoya au chef de ses esclaves avec une lettre, dont la lecture produisit un grand changement dans l'état de Samson. Ce qui étonna le plus ce bon noir, ce fut de voir qu'un simple morceau de papier avait pu dire tant de choses, sans qu'il en sût rien lui-même; dès ce moment, il conçut la plus haute idée des blancs. Il est certain que s'il avait eu un bon maître, il l'eût pris pour un dieu; bientôt il le prit pour un démon, car, dès qu'il eut quitté les champs pour la ville, tout son bonheur disparut. Son maître l'envoyait souvent à pied à l'habitation, d'où il revenait chargé à-la-fois de deux chevreaux gras, ou d'un veau entier, qu'il savait préparer avec une adresse et une propreté infinies. Un jour, ayant aperçu une jeune fille de son pays, gaie, vive, alerte, il fut frappé de sa beauté; de son côté, elle parut sensible à la force de cet Hercule africain. Malheureusement, cette fille, qui est aujourd'hui sa femme, attirait l'attention de son maître. Celui-ci défendit donc à Samson d'oser seulement la regarder, les menaçant l'un et l'autre de toute sa colère, s'il n'était point obéi; mais, entraînés par un sentiment que la crainte ne pouvait réprimer, ils eurent l'imprudence d'exciter la jalousie de leur tyran. Furieux de se voir trompé, il fait saisir la jeune négresse, la fait garrotter sur une échelle par quatre bourreaux, et leur ordonne de la fustiger de toutes leurs forces. A cette vue, Samson se saisit d'une hache, frappe à tort et à travers les quatre ministres des cruautés de ce barbare; abat la tête de l'un, fait sauter le bras de l'autre, coupe les cordes qui attachaient sa maîtresse, et se sauve avec elle dans les bois voisins de l'habitation. De là, ils furent joindre la république des noirs marrons, qui commençait à se former; il se mit à la tête de plusieurs partis, et fit les excursions les plus terribles sur les terres des Hollandais, n'ayant pour toute arme que sa redoutable hache, dont il fit son fétiche. En vain les habitants de Surinam emploient des troupes européennes et de l'artillerie; les noirs de la république en triomphent avec les armes les plus communes, animés par l'amour de la vengeance et de la liberté. C'en était fait de Surinam, si les magistrats n'eussent demandé à traiter avec des ennemis qu'ils avaient jusqu'alors affecté de mépriser. Les noirs ne repoussèrent pas les propositions de leurs *anciens maîtres*; mais ils voulurent rester libres, et, fixant des limites entre les deux républiques, ils promirent seulement de ne plus recevoir d'esclaves fugitifs. La paix signée, Samson vint à Surinam où sa présence irrita la jalousie des blancs, sur-tout celle de son ancien maître. Cet homme perfide trouva le moyen de le faire arrêter comme coupable d'une nouvelle conspiration, et de l'envoyer en Hollande. A son arrivée, il demanda à être jugé par les États-Généraux. Son innocence ayant été reconnue, on lui rendit la liberté, avec le choix de retourner dans la république noire, où il s'était acquis tant de réputation, ou bien en Afrique, dans le lieu où il avait reçu le jour. Il a préféré la Guinée, où il espère revoir encore son père et sa mère. Le capitaine a reçu pour son passage une somme considérable; vous voyez comme il l'a logé. On croit même qu'il compte profiter de son ignorance pour le vendre, lui, sa femme, son enfant, et son chien, dans quelque colonie européenne.

Après ce récit, Duval me quitta; je restai seul, et je me mis à examiner plusieurs passagers qui allaient et venaient sur le pont. Parmi tant de compagnons de voyage, il devait y en avoir un grand nombre d'opinions différentes. Pour moi, je l'avoue, quoique j'eusse lu une infinité de brochures sur notre révolution, et que je méditasse quelquefois sur les événements politiques, il ne m'était jamais arrivé de rencontrer juste; il en était à-peu-près de même de la plupart des études que j'avais faites dans des livres : c'était en me nourrissant de la lecture de ceux qui étaient les plus vantés, que j'avais cru connaître comment les plantes végétaient; comment je digérais; comment l'enfant se formait dans le sein de sa mère; la cause du flux et du reflux de la mer, du mouvement des astres; et je m'étais aperçu à la fin que j'ignorais parfaitement toutes ces choses. Je résolus donc de faire vœu d'ignorance, de ne plus étudier que dans la nature, et de n'y étudier que les choses qu'elle avait destinées aux besoins de l'homme. Comme je faisais ces réflexions, on m'apporta mes provisions pour toute une semaine; elles m'inspirèrent un tel dégoût, que je ne pouvais y jeter les yeux sans répugnance, et je sortis de la cambuse pour prendre l'air. Une nombreuse compagnie était à dîner sous une tente, devant la chambre du conseil; l'odeur qui s'exhalait des mets était des plus appétissantes, et se répandait depuis la poupe jusqu'à la proue. Je comptai autour de la table jusqu'à trente siéges, occupés par des gens qui faisaient force compliments à un gros financier, qui les régalait. J'allais et venais d'un côté à l'autre, lorsque je rencontrai Samson qui portait un cabillaud grillé sur des charbons; il m'invita par signe à partager son dîner; sa femme fit une sauce de genièvre, d'ail et de citron; nous nous adossâmes au cabestan, et, assis sur une toile à voiles, je fis un dîner délicieux. Au milieu du dîner, Duval vint prendre place à côté de nous; il fit apporter une bouteille d'excellent vin, puis voyant les passagers qui allaient et venaient sur le pont, il me dit : Il faut que je vous mette un peu au fait de leur caractère. Ce gros homme, au nez épaté, qui porte un habit gris galonné, est le principal passager; c'est un receveur-général qui a enlevé sa recette; il abandonne son pays et sa famille; il a trente caisses de piastres fortes dans la Sainte-Barbe, et le gaillard d'arrière est couvert de ses canards, de ses poules et de ses pigeons. Cette femme qui lui donne le bras, est une marquise française; il lui fait assidûment la cour, mais elle laisse croire à son mari et à cet évêque qui porte une croix d'or, qu'elle travaille à la conversion du financier. Cet officier français, qui marche fièrement le poing sur la hanche et le chapeau sur l'oreille, est le marquis. Il est fort ignorant, mais il fait une cour assidue à un mathématicien qui est auprès de lui. Celui-ci passe aux Indes sous prétexte d'y observer le passage de Vénus sur le soleil; il s'est fait donner des indemnités, qu'il a échangées contre une pacotille. Un peu plus loin, est un franciscain qui porte le nom du fondateur de son ordre, il s'appelle François; il a été sacristain, quêteur, aspirant: maintenant il est secrétaire de Monseigneur. Il conte force miracles de son évêque, qu'il veut faire passer pour un saint. C'est une chose digne de remarque, que ce qui fait les réputations, est l'intérêt que d'autres trouvent à vous louer ou à vous blâmer. Ce bon noir en est la preuve; c'est peut-être le meilleur et le plus brave homme du vaisseau, personne n'en parle; mais, croyez-moi, vous n'êtes pas le plus mal partagé, et c'est un voisin qui vous servira dans l'occasion.

Cependant le soleil était près de se coucher, lorsqu'il se répandit sur le port un brouillard épais qui couvrit les vaisseaux; on eût dit d'une mer aérienne toute ténébreuse, d'où l'on voyait s'élever çà et là plusieurs clochers; les oiseaux de marine jetaient des cris affreux, et l'obscurité était telle, que plusieurs venaient se précipiter dans nos haubans, et se laissaient prendre à la main; le soleil à l'horizon paraissait une fournaise d'un rouge sombre, du sein de laquelle sortait comme une tête de dragon. Il ne faisait point de vent; cependant, des barques du port nous halèrent jusqu'à une lieue au large, où nous trouvâmes un petit vent frais du nord ; alors nous appareillâmes à la clarté d'un soleil fort pâle. Le lendemain, nous vîmes les côtes d'Angleterre, mais à travers un horizon très-brumeux. Ce jour-là même, je me sentis une perte totale d'appétit, avec un grand mal de cœur ; je crus que c'était un effet ordinaire du mal de mer, mais je ne pus vomir. Dans l'après-dînée, je fus saisi d'un violent mal de tête, et je passai la nuit dans une sorte d'engourdissement et de malaise. Le lendemain, la chaleur de la cambuse commença à me devenir fort incommode : dans la crainte de l'être moi-même à mes hôtes, je me levai à l'aide de Samson, et je fus me coucher sur la couverture même de la cambuse.

Duval ayant appris que j'étais malade, vint m'offrir ses soins ; il me donna deux citrons. La femme de Samson m'en fit aussitôt de la limonade, qu'elle m'apporta dans une calebasse. Je ne puis penser qu'avec reconnaissance à la sensibilité de cette jeune femme ; elle ne voyait aucun être souffrant sans que son visage exprimât la peine qu'elle en ressentait. La femme est faite pour tempérer ce que les hommes ont de trop violent dans le caractère ; c'est la moitié naturelle de l'homme. Aussi la plupart des célibataires sont-ils portés à la cruauté ; c'est ce que prouvent les histoires anciennes et modernes, sur-tout celle de l'Europe. Je voudrais donc qu'on embarquât des femmes sur les vaisseaux, et que ce privilége fût accordé au moins à la quatrième partie des matelots les plus âgés. Elles blanchiraient le linge, raccommoderaient les voiles, fileraient, auraient soin des volailles, apprêteraient le manger, et préviendraient bien des abus parmi les hommes. Les femmes des officiers, par leur éducation, civiliseraient les mœurs ; et, par l'amour, les fêtes, les danses et les jeux, banniraient la mélancolie qui contribue plus qu'on ne pense à une foule de maladies du corps et de l'esprit.

Pendant le cours de ma maladie, il m'arriva une chose très-étrange, et qui me laissa une profonde impression. Une nuit, j'aperçus distinctement, autour de moi, des avenues d'arbres, dont les branches pendaient comme celles des saules pleureurs ; elles étaient d'une verdure incomparablement plus belle, toutes semées de paillettes d'or. Il y avait plusieurs espèces de ces arbrisseaux, dont les feuilles étaient variées de couleurs diverses, et dont les branches formaient des entrelacs d'une élégance qu'il est impossible de dépeindre. Bientôt parurent au milieu de vastes prairies, une multitude d'animaux, tels que des lièvres, des chèvres, des taureaux, des cerfs. Il me semblait que tous ces arbres changeaient de feuilles, et que ces animaux tantôt couraient, tantôt s'arrêtaient çà et là, variant sans cesse leurs attitudes. Jamais le fameux Paul Potter n'a rien peint d'une aussi parfaite imitation. Quoique cette vision n'eût rien d'effrayant, elle me remplit de tristesse ; je crus que j'allais mourir, d'une manière à la vérité fort étonnante et fort douce. Je me mis à réfléchir sur la mort, dont le nom seul effraie tant de bons esprits, et les soumet à la tyrannie d'hommes barbares qui les remplissent d'effroi pour leur profit. On lit, dans Bossuet, un morceau qui a été excessivement loué, et qui pourtant n'est guère digne, selon moi, d'un chrétien. Il peint Dieu qui hait les hommes, quoique rachetés par la mort de son fils. Il le peint qui s'amuse, depuis la création, à les précipiter dans la mort ; en vain, chemin faisant, ils veulent s'arrêter et se reposer un peu : Non, dit-il, marche, allons, avance, point de repos que tu n'y sois arrivé ! Ainsi se succèdent toutes les générations. Madame de Sévigné disait que la crainte de la mort rendait toute la vie malheureuse, par cela seul qu'elle y menait infailliblement. Pascal est encore allé plus loin quand il a dit que Dieu a les hommes en horreur. Il n'en était pas de même de Marc-Aurèle, le païen, qui disait que nous devons sortir de la vie comme d'un banquet, en remerciant les dieux de nous y avoir admis, ne fût-ce que pour quelques jours. Ainsi pensait Fénelon. Et en comparant cet ami des hommes avec son persécuteur, il me semble que l'un pèche par excès de haine, et l'autre par excès d'amour.

Si tout est opinion, me disais-je, ne nous fions point aux hommes, à leur autorité, à leur crédit; fions-nous à la nature. Qu'est-ce que la mort en elle-même? C'est la fin de la vie, comme la nuit est la fin du jour; c'est l'arrivée au port, c'est le repos de la vie, c'est la sœur du sommeil, disait Socrate; elle nous délivre des maux publics et particuliers, du soin de pourvoir à notre existence, des persécutions, des calomnies, des maladies, de la vieillesse, de la perte de nos amis, des guerres, et de la crainte de mourir. La mort, dit-on, nous livre à d'affreux tourments; des démons de formes effroyables nous attendent après la mort. Mais comment l'homme, doué de raison, se sert-il de cette raison même pour accroître ses maux, et s'environner d'êtres fantastiques et méchants? Quoique j'aie beaucoup voyagé, seul et en société, je n'ai jamais vu aucun démon, et je n'ai ouï dire à aucun homme de bon sens qu'il en eût vu. Il y a, à la vérité, des livres qui en parlent; mais ces livres sont l'ouvrage d'hommes, ou trompés ou trompeurs. Comment Dieu se servirait-il de démons pour punir éternellement des hommes qui n'ont traversé qu'une vie passagère? En voyant cette terre couverte d'arbres, les champs semés de fleurs et d'oiseaux, je croirais bien plutôt que l'autre monde est peuplé d'anges qui ont déposé sur notre globe les germes de tant de bienfaits pour l'usage des hommes. Les animaux ne craignent pas la mort naturelle : les papillons et les mouches vont mourir de vieillesse au pied de la fleur dont les nectaires les ont nourris ; ils y collent leurs œufs, et lui confient leur postérité. C'est dans les forêts de l'Afrique qu'expirent l'éléphant et le rhinocéros : ils cherchent, pour mourir, les lieux où ils ont aimé à vivre. Chose digne de remarque ! les enfants n'ont pas la crainte de la mort ; ce n'est que leur éducation qui la leur inspire, et qui les livre à la frayeur. En général, il en est de nous comme des animaux, nous aimons à mourir dans les lieux où nous avons aimé à vivre : le guerrier dans les combats ; le savant au milieu des méditations du cabinet ; le philosophe, à la vue de la nature, dont le spectacle l'a tant de fois ravi.

Pendant que je me livrais à ces réflexions, la lune se levait à l'horizon, et répandait ses douces clartés sur la mer, dans les manœuvres et les voiles du vaisseau. Son aspect avait quelque chose de triste qui me remplit d'émotion. C'en est donc fait ! me disais-je ; demain je ne reverrai plus l'aurore ! Mon corps sera jeté à la mer ; mais mon ame, que deviendra-t-elle ? sera-t-elle seule anéantie ? Elle est de la nature de la lumière : elle me fait tout voir et elle n'est point vue ;

sans doute elle ira se rendre dans sa source, dans ce brillant soleil, trésor de la Divinité, d'où sortent toutes les générations. Cette dernière pensée me tranquillisa; je sentis que ma fièvre se calmait, et je m'endormis d'un profond sommeil. Le lendemain, je me réveillai au lever du soleil. Samson et sa femme, au faible bruit de ma voix, m'apportèrent un bouillon de poisson assaisonné d'un peu de piment. Le vertueux Duval vint à moi, suivant sa coutume, et m'apporta une bouteille de Malvoisie. Je lui demandai où nous étions. Il y a, me dit-il, aujourd'hui trois semaines que nous sommes partis d'Amsterdam; nous avons passé hier le tropique du Cancer: nous sommes à présent entre les îles du Cap-Vert et les Canaries; les courants généraux nous ont jetés entre ces îles et l'Afrique, comme il arrive toujours dans cette saison, où ils viennent du sud pendant six mois; nous sommes presque affalés sur la côte orientale; ce n'est pas ma faute, j'en ai averti le capitaine; mais par la grace de Dieu nous en sortirons. Nous avons seulement des calmes à craindre avant que de gagner le milieu de l'océan Atlantique, pour nous rendre à Rio-Janeïro, où il compte charger des piastres pour de là aller commercer dans l'Inde.

Cependant le vent et le courant continuèrent de nous porter sur la côte d'Afrique, que nous aperçûmes le 17 au matin. Je commençai ce jour à me lever, à l'aide de Samson ; je m'approchai du bord du vaisseau, et je vis la terre et les montagnes qui fuyaient à l'horizon. Nous étions à l'embouchure d'une petite rivière, où nous jetâmes l'ancre pour renouveler notre eau. Malgré une houle assez forte qui se brisait sur le rivage, notre chaloupe entra dans la rivière. Une multitude de petits canots, dans chacun desquels il n'y avait qu'un homme, nous apportèrent toutes sortes de fruits et de poissons. Il y avait des ananas, des oranges, des ignames, des patates, des citrons, et même des calebasses de plusieurs façons remplies d'eau fraîche, de lait, ou de vin de coco. Il s'élevait de tous ces fruits des parfums qui embaumaient les airs. Quant aux poissons, les uns étaient tout rouges, et si gros, qu'un seul suffisait pour remplir un canot entier ; les autres étaient plus petits, mais de formes extraordinaires, et tels que je n'en avais jamais vu. Les bonnes gens qui nous les apportaient, ne voulaient en échange que de vieux habits, des clous et des verroteries : ils chantaient à tue-tête. Le capitaine ne leur permettait pas de monter à bord : C'étaient, disait-il, de grands voleurs. Mais le commerce se fit par échange et par signes.

Je ne connais pas de plaisir plus doux que celui de la convalescence ; c'est une résurrection de tous les sens. Chaque objet paraît plus éclairé, chaque fruit répand un parfum plus délicieux. Il s'élevait des prairies et des bois de cette île, une odeur qui parvenait jusqu'à nous, et me remplissait de volupté. Je sentais couler le plaisir et la vie dans mes veines ; la gaieté de ces bonnes gens se communiquait à moi : les uns, dans leurs pirogues, entouraient notre vaisseau de toutes les productions de leur terre et de leurs rivages ; les autres plongeaient dans l'eau, en jetant des cris de joie.

J'étais assis, appuyé sur le bord du vaisseau ; mon cœur priait Dieu. Duval, m'ayant aperçu, vint à moi, et me dit : Je suis ravi de votre guérison. Je ne connais point du tout ce lieu ; j'ai pris toutes mes sûretés. Ce vaisseau tire dix-neuf pieds, et a trente brasses d'eau ; le canot qui n'en tire que deux, ne trouve pas de fond : c'est ce qui fait la sûreté de ces bons noirs, car il faut des pirogues pour aborder sur leurs rivages. Cependant la nuit arriva, et les noirs, loin de se retirer, vinrent entourer notre navire en plus grand nombre ; les uns avaient des flambeaux et chantaient, d'autres s'occupaient de la pêche. De jeunes négresses plongeaient dans l'eau, et en ressortaient toutes phosphoriques, avec un homard à la main ; d'autres reparaissaient avec un panier d'huîtres toutes couvertes d'étincelles, et nous les offraient en riant.

Je dis à Duval : La nature ici a favorisé les peuples les plus simples de jouissances supérieures à celles des peuples les plus civilisés ; elle leur a donné du pain dans des patates, elle a placé leur vin au sommet de leurs lataniers, et mis leurs vêtements sur des arbres à coton; leur lait, leur beurre, leur huile, se trouvent dans des cocos, le sucre dans un roseau, la poudre d'or dans le sable de leurs ruisseaux, et l'ambre gris sur leurs rivages. Ils n'ont besoin ni de notre agriculture, ni de notre superflu; ils passent les jours et les nuits à danser et à se réjouir au sein de l'abondance.

Cependant le capitaine ayant envoyé à terre la chaloupe et la yole pour y faire cueillir des citrons et des cocos, elles revinrent vers minuit, sans avoir pu découvrir un seul endroit où il fût possible de mettre pied à terre.

Ce marin, qui avait eu sans doute la pensée de se rendre maître de la petite flottille des nègres, résolut de se venger de sa mésaventure, et du refus qu'ils avaient fait de nous découvrir une anse propre à débarquer. Le jour commençait à paraître, lorsqu'il fit tirer les canons de l'arrière sur un bois de cocotiers qui n'était pas à un demi-quart de lieue de nous. Notre pilote, qui venait de se lever au bruit de notre artillerie, courut chez le capitaine, et lui représenta le danger d'une pareille action. Si vous continuez à faire canonner ces bonnes gens qui nous ont si bien reçus, lui dit-il, il sortira des ports de Fez et de Salé des galères qui viendront, avant trois jours, donner la chasse à notre vaisseau. Ces mots adoucirent le capitaine ; il donna aussitôt des ordres, on leva les ancres, et nous appareillâmes. Je fus très-affligé d'une conduite si barbare ; et, comme Duval s'était jeté dans la yole pour aller sonder le canal où nous devions passer, je lui demandai à m'embarquer avec lui pour me distraire, et fortifier un peu ma santé en changeant d'air. Duval se porta en avant sur une île que nous devions côtoyer. Il m'y fit débarquer avec lui, et planta sur la pointe la plus avancée un petit drapeau blanc, pour servir de direction au vaisseau. Tout d'un coup, un grand homme, déjà sur l'âge, sortit d'un bois, et s'avança vers nous ; il était entouré d'une pièce de coton bleu, et portait, d'une main, une feuille de latanier qui lui ombrageait la tête, et de l'autre, un bâton qui l'aidait à marcher. Il nous aborda, et après nous avoir salués, il nous dit de n'être pas étonnés de trouver un homme blanc sur ces bords. Je suis né en Suède, je m'appelle Vustrum ; j'exerçais la profession de médecin ; la révolution française m'attira à Paris, où je fis paraître quelques écrits sur l'agriculture, sur les finances et le commerce ; mais ils irritèrent contre moi tous les gens à systèmes ; et leur fureur devint si grande, que j'aurais été leur première victime sans le secours de quelques amis. Échappé à ce péril, je rassemblai au plus vite les débris de mon patrimoine ; je quittai la France, et m'embarquai à

Hambourg pour les îles du Cap-Vert, où je trouvai un peuple simple et innocent, qui m'accueillit comme un ami du genre humain.

Je résolus, en reconnaissance de son hospitalité, de lui inspirer le goût du travail, quoiqu'il n'en eût aucun besoin. A mon exemple, les noirs cultivèrent d'abord quelques arpents de tabac, qu'ils aiment beaucoup, de l'indigo du plus beau violet, et quelques légumes de l'Europe, dont j'avais apporté les graines. Ils ne voulaient point d'argent; mais je payais leur récolte avec des mouchoirs des Indes du plus beau rouge. Ils étaient mes fermiers; et pendant quatre ans je fus le plus heureux des hommes, lorsqu'un jour j'aperçus plusieurs vaisseaux, que je crus d'abord commandés par des Anglais. Ils abordèrent auprès de mon habitation, et je vis avec surprise une troupe de brigands armés, qui se mirent à dévaster mes magasins et à couper toutes mes plantations. Je m'étais caché dans les bois; mais, ayant entendu plusieurs gens de l'équipage parler français, je repris courage, et, m'adressant à leur commandant, j'appris qu'il avait ordre du gouvernement même de détruire tous les établissements anglais. Il parut très-fâché de sa méprise, et me fit présent de quelques bouteilles d'eau-de-vie; mais je n'en étais pas moins ruiné. Je résolus donc de ne plus donner désormais aucune prise à la fortune; je me retirai dans ce petit îlot, où les tortues et les cocotiers suffisent à mes besoins ; un peu de coton que j'épluche de temps en temps suffit à mes vêtements. J'ai été témoin de la barbarie que votre vaisseau a exercée, ce matin, contre les insulaires mes bons voisins; cependant mon amour pour mes semblables ne m'a point abandonné : lorsque je vous ai vu attacher votre signal sur le cap de cet îlot, j'ai jugé que vous couriez le plus grand danger, car ce courant, qui vous a séduits, n'est qu'un contre-courant. Il faut que votre vaisseau porte, en levant ses ancres, sud-sud-ouest, pendant une bonne heure; ensuite, en tirant une seconde bordée au sud, il sortira par ce débouché, à travers ces îlots, du courant véritable, qui porte à l'est pendant six mois. Ainsi parla cet étranger. Duval le remercia du service qu'il venait de nous rendre, et lui offrit tout ce qui dépendait de lui dans l'Inde ou en Europe. Non, dit-il, je ne veux plus rien de l'ancien ni du nouveau Monde. Il nous quitta en disant ces mots, et disparut bientôt à travers les arbres de la forêt. . . . .

. . . .
. . . .
. . . .

«Il y a ici une lacune considérable dans le ma-
» nuscrit. Cette partie de l'Amazone comprenait
» le récit de la navigation de l'auteur, des rives
» de l'Afrique à celles de l'Amérique. C'est donc

» près de l'embouchure de l'Amazone que nous
» allons le retrouver. »

On respirait à peine, tant la chaleur était grande : assis sur le cabestan, je voyais les flots couverts de végétaux d'un vert de Brésil; ils paraissaient venir de l'occident. Des oiseaux de terre et une foule d'oiseaux de marine apparaissaient au milieu de cet océan de verdure, que le courant entraînait vers l'orient. Tous ces indices me faisaient soupçonner que nous dérivions vers quelques terres inconnues; je résolus de m'adresser à Duval, pour m'en éclaircir. Précisément il venait à moi, une carte à la main; son visage était troublé : Je viens, me dit-il, d'avoir une querelle fort vive avec notre capitaine. Suivant sa coutume, il fumait sa pipe; un mathématicien était auprès de lui, occupé à pointer une carte de l'Atlantique; je ne lui ai pas dissimulé qu'à force de changer la route du vaisseau, il l'avait mis dans une dangereuse position; que loin de pouvoir aborder au Brésil, comme il l'avait désiré, nous étions à l'embouchure de l'Amazone, d'où il était impossible de nous éloigner, sur-tout si l'orage qui se préparait venait à souffler de l'est. Vous pouvez, vous-même, ai-je ajouté, reconnaître d'ici tous les signes qui annoncent les attérages de l'Amazone. Le capitaine étant hors d'état de me répondre, le

mathématicien a pris la parole et m'a dit : Monsieur le pilote, votre système s'éloigne de celui de Newton ; il est sûr que le mouvement de rotation de la terre entraîne l'Atlantique vers le Brésil ; et, par conséquent, le courant de l'Amazone porte vers le sud, jusqu'à quarante lieues du rivage : ainsi, au lieu de nous contrarier, il doit nous être favorable. J'ai compulsé plusieurs journaux des vaisseaux du roi, qui tous attestent la même chose ; il y a peut-être des exemples contraires, mais c'est l'effet de quelque tempête ou de quelque tremblement de terre. Monsieur, lui ai-je répondu, la rotation de la terre n'entraîne pas plus les eaux de l'Océan au sud-ouest, que cette rotation n'entraîne les arbres de nos forêts vers ce même point. Mais, s'il faut en croire les observations de plusieurs vaisseaux de la compagnie des Indes, qui ne partent qu'en été, les courants du pôle nord, qui règnent dans cette saison, les ont entraînés vers le sud. Quant à nous qui sommes partis en hiver, je ne doute pas que les courants du pôle sud ne produisent un effet opposé, en nous repoussant vers le nord. Le mathématicien me répondit simplement : Cela est calculé. Le capitaine a répété : Cela est calculé ; et je me suis retiré sans pouvoir obtenir d'autre réponse. . . . .
. . . .

Il était nuit, lorsque je fus réveillé par un éclat de la foudre; un moment après, un deuxième coup se fit entendre, et tomba sur le mât de misaine : dans l'instant toutes ses voiles furent enflammées, et, comme je couchais au pied, je n'eus que le temps de sortir de mon trou, à l'aide de Samson. Je me mis sur le cabestan, et j'aperçus dans le vaisseau la plus grande confusion ; le feu avait pris à la chambre commune. Déjà le vent, qui soufflait de l'avant, poussait la flamme en arrière, et menaçait d'embraser toute notre voilure, et de rendre l'incendie universel, lorsque Duval s'étant remis au gouvernail, manœuvra si habilement, qu'il força le vaisseau d'arriver vent arrière, ce qui empêchait la flamme de s'étendre davantage. Cependant la tempête devenait de plus en plus furieuse. Au milieu de ce désordre, Samson songeait à notre salut : ayant frappé un coup de sa hache sur la tige du mât de beaupré, il le força de se rompre, et le fit tomber à tribord avec toute sa voilure ; puis, sautant dans la mer, il lia ses vergues avec ses cordages, et en fit un radeau qu'il attacha au vaisseau : sa femme et son enfant y descendirent aussitôt ; il m'engagea à les suivre, et nous ayant tous attachés avec des cordes, il s'éloigna du vaisseau, contre lequel les vagues menaçaient à chaque instant de nous briser. Alors la marée qui remontait l'Amazone, nous fit aller en dérive dans le fleuve, et nous vîmes le spectacle le plus affreux que l'imagination puisse concevoir. Le capitaine avait fait mettre le canot à la mer, et on y avait jeté les caisses de piastres, dont il s'était emparé, à l'aide de quelques convives qui avaient pris les armes. Cependant le financier faisait de vains efforts pour les rejoindre; il poussait des cris affreux en se voyant si indignement dépouillé et abandonné par ces hommes perfides, qui s'éloignaient, en toute hâte, avec son or, à la lueur de l'incendie qui allait lui-même le dévorer. Je vis le vertueux Duval à son gouvernail, environné de flammes : il ne songeait plus à sauver le vaisseau; mais il voulait mourir à son poste. Son sort m'émut vivement; mes yeux, obscurcis par les larmes, cherchaient toujours à le suivre : la marée, qui venait avec une extrême rapidité, me le fit bientôt perdre de vue. Nous n'apercevions plus qu'un tourbillon de flammes, lorsqu'une explosion terrible se fit entendre. Hélas! ce pauvre Duval, si simple, si modeste, si vertueux, était perdu pour jamais! Ainsi les gens de bien éprouvent, sur la terre, les maux destinés aux méchants.

Il était né dans une île de la mer Baltique dont tous les habitants sont d'excellents marins. Il s'honorait d'avoir reçu le jour dans cette zone qui a donné naissance à trois grands astronomes, Copernic, Tycho-Brahé et Herschell. Son projet, après cette campagne, était de se retirer dans sa patrie pour y vivre en repos, ou bien à Genève, où il avait des parents, et où l'on pouvait, disait-il, penser librement. Je sentais vivement le regret de sa perte : il avait été mon ami, quand je croyais n'en plus en avoir ; et maintenant je me trouvais dans le plus triste abandon, au milieu d'une mer inconnue, sur un misérable radeau conduit par un malheureux noir.

Cependant Samson, sans inquiétude sur le présent comme sur le passé, s'occupait à faire un hameçon avec un clou : il en piqua la pointe dans sa chair, et l'ayant frotté de son sang pour servir d'appât, il le jeta à la mer au bout d'une forte ficelle. A peine y était-il tombé, qu'il fut avalé par un gros poisson, que Samson tira, et qu'il divisa, avec sa hache, en cinq parts. Il donna d'abord la tête à son chien, et distribua à sa femme, à son enfant et à moi les trois autres parts, se réservant la cinquième. Comme il vit que je m'étonnais de ce qu'il commençait la distribution par son chien, il me dit : Si lui n'avoir pas à manger, lui devenir enragé et mordre nous. J'applaudis en moi-même au bon sens de Samson. En effet, la justice envers nos serviteurs, hommes ou bêtes, est charité pour nous : les hommes nous volent, et les chiens nous mordent. Mes convives se jetèrent, comme des oiseaux de proie, sur leur portion de poisson cru ; mais ce fut en vain que je voulus goûter à la mienne. Je sentais bien que c'était un préjugé de mon éducation; car j'avais mangé avec plaisir des huîtres et des oursins de mer, des harengs pecs et de la morue salée; mais je n'avais jamais mangé de poisson cru d'une certaine grosseur. Samson, voyant mon embarras, alluma du feu en frottant deux éclats de bois l'un contre l'autre, et se prépara à me faire des grillades. Pendant ce temps, sa femme puisa de l'eau dans sa main pour désaltérer son enfant; mais elle la rejeta en faisant la grimace : en effet elle était salée; ce qui m'aurait fait douter que nous fussions entrés dans le fleuve, si dans l'instant même, nous n'eussions entendu, au milieu des coups répétés du tonnerre, un bruit encore plus affreux venant de l'orient. Nous aperçûmes en même temps une lame d'eau qui s'étendait à perte de vue du nord au sud, et se roulait sur elle-même en se brisant en écume : sa hauteur était si prodigieuse, que les barres qui, dans les grandes marées, repoussent la Seine et les autres fleuves de l'Europe vers leurs sources, n'en donnent qu'une bien faible idée. Celle-ci venait avec le courant du fleuve le plus grand du monde, et c'était un effet de la fonte des glaces des Cordilières, qui se dirigeaient vers l'Océan, et luttaient victorieusement avec les eaux de ses marées, qu'elles repoussent jusqu'à quarante lieues de son embouchure. Les Indiens l'appellent *Précoraca*. Cette lame est double, et les deux moitiés se suivent de très-près : la première, qui me parut haute comme une montagne, plongea tout l'avant de notre radeau au fond du fleuve ; et la seconde acheva de l'enfoncer tout entier, de manière que je crus un moment que je ne reviendrais jamais à la surface. Bien nous en prit que le bon Samson nous eût tous attachés aux pièces de bois qui composaient le radeau : il n'y eut d'enlevé que mon déjeuner ; nous revînmes en moins d'une demi-minute au-dessus de ce courant, si rapide que le meilleur coursier ne pourrait l'atteindre. Je n'ai jamais passé de la vie à la mort et de la mort à la vie en aussi peu de temps ; c'était en effet notre dernier coup de grace : quand le malheur est à son comble, le bonheur n'est pas loin. Et c'est avec raison que les Orientaux disent dans leur style figuré : Le plus étroit du défilé est à l'entrée de la plaine.

Peu de temps après le passage du *Précoraca*, le vent tomba, et le soleil reparut. Alors Samson s'occupa du soin de faire un petit mât, et de l'assujettir avec des cordes ; il y attacha une partie de son linge et de celui de sa famille, pour le faire sécher. Cette manœuvre fut fort utile : d'abord nous vîmes que cette petite voilure nous pouvait servir pour faire mouvoir à notre gré le radeau ; car nous étions dans une position à craindre d'être tantôt poussés vers l'Océan par le cours de l'Amazone, tantôt rejetés dans l'Amazone par les marées de l'Océan. Mais cette voile nous sauva, car Samson étant monté en haut du mât, pour éprouver sa solidité, vit à l'horizon deux petites voiles latines, et en même temps, il se mit à crier et à demander du secours. Les sauvages ayant aperçu, de leur côté, les chemises attachées à notre mât, se dirigèrent vers nous, et nous découvrîmes bientôt leur pirogue à l'horizon, sillonnant la mer avec une vitesse égale à celle d'une hirondelle; je ne dirai point à celle d'un aigle, car cet oiseau de proie solitaire n'aime que le carnage; et quelque éloge que les poëtes lui aient donné pour plaire aux conquérants, je trouve que l'hirondelle lui est bien supérieure, parce qu'elle est plus utile aux hommes. Elle réjouit les chaumières par les chants les plus doux, et détruit les insectes, ennemis des moissons; elle annonce le retour des beaux jours et du printemps, et ne demande à l'homme que le repos, sans jamais lui être à charge; enfin, elle charme même les yeux, lorsque se jouant les unes avec les autres, elles s'amusent à tracer de grands cercles, et exécutent un ballet au milieu des airs. Une heure après, nous aperçûmes distinctement la pirogue avec ses deux voiles latines; nous comptâmes quatre hommes, avec deux femmes et trois enfants. C'étaient, en effet, des sauvages; ils étaient presque nus, avec une ceinture autour des reins, et un chapeau de jonc sur la tête. Ils hésitèrent d'abord, et tournèrent quelque temps autour de nous ; mais ayant vu que nous étions dénués absolument de tout, ils ne balancèrent plus ; ils s'approchèrent sous le vent, et nous jetèrent une corde au moyen de laquelle nous entrâmes dans leur pirogue. Le premier qui y mit le pied, fut Samson portant, d'une main, sa femme et son enfant, et de l'autre, m'aidant à marcher. A la vue de cet Hercule noir, les femmes et les enfants des sauvages me parurent frappés d'épouvante ; mais les hommes s'étant levés, saisirent leurs lances, prêts à se défendre ; bientôt ils se mirent tous à rire avec un tel excès, que leurs bouches, qu'ils ont naturellement très-grandes, allaient jusqu'aux oreilles, et qu'on leur voyait jusqu'au fond du gosier. Quand ils eurent bien ri, ils nous firent asseoir, et nous offrirent de l'eau douce et des calebasses ; ils y joignirent des patates cuites sous la cendre, et un tronçon de tortue rôti sur des charbons : de ma vie, je n'ai mangé rien d'aussi exquis. Je me rappelai alors que les navigateurs européens vantent l'excellence des tortues de l'Amazone, dont les Espagnols s'interdisent l'usage, je ne sais par quelle politique ou par quelle superstition. Dès que notre repas fut fini, les rires de nos sauvages recommencèrent à nos dépens, sans que nous en pussions comprendre le sujet.

Cependant, notre pirogue, favorisée du vent,

remontait l'Amazone avec la vitesse d'un poisson. La partie inférieure était d'un seul tronc d'arbre de près de quarante-cinq pieds de longueur, un peu creusé et terminé en pointe par les deux bouts ; deux planches qui se réunissaient à la proue et à la poupe, étaient cousues avec des écorces de rotin enduites de résine. Cette pirogue n'avait point de gouvernail ; mais deux hommes, l'un à la poupe, l'autre à la proue, la conduisaient habilement avec des pagaies. La solidité de sa carène, qui était d'une seule pièce, ne lui laissait point à craindre de s'échouer, même sur les rochers. Quant aux voiles, elles étaient de coton, et se manœuvraient avec la plus grande facilité. J'admirai l'industrie de ces hommes, que nous appelons sauvages, qui avaient inventé la plus commode des embarcations, en réunissant les ailes d'un oiseau au corps d'un poisson. Le vent était fort léger, et nous remontions un fleuve, dont les courants sont très-rapides, à travers une multitude d'îles naissantes, qui ne sont encore que des bancs de vase et des écueils. Cependant, nous ne faisions pas moins de cinq lieues à l'heure ; quoiqu'il y eût un obstacle à la rapidité de notre course : c'étaient deux lignes garnies d'hameçons, que les sauvages laissaient à la traîne, de manière qu'il ne se passait pas d'heure où nous ne prissions quelques poissons. Quant à Samson, il n'était pas gai comme ces bons Indiens, mais il n'était pas triste comme moi ; le passé ni l'avenir ne le troublaient jamais ; il n'était occupé que du présent. Il avait avec lui tout ce qui pouvait lui plaire, sa femme, son enfant, son chien, et il les voyait tous heureux.

Jusqu'ici les sauvages avaient conduit heureusement leur barque au travers d'un archipel d'écueils, lorsqu'ils parvinrent au pied d'un rocher immense qui, sans doute, leur servait de lieu de relâche. Il n'y avait ni port ni rade, qui pût les mettre à couvert de la tempête qui nous menaçait pour la seconde fois. Ce fut sur le rocher lui-même qu'ils cherchèrent un abri. D'abord ils s'échouèrent sur un rivage couvert d'une vase si profonde, que Samson ayant voulu la sonder, y enfonça une perche de quinze pieds de long. Les sauvages se mirent à rire, suivant leur coutume, puis ils posèrent sur la vase deux larges planches, sur lesquelles ils placèrent deux rouleaux, et ayant fait glisser la pirogue, elle parvint ainsi sur la partie ferme du rivage. Ce fut là que Samson leur montra ce qu'il savait faire ; car ayant pris à son tour la pirogue par son avant, il la traîna seul jusqu'au sommet du rocher, qui avait au moins trente pieds d'élévation ; il était couronné par cinq ou six tamarins, dont les feuilles venaient de se refermer, car il était nuit.

Les sauvages se mirent aussitôt à chanter et à danser, en cueillant de leurs fruits, dont ils préparèrent une espèce de limonade. La lune, dans son plein, éclairait ces lieux, et j'aperçus une flaque d'eau auprès de ces beaux arbres; elle était fort claire. Mais quelle fut ma surprise en voyant ma triste figure et mes habits couverts de terre! Alors venant à penser à la gaieté excessive des sauvages, lorsqu'ils me regardaient, je crus en avoir deviné la raison, et je ne balançai pas à me dépouiller et à me jeter au milieu de l'eau. Cependant, Samson et sa famille arrivèrent sur le bord de cette source, dans la même intention; il chargea sa femme de prendre soin de mon linge, et, après nous être baignés à l'écart, nous reprîmes nos vêtements qui étaient secs, et nous rejoignîmes les sauvages, occupés à préparer deux gros poissons et des patates pour notre souper. Mais prévoyant un furieux orage, ils cherchèrent à se procurer un abri en renversant la pirogue. Samson les aida à mettre sa carène en haut; ils allumèrent ensuite du feu, et nous nous réfugiâmes tous sous ce toit, avec de la lumière, pour y faire un repas à la romaine, couchés sur les toiles de nos voiles en guise de lit. Ce souper fut fort gai pour moi; le bien-être dont je jouissais après le bain, l'abondance et la bonté de nos vivres, rétablissaient sensiblement mes forces. Je sentis se dissiper mes inquiétudes, car, suivant ma malheureuse coutume, j'empoisonnais toujours le bonheur présent par les regrets du passé et par les craintes de l'avenir. Je m'étais d'abord figuré que ces sauvages, si hospitaliers, étaient des anthropophages ; quant au bon Samson, qui n'avait reçu son éducation que de la nature, rien de semblable ne troublait son intelligence : il voyait la chose telle qu'elle était, et toujours sans illusion. Bien nous en prit de son sang-froid, car à peine commencions-nous à nous endormir, qu'un orage affreux vint fondre sur notre pirogue ; jamais peut-être elle n'avait couru un si grand danger : nous respirions l'air par-dessus son bord ; mais le vent était si violent que, s'y étant introduit, il la souleva d'un côté, et nous crûmes un moment qu'elle allait retomber sur sa carène. Il n'y a pas de doute qu'elle n'eût été précipitée du haut du rocher dans le fleuve, dont les flots s'élevaient jusqu'à nous, si Samson n'avait eu le temps de saisir un de ses cordages, et de le fixer en terre avec de fortes chevilles de bois. Cette précaution prise, nous passâmes la nuit dans un profond sommeil, malgré le bruit épouvantable de la pluie et du tonnerre.

Le lendemain, le beau temps reparut avec le jour ; nos sauvages levèrent les mains vers le soleil en chantant et en dansant : l'orage, le danger, tout était oublié. Ils retournèrent ensuite leur pirogue, et la descendirent dans le fleuve. En approchant de ses bords, notre vue fut frappée de l'aspect d'une quantité prodigieuse d'oiseaux marins de toutes les formes, que le coup de vent de la nuit avait noyés et rejetés sur le rivage. Je me rappelai alors avoir ouï raconter un événement semblable au fameux peintre Vernet. Ce qu'il y a de singulier, c'est qu'aucun poisson n'avait été victime de la tempête, quoique, dans les mers du Nord, il y ait souvent des cachalots, et même des baleines, qui s'échouent et périssent sur le rivage.

Nous nous rembarquâmes; les sauvages dressèrent leurs voiles; et, sur les dix heures, nous sortîmes de ce labyrinthe d'écueils : la seule différence que j'y remarquai, c'est que les mangliers qui les bordaient étaient habités par des oiseaux du plus joli plumage. Ces espèces d'arbres flottants sont composés de troncs et de branchages de la grosseur du bras et de la longueur d'un homme, dont les racines plongent dans la vase, et dont la tête est couverte d'un petit bouquet de feuilles. Il est évident que ces forêts marines sont destinées à préserver de la tempête le bord des îles. Une partie de ces mangliers étaient garnis d'huîtres excellentes; nos sauvages en recueillirent abondamment. Cependant le paysage s'embellissait. Peu-à-peu, les écueils se changeaient en îles d'une grande étendue, et du milieu de leurs mangliers s'élevaient çà et là de grands bouquets de palmes. Nos sauvages étaient obligés, tantôt de se servir de leurs pagaies, tantôt de leurs perches ; enfin l'eau vint à manquer ; alors Samson ayant choisi les plus fortes de ces perches, les appuya sur ses deux épaules, et, marchant courbé de l'avant à l'arrière de notre barque, il la força d'avancer à travers les fonds, et à naviguer jusque sur la terre. Cet exercice, qui nous étonnait tous, dura environ une heure ; c'est-à-dire, jusqu'au moment où nous aperçûmes une multitude de palmiers, au milieu de ces plaines marécageuses. A leur aspect, les sauvages donnèrent des marques d'une joie excessive, et comme alors la marée vint tout inonder, ils hissèrent leurs voiles ; la pirogue se mit à voguer, et nous nous reposâmes.

Le vent nous était si favorable, qu'en moins d'une heure et demie nous arrivâmes à cette forêt ; ce n'étaient ni des dattiers, ni des cocotiers, ni des tamarins, ni des palmiers, du moins de ceux que j'ai vus dans mes voyages ; c'étaient des arbres à-peu-près de vingt pieds de haut, portant des fruits dorés de la grosseur d'une prune. Au pied de ces arbres, étaient amarrées plusieurs pirogues semblables à la nôtre. C'était vers le coucher du soleil ; ses feux qui se réfléchissaient dans ces eaux tranquilles, faisaient de ce paysage un lieu charmant. On eût dit que les arbres étaient dans l'eau, et les pirogues dans des nuées d'azur. Dès que les sauvages purent se faire entendre, ils jetèrent un grand cri ; aussitôt nous vîmes sortir de ces beaux feuillages un millier de têtes d'hommes, de femmes, d'enfants, qui leur répondirent aussi par des cris. Je ne pus m'empêcher de rire à ce spectacle, ainsi que Samson, sa femme et son enfant. Il est impossible de se figurer l'étonnement qui parut sur le visage de tous les habitants des arbres, quand ils aperçurent la famille de ce noir : ils n'avaient sans doute jamais vu d'hommes de sa couleur ni de sa taille.

Le premier sauvage qui descendit de son arbre, était un vieillard ; il se servit d'une échelle de corde, qu'il posa dans notre pirogue, où étant parvenu, il fit un assez long discours à Samson, en l'accompagnant de gestes pour l'inviter à le suivre. A peine eut-il fini sa harangue, qu'il reprit le chemin de son palmier. Samson le comprit à merveille ; il prit sa femme et son enfant sous un de ses bras, et, s'aidant de l'autre, au bout de quelques minutes il disparut dans le feuillage : les palmiers voisins en tremblèrent. Je me préparais à le suivre, lorsque son énorme chien, le voyant parti, me devança en aboyant, et, s'aidant de ses pates et de sa gueule, il vint à bout de grimper après lui. Pour moi, je fus vraiment étonné de l'instinct de cet animal, et de son attachement pour son maître ; mais je ne le fus pas du tout de la préférence que des peuples simples donnaient à un homme presque sauvage, sur un homme soi-disant civilisé. J'étais très-faible, et je n'avais point du tout le pied marin; cependant il fallait aussi me hasarder à monter : j'en vins heureusement à bout, à l'aide de Samson qui me tendait la main. Mon embarras fut encore un sujet d'éclat de rire. J'entrai, par une espèce de trappe, dans une salle assez grande, formée par la cime entrelacée de cinq ou six palmiers; le plancher était fait d'une très-grande natte de leurs feuilles sèches, si forte, si bien tissue, qu'il était impossible qu'aucun poids passât au travers; une seconde natte, plus fine et plus légère, servait de toit; on y avait ménagé des ouvertures suffisantes pour la lumière; ces ouvertures étaient fermées avec la nacre de l'huître perlière. Quelques-unes de ces écailles avaient plus d'un pied de large, elles donnaient une lumière agréable, mêlée de vert et de couleur de rose; les lits étaient des hamacs de coton; il n'y avait point de chaise. Cette grande cage était remplie de monde; j'y distinguai dans un coin le vieillard qui avait été au-devant de nous; il se leva à mon arrivée, et m'invita à m'asseoir à sa gauche; mais il me fut impossible d'en venir à bout, tant mes jarrets étaient roides. Aussitôt plusieurs femmes me donnèrent de larges coussins, où je me trouvai fort à mon aise.

A peine étions-nous en repos, que des femmes nous présentèrent des calebasses remplies d'une liqueur très-agréable, avec des fruits de ces mêmes palmiers; elles y joignirent des morceaux de poissons grillés sur le charbon. Bientôt on apporta des lampes formées de cocos, et le salon prit un autre aspect. Le premier effet de ces lumières, fut de faire chanter plusieurs oiseaux nichés dans les feuilles. Le lever de la lune, qui ne tarda pas, produisit le même effet dans les environs. La nature a placé ici des oiseaux qui chantent, comme notre rossignol, à différentes phases de l'astre du jour, et de celui de la nuit. Je jugeai par ces chants lointains, qu'il y avait aux alentours un grand nombre d'habitations semblables à celle où j'étais, et de laquelle partaient, d'ailleurs, plusieurs chemins nattés, qui correspondaient sans doute à ces habitations voisines. J'étais si étonné de voir ces hommes amphibies, qui vivent à-la-fois sur l'eau et dans les airs, que je ne pouvais en croire mes yeux. Je me souvenais bien d'avoir lu dans Pline que des hommes vivaient ainsi; mais ce naturaliste ne pouvait parler des sauvages de l'Amérique. Cependant, je vins à me rappeler que plusieurs voyageurs modernes en parlent. Le père Gumilla, jésuite missionnaire espagnol, avait connu un peuple semblable sur les bords de l'Orénoque. Ce peuple, dit-il, loge dans le feuillage du palmier, dont les fruits, les feuilles et le tronc servent à tous ses besoins. Il parle encore d'un autre peuple qui vit dans les mêmes lieux, et dont les mœurs sont opposées. Il raconte, à ce sujet, qu'une nuit il fut éveillé par des sons si lamentables, que les larmes lui en vinrent aux yeux : c'était l'arrivée, en canots, d'un peuple à qui il donna le nom de *pleureur*, et qui ne voyage jamais que la nuit, comme les *rieurs* ne voyagent jamais que le jour. Il observa que ces cris lugubres provenaient de longues trompettes, renflées dans sept ou huit endroits, dont le son remplissait l'ame de terreur.

J'éprouvai bientôt, moi-même, la vérité de ce récit; car le second jour de mon arrivée, je fus réveillé vers minuit par un bruit effroyable, dont le premier effet fut de mettre en fuite tous les oiseaux nichés dans le feuillage de nos palmiers. Aussitôt je mis la tête à la fenêtre, et je vis avec horreur, à la clarté de la lune, une multitude de canots, qui descendaient le fleuve, couverts de spectres et de fantômes, armés chacun de la trompette infernale; de temps en temps ils suspendaient leur abominable concert, et les principaux d'entre eux faisaient entendre des cris et des vociférations inintelligibles. A ce bruit, nos sauvages descendirent dans leurs pirogues, armés de lances; ils s'avancèrent au-devant des pleureurs, et les forcèrent de prendre la fuite. Plusieurs des fugitifs jetèrent leurs masques et leurs trompettes ; d'autres parcoururent les nouvelles colonies, n'ayant d'autre but que de tirer des vivres de ceux qu'ils effrayaient, et de passer ainsi leur vie sans travailler.

Au retour de cette expédition, comme le jour paraissait, les rieurs remontèrent dans leurs palmiers, et on entendit sortir, de leurs différents bosquets, des chants fort agréables. Après cet acte, à-la-fois religieux et militaire, ils firent un grand repas, suivi de danses. Il faut avouer que Samson fut d'un grand secours à nos hôtes : sa taille gigantesque, sa couleur noire, sa hache brillante, son énorme chien qui le suivait par-tout la gueule béante, jetèrent d'abord l'effroi parmi les pleureurs, et ne contribuèrent pas peu à leur déroute. Aussi, fut-il traité avec toutes sortes de distinctions ; les femmes surtout s'empressaient autour de lui ; elles frottaient ses mains avec de l'eau tiède, croyant que la couleur noire de sa peau était factice ; elles en faisaient autant à son enfant ; mais leurs soins étant superflus, elles se mettaient à éclater de rire.

Quoique ces bons sauvages nous reçussent avec toutes sortes d'amitiés, cependant je n'étais pas sans inquiétude. Faute de boussole et d'un quart de cercle, je ne pouvais déterminer le lieu où nous étions. Il me paraissait que nos sauvages n'avaient jamais eu aucune relation avec les Européens. Je ne voyais parmi les femmes, ni miroirs, ni aiguilles, ni ciseaux, etc. Leurs robes étaient de coton, bordées de petites coquilles, de couleur vive, semblables à celles des Maldives, que nous appelons porcelaines. Le plumage éclatant de plusieurs sortes d'oiseaux, leur servait de coiffure, et les duvets de plusieurs sortes de nids garnissaient les berceaux de leurs enfants. Quant aux hommes, je ne vis parmi eux aucun instrument de fer; leurs lances et leurs flèches étaient armées de dents de poissons; de gros buccins leur servaient de trompettes pour se rallier dans les combats. J'étais témoin que la mer, dans ces heureux parages, fournissait à chaque pas, en abondance, des aliments sans peine et sans travail. C'est sur ces bords que la Providence a placé sous la main de l'homme tout ce qui peut lui être utile. Je me souviens que la première nuit de mon arrivée, les femmes et les filles de notre habitation voulant nous régaler le lendemain, elles furent à la pêche; la nuit même, après le retour de la marée de l'Océan. Je ne dormais pas, et je regardais par la fenêtre, près de mon lit, ce groupe de femmes, pensant à la mienne et à mes enfants : bientôt elles furent dépouillées de leurs vêtements, se plongèrent tour-à-tour dans les ondes; et je les voyais en ressortir, tenant une langouste ou une téthys à la main. Elles en remplirent des corbeilles, qu'elles rapportèrent en chantant au pied de leurs palmiers. C'est bien avec raison que les poëtes ont dit que Vénus était sortie du sein de la mer.

Cependant, les sauvages me voyant toujours triste, me firent entendre par signes qu'ils allaient me ramener dans un pays peuplé d'hommes barbus comme moi; qu'ils partiraient le lendemain au lever du soleil, et que dans trois jours nous arriverions : circonstances qu'ils m'indiquèrent en me montrant le ciel vers le nord-est, et en m'en traçant trois fois la demi-circonférence.

Cette nouvelle m'inspira d'abord la plus grande joie : j'allais me trouver parmi des Européens. Mais quand j'eus parcouru la perspective de bonheur qu'elle me promettait, je retombai dans mes inquiétudes habituelles. Quels sont ces hommes barbus, me disais-je, qui sont allés s'établir à une si grande distance de la mer? Sont-ce des Espagnols ou des Portugais? Mais dans ce cas, nous eussions rencontré quelques-uns de leurs vaisseaux; d'ailleurs notre pirogue a navigué au nord, et ce ne peut être ni des Portugais ni des Espagnols. Ainsi mon imagination ne cessait de me tourmenter, et les souvenirs de mes lectures augmentaient encore mes incertitudes. Je me figurai que vers les lieux indiqués par les sauvages, il y avait plusieurs républiques; la première, celle des Paulistes, composée de brigands de toutes les nations, qui avaient trouvé le moyen de se donner des lois, malgré la discorde perpétuelle où ils vivaient entre eux et avec leurs voisins. Quel secours devais-je en attendre pour l'Europe, où à peine leur nom est connu? Quant à la république des jésuites au Paraguay, j'avais tout lieu de croire qu'elle avait été détruite par les rois d'Espagne et de Portugal, à qui elle faisait ombrage. Il ne me restait donc aucune espérance de ce coté. Enfin, je me souvins que j'avais ouï parler d'une troisième république à quelque distance de Surinam. Elle s'était formée d'esclaves noirs fugitifs qui avaient conquis leur liberté les armes à la main, et avaient forcé leurs anciens maîtres de reconnaître leur indépendance. C'était là que Samson avait fait ses premières armes; et si le sort l'y ramenait, il n'y avait pas de doute que je ne dusse tout attendre de son amitié. Cette dernière pensée soulagea mon ame; je résolus de m'en rapporter à cette Providence qui m'avait si bien conduit depuis que je m'étais abandonné à elle. Après ces réflexions, je m'endormis paisiblement.

Le lendemain, 27 décembre, je fus réveillé au soleil levant par le chant des oiseaux, et bientôt après j'entendis celui des sauvages. La marée était haute, ils s'occupaient à charger la pirogue de différentes provisions. Ce fut alors que nous descendîmes, et que nos hôtes, pénétrés de regrets de notre départ, se mirent à leurs fenêtres pour nous faire leurs derniers adieux. Cependant Samson ayant détaché les cordages qui retenaient la pirogue au rivage, nous hissâmes nos voiles, et en peu de temps nous perdîmes la vue de cet archipel d'îles plantées de palmiers marins, tantôt à sec, tantôt baignés des marées de l'Océan et de celles de l'Amazone. Nous quittâmes ainsi ce bon peuple, auquel on ne peut reprocher qu'un excès de gaieté. Pour moi, mes incertitudes me reprirent avec mes espérances. Je désirais et je craignais également d'arriver à une habitation européenne. Il ne me paraissait pas sûr d'aborder dans les colonies espagnoles, où je savais qu'on avait arrêté tous les Français, dans la crainte que la révolution qui embrasait la France, ne vînt à y pénétrer. Le Paraguay ne m'offrait pas un asyle plus assuré, quand même il y resterait encore quelques établissements de missionnaires, par l'attention que les jésuites avaient toujours eue de ne permettre à aucun voyageur européen de séjourner dans ce qu'ils appelaient leurs Rédemptions.

Pendant que mon esprit battait ainsi la campagne, Samson fumait sa pipe fort tranquillement. Cependant lui ayant fait entendre que je craignais qu'on ne nous menât à Surinam, il se mit à sourire. Puis empoignant de sa main droite le manche de sa hache, il la brandit en l'air ; ce que j'interprétai comme s'il m'eût dit : Voilà de quoi nous défendre. Nous ne tardâmes pas à entrer dans une vaste étendue d'eau que je pris pour la mer ; mais à la douceur de cette eau, qui n'avait rien de saumâtre, je me figurai que nous étions tout-à-fait dans l'Amazone. Nous nous dirigions toujours au nord-ouest, et notre pirogue allait comme le vent. Après avoir fait environ huit ou dix lieues, en moins de deux heures, nous aperçûmes devant nous à l'horizon, des îles naissantes ; leur terrain était beaucoup plus élevé que celui des îles que nous avions vues jusqu'alors ; c'étaient aussi d'autres arbres, dont les feuillages m'étaient inconnus. Nous passâmes au milieu d'un grand canal qui allait aboutir à un bassin semblable à un lac ou à une méditerranée ; quand nous l'eûmes traversé, nos sauvages jugèrent convenable d'échouer leur pirogue sur une des îles qui se trouvaient à l'entrée. La nuit venue, ils nous firent apercevoir deux feux à l'horizon, que je pris pour ceux d'un volcan. Alors nos sauvages se mirent à danser et à se réjouir, suivant leur coutume ; pour moi, je passai une nuit fort agitée.

A peine le jour commençait à paraître, que j'entendis le chant et le gazouillement d'une infinité d'oiseaux qui se dirigeaient dans l'intérieur des terres ; aussitôt les sauvages mirent leur pirogue à flot, et entrèrent dans le canal qui se présentait devant nous. Il était si large, que le vent ne nous quitta pas un instant; nous voguions au milieu, apercevant des rivages couverts de mangliers flottants, et de cacaotiers ; ici s'élevaient des gerbes sauvages de cannes à sucre ; là, des vanilles serpentaient à l'entour, et embaumaient l'air de parfums ; des arbres beaucoup plus élevés que ceux d'Europe, croissaient au-dessus de ces jardins de la nature, comme pour les mettre à l'abri des tempêtes. Autour de leurs énormes tiges circulaient des lianes qui retombaient en guirlandes et en festons. Ces admirables décorations se répétaient des deux côtés du canal, et formaient une route ouverte à perte de vue. Une multitude d'oiseaux animaient ce charmant paysage : là, des flamants couleur de rose, et des pélicans mélancoliques, étaient perchés sur leurs nids; plus haut, dans ces beaux feuillages, des tourterelles et des perroquets étincelants des plus vives couleurs, semblaient nous saluer par leurs chants et par leurs cris. Mais, à peine étions-nous entrés dans ce magnifique canal, qu'à droite et à gauche d'autres canaux, qui traversaient le nôtre, nous ouvrirent une multitude de perspectives immenses, qui laissaient voir autant de paysages reflétés par les eaux : nous nous imaginions voguer tantôt sur des fleurs sans les flétrir, tantôt au milieu d'une foule d'oiseaux sans les épouvanter...

Au bout de deux heures de cette délicieuse navigation, nous arrivâmes dans le voisinage de deux tours d'où partaient les feux que nous avions vus pendant la nuit ; elles étaient rondes, et surpassaient en hauteur les plus grands arbres de ces îles ; elles me parurent de marbre ou de granit de la plus riche couleur, veiné de blanc et de rouge ; chacune d'elles était bâtie à l'extrémité d'un môle de la même matière, sur lequel battaient sans cesse les eaux de l'Amazone ; au lieu d'être en talus, ces môles formaient une courbe tellement alongée, que les vagues du fleuve venaient doucement s'y amortir. Plusieurs rangs de degrés étaient taillés dans leur épaisseur, depuis leur surface jusqu'au bord de l'eau : on pouvait y descendre en sûreté, et porter ainsi du secours aux navigateurs naufragés. L'entrée du port, placée entre les deux tours, se fermait au moyen de deux portes perpendiculaires à écluse. D'un côté, elles roulaient sur des gonds de bronze ; de l'autre, elles étaient flottantes ; et venaient, en s'ouvrant, s'appuyer sur un rocher ; de grosses chaînes de fer, assurées par des cabestans, servaient à les ouvrir, car elles se fermaient d'elles-mêmes par l'effet du courant perpétuel qui sortait du port, où se déchargeait un fleuve.

Comme le poids de ce courant n'aurait pas tardé à les détruire, on avait soin qu'il y en eût toujours une ouverte, et c'était toujours celle par où le vent qui soufflait pouvait le moins pénétrer dans le port, afin que les vaisseaux y fussent le plus en sûreté possible. Quant au passage que laissait cette ouverture, il était intercepté par une chaîne de bambous, pour éviter toute surprise.

Dès que nous fûmes signalés du haut des tours, un fort joli yacht se présenta devant nous, et se mit en devoir de replogyer la chaîne de bambous pour nous ouvrir le passage ; ce fut l'affaire de quelques coups d'aviron. Ce petit vaisseau n'avait qu'un mât, il était monté de jeunes rameurs très-vigoureux, semblables à des tritons. Un jeune homme vêtu de blanc, d'une figure charmante, les commandait ; il sauta dans notre pirogue, et s'adressa d'abord aux sauvages, dont il entendait la langue. Pendant leur pourparler, j'admirai ce port, le plus beau que j'eusse vu de ma vie : sa forme est ronde, il a à-peu-près trois quarts de lieue de diamètre ; à droite et à gauche, régnait une longue suite d'arcades qui paraissaient renfermer des chantiers de construction ; en face, était un grand pont de deux arches, et des deux côtés, s'élevaient des corps de bâtiments et plusieurs habitations entremêlées de jardins. Quelques vaisseaux à l'ancre confondaient leurs mâts et leurs pavillons de toutes couleurs. J'étais dans le ravissement, lorsque ce beau jeune homme m'adressa la parole d'un air riant : d'abord il me parla hollandais, puis anglais ; alors pour le tirer d'embarras, je lui dis que j'étais Français, passager sur le vaisseau *l'Europe*, et que nous avions été incendiés à l'embouchure de l'Amazone. Mon père, reprit ce jeune homme d'un air attendri, j'espère que vous n'aurez point sujet de regretter votre patrie, vous êtes sur une terre hospitalière ; mais comme, suivant nos lois, il faut que tout étranger se présente à nos anciens avant de communiquer avec nos frères, je vais moi-même vous conduire devant eux. En me disant ces mots, il me baisa respectueusement la main, sauta dans son yacht, fit un signal, et aussitôt un bateau, tout-à-fait semblable au sien, sortit en roulant sur des cylindres, et vint le remplacer à son poste; pour lui, il fit route vers le principal corps de bâtiment, en remorquant notre pirogue.

Nous arrivâmes, en moins d'un quart d'heure, au pied d'un degré qui aboutissait à une vaste galerie ; on y bâtissait une fort belle galère, et un gros homme, la pipe à la main, en surveillait la construction. Ce hangar, soutenu par des colonnes, se prolongeait fort loin, et j'y comptai une trentaine de galères, prêtes à appareiller. Leurs voiles et leurs cordages étaient attachés sur leurs vergues et sur leurs mâts couchés sur les ponts. Il était fort aisé de les dresser, au moyen des poulies et des cabestans. Ces galères étaient posées sur des cylindres mobiles, l'arrière fort relevé, et la proue inclinée vers le port ; de sorte que, pour les en tirer ou pour les y mettre à flot, il suffisait de laisser agir leur propre poids. Il s'ensuivait que ces bâtiments, quand ils n'étaient pas de service, étaient toujours à sec, et qu'on y apercevait la plus petite voie d'eau.

J'admirai le génie des mathématiciens qui avaient disposé un si beau port, avec ces brise-mers et ces hangars de construction ; et je ne doutai pas que ce lieu ne fût un reste des Rédemptions du Paraguay, dont les jésuites avaient porté si loin la puissance. Je me confirmai bientôt dans cette nouvelle idée ; car, étant parvenus au bout de cette galerie, nous trouvâmes un vieillard vêtu d'une robe bleue : c'était le père de notre jeune conducteur. Son fils lui parla dans une langue que nous n'entendions pas ; après quoi, ce vieillard me dit : Il faut que vous soyez présenté à nos anciens ; mon fils vous y conduira après déjeuner ; faites-nous la grace de faire ce premier repas avec nous ; il nous portera bonheur. A peine avait-il dit ces mots, que les sons d'une flûte et d'un hautbois se firent entendre ; plusieurs portes s'ouvrirent dans la galerie, et nous en vîmes sortir une troupe de jeunes filles et de jeunes garçons, avec des femmes et des enfants. Les filles portaient sur leur tête, dans des paniers, des vases, des tasses, des coupes; d'autres tenaient des corbeilles remplies de pains, de fruits et de laitage. Elles s'approchèrent du vieillard en s'inclinant; pour lui, il les embrassa l'une après l'autre, d'un air riant; et, suivis de cette charmante famille, nous montâmes un grand escalier qui terminait la galerie, et qui nous conduisit dans un vaste salon, dont le milieu était occupé par une table de bois d'acajou. Tous les convives s'étant rangés autour de cette table, le vieillard fit une courte prière. Ce fut alors que je ne doutai plus que je ne fusse chez les peuples dont les jésuites avaient été les premiers législateurs. Après cette cérémonie religieuse, ce bon vieillard me fit asseoir auprès de lui, et les sauvages formèrent un cercle, assis sur le parquet du salon.

Ce spectacle à-la-fois touchant et extraordinaire, cet accueil plein de bonhomie et de simplicité, m'enhardirent au point que je me levai, mon bonnet à la main, persuadé que j'étais au Paraguay, et, m'adressant au maître de la maison, je lui dis : Seigneur laïque, je ne vous dirai point que si la fortune m'avait été favorable, je vous offrirais des présents; car je n'étais pas plus riche avant de m'embarquer que je ne le suis depuis mon naufrage : au défaut de la fortune, agréez donc l'hommage de ma reconnaissance, et ne différez pas d'un moment, pour moi, l'honneur d'être présenté aux révérends pères jésuites qui ont établi un si bel ordre. Brave étranger, me répondit-il, la méprise où vous êtes tombé, est bien pardonnable ; mais vous n'êtes point au Paraguay : vous êtes dans la république des Amis ; c'est un pays qui n'est guère connu des géographes de l'Europe. Personne n'est plus porté que nous à secourir les malheureux ; si nous agissions autrement, nous ne serions pas dignes du bonheur dont Dieu nous fait jouir sans interruption depuis près d'un siècle. Comme c'est mon fils qui est chargé de vous conduire à la forteresse, il profitera de ce voyage pour vous donner une idée de notre origine ; en attendant, buvons à votre heureuse arrivée et à celle de vos compagnons. A ces mots, trois jeunes filles et trois jeunes garçons se levèrent, une amphore à la main, et, faisant le tour de la table, versèrent à chacun de ceux qui y étaient assis des liqueurs délicieuses ; puis chaque convive leva sa coupe vers le ciel, en nous saluant.

Il y avait environ une demi-heure que nous étions à table, lorsqu'un jeune homme de l'équipage du yacht entra dans la salle ; il s'avança vers le jeune Bentinck Cook, et lui dit respectueusement : Mon capitaine, nous sommes à vos ordres. Nous allons vous suivre, répondit celui-ci. Alors, le père de famille se leva de table, et tout le monde le suivit, ainsi que nous. Nous reprîmes le chemin du port, et nous trouvâmes, au bas de l'escalier, plusieurs femmes, parmi lesquelles il y avait une jeune fille blonde de la plus grande beauté, et qui portait une couronne de fleurs. Elle s'adressa au jeune Bentinck Cook, et lui dit : Mon cousin, reviens ce soir; songe que c'est aujourd'hui la fête du soleil, viens la célébrer avec ta famille. Oui, je reviendrai, lui dit le jeune homme en souriant; mais laisse-moi finir l'année par une bonne action. Je ne te manquerai pas de parole. Donne-m'en un gage assuré, lui dit-elle. Alors il lui donna un baiser. Les sœurs de Cook l'applaudirent, et elles s'occupèrent à jeter dans la felouque des branches de mangliers et des rameaux d'orangers, de pamplemousses et de citronniers, tout chargés de leurs fleurs et de leurs fruits dans toutes les nuances de leur développement. Les gens de l'équipage formèrent ensuite de ces feuillages un berceau autour du tendelet de la chaloupe, dans laquelle nous entrâmes, après avoir fait nos adieux au bon vieillard qui nous avait si bien accueillis, et à toute sa famille. Enfin, le jeune Cook donna le signal du départ, et aussitôt nous passâmes comme un trait sous une des arches du pont, où la rivière, en se rétrécissant, formait un courant très-rapide.

Tout ce que je voyais confondait mon jugement; j'aurais désiré de me trouver chez les jésuites à qui j'avais dû en Europe les premiers éléments des belles-lettres; mais on venait de m'assurer que je n'étais point au Paraguay; et d'ailleurs, il n'y avait nulle apparence que les rois d'Espagne et de Portugal eussent laissé subsister un si beau monument de la sagesse humaine. L'idée me vint que je pouvais être chez les Paulistes, qui vivaient aux environs du Paraguay. A la vérité, c'étaient des brigands qui infestaient ces contrées, en piratant sur les lacs et les rivières de l'intérieur de l'Amérique; mais les Romains avaient commencé en Europe comme des voleurs, et cependant avaient formé une république digne de l'estime des sages. Heureux si leur politique n'avait pas été d'étendre leur empire sur les ruines du genre humain!

Tandis que je me livrais à ces réflexions, le cours de notre navigation nous avait fait entrer dans une forêt dont je ne pouvais me lasser d'admirer le ravissant spectacle. Ses arbres s'élevaient une fois aussi haut que nos plus grands arbres d'Europe, et formaient, au-dessus de nos têtes, une voûte de verdure; des lianes immenses s'élançaient dans leurs rameaux, les unissaient les uns aux autres, et retombaient de leurs sommets jusqu'à terre, formant ici des masses d'ombres épaisses, et là, laissant passer les rayons du soleil. Des nuées d'oiseaux, du jaune le plus brillant et du pourpre le plus magnifique, se jouaient dans le feuillage de ces beaux arbres ; des singes sautaient d'une branche à l'autre, en jetant des cris de joie. Enfin, tous les habitants de ce séjour enchanté étaient si peu farouches, que les cygnes et les flamants nous voyaient passer sans se déranger. La familiarité de ces oiseaux, naturellement sauvages, m'ôta tout-à-fait l'idée des Paulistes; car tout peuple brigand est chasseur.

Il y avait déjà plus d'une heure que nous naviguions à travers cette sombre forêt, lorsque je vis l'horizon s'éclaircir devant nous ; bientôt les arbres cessèrent de voiler le ciel, et nous découvrîmes une campagne immense, terminée par une haute montagne, dont la cime se perdait dans un groupe de nuages du plus vif éclat. Notre jeune capitaine fit alors dresser le mât et les voiles de la felouque, et distribua des rafraîchissements aux rameurs ; il chargea l'un d'entre eux du soin du gouvernail, puis il s'assit à côté de moi. Je peux, me dit-il, profiter maintenant sans inquiétude d'un vent favorable ; je vais vous entretenir de tout ce qui, dans ces lieux, a dû exciter votre curiosité. Ces belles campagnes qui s'ouvrent devant nous, remplies de toutes sortes de cultures ; ces grands massifs de l'ancienne forêt, disséminés çà et là pour les ombrager; ces jolies maisons, élevées en si grand nombre et sur des plans si divers; ce peuple immense répandu de tout côté ; cette forteresse que nous allons bientôt découvrir, sont l'ouvrage de quatre-vingts années au plus. Il n'y avait jadis ici qu'une forêt habitée par des tigres, des serpents et des crocodiles; aujourd'hui notre république compte déjà cent vingt mille habitants dans sa métropole ; trois ou quatre villes, élevées autour d'elle, en compteront chacune autant avant quelques années. Notre origine remonte au quaker Antoine Benezet, Français qui passa en Angleterre après la révocation de l'édit de Nantes. Il employa en actes de bienfaisance les débris de sa fortune ; son amour ne s'étendait pas seulement aux hommes de sa communion, mais au genre humain. Il parcourut d'abord plusieurs provinces de l'Angleterre, et fut touché du malheur de leurs habitants et du nombre prodigieux de misérables qu'il y rencontrait par-tout. Passant ensuite sur le continent, il y trouva les mêmes désordres, et de bien plus grands encore : il en conclut que la source de nos maux n'était point dans la nature, mais dans l'or et l'argent, qui sont les premiers mobiles des sociétés politiques ; il fut touché sur-tout du sort des malheureux noirs, si heureux en Afrique leur patrie, et réduits à l'esclavage en Amérique par les Européens toujours en guerre pour leurs colonies. Comme il vit que le café et le sucre faisaient le malheur des trois parties du monde, il résolut de porter ces deux plantes en Afrique; et d'engager les noirs à les cultiver. Ce voyage ne lui réussit pas ; il en avait fait une partie à pied, suivant sa coutume, portant avec lui les graines de différents végétaux, dont il enseignait l'usage et la culture ; mais n'ayant trouvé que des peuples insouciants, qui ne souhaitaient point ce qu'ils ne connaissaient pas, il revint à Londres.

Pendant le cours de ses voyages, il avait fait connaissance de plusieurs vertueux personnages, qui, pour la plupart, l'avaient suivi, et qui revinrent avec lui. Dans leurs réunions, qui étaient fréquentes, ils s'entretenaient des moyens de soulager les maux de l'espèce humaine, lorsque le hasard voulut qu'un capitaine de leur société, qui commandait un petit bâtiment, ayant fait voile vers le Brésil, disparut pendant quelque temps ; on le crut perdu, mais il revint à Londres deux ans après son départ. Jeté par la tempête fort avant dans l'Amazone, il avait erré long-temps au milieu de ce labyrinthe d'îles et d'écueils que vous avez parcouru ; enfin, il arriva au lieu même que nous traversons. Il ne put voir sans admiration la fertilité de la terre et la beauté de ces vastes forêts inhabitées ; et ayant défriché quelques terrains, il y sema différentes graines de l'Europe ; ensuite il chargea son petit vaisseau de cacao sauvage, de vanille, de bois d'ébène, et remit à la voile en recommandant le plus grand secret aux gens de son équipage. Arrivé à Londres, James, c'était le nom du capitaine, ne fit point part de sa découverte aux plus riches capitalistes de cette ville, mais à l'homme le plus vertueux; ce fut à Benezet. Celui-ci se hâta de convoquer ses principaux amis, dont James était un des plus anciens. Il y en avait de tous les pays, entre autres un médecin suédois, un constructeur hollandais, un ingénieur français, deux philosophes anglais, un espagnol échappé à l'inquisition, un brame indien qui existe encore parmi nous, et qui est âgé de plus de cent trente ans. Tous ces hommes et plusieurs autres étaient unis entre eux par les liens de l'amitié et de la vertu. Mes frères, leur dit Benezet, le capitaine James m'autorise à vous communiquer la découverte qu'il vient de faire d'une terre située sous l'équateur, et dont rien n'égale la fertilité : la nature l'a cachée dans un labyrinthe d'écueils pour la soustraire aux regards des puissances arbitraires de l'Europe ; c'est un asyle qu'elle semble réserver au genre humain ; le moment est donc arrivé de travailler à son bonheur. Combien de fois n'avons-nous pas gémi de n'avoir que des secours passagers à offrir à une foule de gens de bien, laborieux et malheureux ! Nous pourrons désormais leur en donner de durables, dans un travail facile et modéré. Ce ne sera pas la république qui les nourrira, ce seront eux qui nourriront la république ;

ils ne seront plus exposés à succomber sous les fatigues excessives du corps, ni sous les peines intolérables de l'ame, que les ambitieux sèment autour des faibles pour les soumettre à leur empire.

Voici donc le plan que nous vous proposons : Nous ferons construire incessamment deux petits vaisseaux de deux cents tonneaux chacun, à plates varangues, afin qu'ils puissent s'introduire sans danger dans les écueils. Nous choisirons, pour composer notre équipage, des gens mariés, en donnant la préférence à ceux qui ont des enfants, et nous les prendrons dans les états les plus nécessaires à la société, comme les laboureurs, les tailleurs, les charpentiers, les pêcheurs, etc.

Une fois fixés dans cette nouvelle patrie, la société sera divisée en douze tribus, et nul n'y sera admis avant une année d'épreuve ; ceux qui en seront rejetés, retourneront dans leur patrie aux frais de la république. Nous travaillerons tous en commun, sans mettre notre travail à prix d'or. La république seule aura l'usage de l'argent, elle fera seule le commerce extérieur, et pourvoira aux besoins des citoyens ; elle établira des lois suivant les circonstances, et elle ne peut manquer de réussir en prenant souvent le contre-pied de celles de l'Europe. En admettant dans son sein tout ce que les sciences, les lettres, les arts, ont imaginé de plus utile, comment ne réussirait-elle pas parmi des sauvages ignorants, lorsque nous avons vu des pirates effrénés, des noirs révoltés, fonder des puissances formidables dans ces mêmes contrées, où nous devons porter la liberté, la vertu, le courage, et enfin l'amour de Dieu et du genre humain ? Tels sont les fruits que nous tirerons de nos travaux. Ainsi parla Benezet ; tous ses compagnons l'embrassèrent, et promirent devant Dieu de travailler avec lui au bonheur des hommes.

Aussitôt il fit mettre les deux vaisseaux sur le chantier ; et dès que leurs nombreux équipages furent rassemblés, il en donna le commandement à James qui avait veillé à leur construction. Il s'éleva alors une difficulté : Benezet, d'après ses principes de quakérisme, prétendait laisser le succès de toute cette entreprise à la protection de Dieu, sans prendre aucune précaution pour la défense de ses vaisseaux ; il ne voulait point qu'on les armât de canons. Nous allons faire une mission de paix, disait-il, le ciel nous protégera ; n'introduisons pas dans une terre innocente les affreux élémens de la guerre. Mais James le fit changer de résolution : Vénérable père, lui dit-il, Guillaume Penn a pu admettre ces principes dans la Pensylvanie : la société était protégée par le gouvernement anglais en Amérique ; mais ici, nous allons fonder un état ; nous serons obligés de nous défendre nous-mêmes ;

et, comment le ferons-nous, si nous n'avons point d'armes? un misérable corsaire de Salé peut nous enlever toute cette belle et vertueuse jeunesse, et l'emmener en esclavage. Il nous faut du canon et des armes. D'ailleurs, ce n'est ici qu'une simple précaution, car l'aspect de la force nous dispensera d'employer la force. Benezet était trop sage pour ne pas sentir quelle serait sa position dans un pays désert ; il fit donc équiper les deux vaisseaux d'une manière convenable, et, après leur avoir donné le nom de Castor et Pollux, il mit à la voile pour l'Amérique. La navigation fut très-heureuse ; James reconnut les îlots par où il avait passé ; car, dans l'intention de revenir un jour, il avait eu l'attention de couper çà et là des branches d'arbres sur le bord du rivage. Benezet admira, ainsi que ses compagnons, la beauté de ces terres virginales ; ils récoltèrent les premiers grains que James y avait semés, et qui étaient devenus magnifiques.

Dans cet heureux climat, les moissons se recueillent deux fois par an. L'équipage montait à cinq cents hommes, y compris soixante femmes et quatre-vingts enfants; après avoir pourvu à leur logement et à leur nourriture, Benezet fit scier des bois de mahoni et d'ébène ; les femmes et les enfants recueillirent des quantités considérables de vanille, d'indigo sauvage, et sur-tout de cacao qui croît naturellement sur les bords de l'Amazone, et dont les gousses sont si abondantes, que ses branches, son tronc et jusqu'à ses racines en sont couverts. Il chargea ainsi ses deux vaisseaux, et les renvoya à Londres. Les agents qu'il y avait laissés, eurent ordre de ne pas lui faire passer d'argent en échange de ces marchandises, mais de s'en servir pour attirer près de lui des familles industrieuses. Dans l'espace de trois ans, ces vaisseaux débarquèrent dans notre port quatre mille hommes. Vous devez voir maintenant combien la population s'est multipliée.

Quant à Benezet, il parcourait l'Amérique pour favoriser cet établissement; mais on ignore ce qu'il est devenu, et sans doute il a péri à la suite d'un naufrage. Oublié en Europe, sa mémoire, ainsi que celle de ses illustres compagnons, est immortelle dans ces lieux. Nous leur avons dédié des monuments que le temps ne saurait renverser : ce sont les étoiles les plus brillantes du firmament, à qui nous avons donné leurs noms. Nous en agissons de même à l'égard de tous les bienfaiteurs du genre humain, de quelque nation qu'ils soient : des Marc-Aurèle, des Épictète, des Socrate, des Fénelon, des Jean-Jacques. Ainsi nous remplaçons peu-à-peu les noms des animaux dont les hommes ont peuplé les cieux, par les noms des hommes et des femmes dont le génie, les graces et les vertus ont illustré la terre.

Ainsi parla le jeune Bentinck Cook. J'étais ravi

de ce que je venais d'entendre, et encore plus de ce que je voyais : une vaste plaine, dont nous avions déjà traversé plus de la moitié, se déroulait, pour ainsi dire, devant nos yeux, et nous offrait à chaque pas de nouveaux aspects. Ici, c'étaient des usines que le vent faisait mouvoir ; là, des prairies où paissaient de nombreux troupeaux. La plaine était sillonnée de chemins et de canaux traversés sans cesse par des chars et des gondoles ; ces rives retentissaient de cris de joie, du son des instruments et du bruit des chansons. Des groupes de jeunes filles et de jeunes garçons dansaient à l'ombre des orangers et des abricotiers de Saint-Domingue, qui bordaient les grands chemins, tout couverts de fruits et de fleurs. Je n'avais encore rien vu d'égal à la beauté de cette brillante jeunesse ; le plaisir, l'amour, la joie se peignaient dans tous ses regards. Je la contemplais avec une véritable ivresse, lorsque j'en fus tiré tout-à-coup par la vue de plusieurs aérostats qui s'élevaient sur différents points de l'horizon, et planaient au-dessus de la forêt vers la montagne. D'abord je les pris pour des nuages ; mais, comme ils avançaient très-rapidement, je ne tardai pas à distinguer leur forme alongée en poisson, et la nacelle située à leur centre de gravité, qui faisait vibrer leur longue queue, à l'aide de quelques personnes qui étaient dans ce petit bateau, sans que le vent parût leur opposer aucun obstacle ; car il y en avait qui allaient contre son cours. L'inventeur avait sagement pensé qu'il était nécessaire de donner à ce trajectile la forme d'un poisson plutôt que celle d'un oiseau. Un oiseau ne vole que par jet et avec effort ; il faut qu'il soutienne son poids dans l'air : aussi la nature a attaché les deux leviers qui l'y élèvent et l'y font avancer, dans la partie la plus forte de son corps, avec des muscles très-robustes. L'aérostat, au contraire, est porté naturellement dans l'air par la légèreté du gaz qui le remplit ; il n'a pas besoin de fortes ailes comme l'oiseau ; mais il lui faut, comme au poisson, une longue et large queue qui lui serve de rame, et dont on puisse faire mouvoir facilement le levier élastique et léger.

Ces poissons aériens arrivèrent en peu de temps au centre de la forteresse, où ils s'arrêtèrent au sommet de la pyramide qui séparait les douze tribus de la république. Avant d'arriver en ce lieu, mes regards furent frappés d'un monument qui était au milieu de la plaine : c'était un grand cylindre d'un granit rouge et blanc ; on y montait par plusieurs marches ; il était entouré de deux rangs de palmiers, et d'un large canal d'eau vive. Ce que vous considérez avec tant d'attention, me dit le jeune Bentinck Cook, est l'autel de la patrie ; c'est là que se font les réconciliations, les traités, les adoptions, et les promesses de mariage. Comme il finissait ces mots, nous arrivâmes à la vue de la forteresse; elle était entourée d'un vaste lac, formé par la chute de la rivière qui s'y précipitait à droite et à gauche, et par deux torrents qui faisaient mouvoir une multitude d'usines. Une terrasse à perte de vue, de plus de quatre-vingts pieds de hauteur, supportait une double rangée de palmiers. Nous entrâmes dans le large fossé dont les eaux baignaient le soubassement de la forteresse. Autour de ce fossé étaient attachées à des anneaux une infinité de barques semblables à la nôtre; mais le nombre en était si grand ce jour-là, à cause de la fête du soleil, qu'on avait été obligé de tendre çà et là des grelins dans le fossé pour en attacher d'autres. C'est ici, me dit le jeune Bentinck, un des réservoirs de la république, et c'en est un des plus petits; car plusieurs sont formés d'un seul bras de mer, dont nous avons fermé l'ouverture. On y pêche jusqu'à des baleines; et il y en a eu de servies sur les tables publiques, à pareille fête, qui avaient été ainsi pêchées. Mais voilà, dit-il, des tortues de l'Amazone qui languissent; il est à propos de les remettre à l'eau; ce qui fut exécuté à l'instant même par le gardien. Celui-ci, sur un signe que lui fit le jeune Cook, disparut un moment, et revint bientôt avec des fruits qu'il nous offrit pour nous rafraîchir. C'étaient, entre autres, des ananas du Brésil, de grandes branches d'oranges pourprées et d'oranges mandarines, semblables à des pommes d'api, et qui viennent par grappes. Je croyais être aux Indes orientales. Ce fruit était sucré, parfumé, ambré, et d'un goût si exquis, que les meilleures oranges de Malte et des Antilles n'en approchent pas.

Le jeune Bentinck Cook ayant remercié le gardien, nous nous hâtâmes de monter à la forteresse. Nous traversâmes d'abord une plantation de figuiers et de bananiers. Sous leurs ombrages, une multitude infinie d'hommes, de femmes, d'enfants, avaient des tables chargées de mets, et en passant, nous invitaient à les partager ; d'autres se livraient à toutes sortes d'exercices et de jeux.

Enfin, nous arrivâmes au milieu de la terrasse. A notre gauche, nous aperçûmes la vaste plaine que nous avions traversée ; plus loin, la forêt, et à perte de vue, le cours lointain de l'Amazone. A droite, s'élevait une montagne ; et de son sommet, couronné de glaces, coulaient çà et là des torrents dont se formait la rivière des Amis. Depuis sa source jusqu'à son embouchure, on pouvait voir, dans l'espace de quelques lieues, un abrégé de ce que la Providence divine a créé, depuis la zone glaciale jusqu'à la zone torride, pour l'usage des hommes. Du côté de l'Amazone, on découvrait des chameaux chargés de vivres, conduits par des noirs ; et du côté du sommet de glaces, on apercevait des traîneaux tirés par des rennes. La première perspective était vive et animée par l'effet des nuages qui se reflétaient dans les canaux de la plaine ; tandis que celle de la montagne offrait l'aspect le plus riant : c'étaient des avenues d'arbres fruitiers qui, dans une immense élévation, se terminaient d'un côté à une vaste forêt de sapins, et de l'autre, à une vaste forêt de palmiers. Ainsi, en moins de six lieues se développait la végétation qui brille sur la surface entière du globe. Mais ce qui m'étonnait davantage, c'étaient les lois qui faisaient vivre avec tant de concorde un si grand peuple, composé de tant de nations différentes. Voilà ce que j'aurais été curieux de connaître.

Nous nous acheminâmes vers la pyramide. Je m'aperçus qu'elle avait quatre portes ; chacune de ces portes était défendue par une batterie de canons. Une garde de cinquante jeunes gens, commandés par deux officiers d'un âge mûr, veillait à la sûreté de ces lieux. Rien n'était plus élégant que leur costume. Ils portaient sur leurs épaules un carquois rempli de flèches, et à la main un arc, et un sabre court et léger.

Nous entrâmes par la porte de l'orient ; le capitaine nous demanda avec beaucoup d'honnêteté à qui nous désirions parler ; si notre dessein était de visiter quelques étages des archives. Le jeune Bentinck Cook répondit qu'il désirait in-

troduire des étrangers dans la salle d'audience. Aussitôt le capitaine appela un soldat de sa compagnie, et lui commanda de nous conduire. Cette salle était précisément au milieu de la pyramide. Une douce lumière traversait les vitraux d'un dôme immense, et, se répandant sur le siége des juges, faisait paraître leurs robes de pourpre étincelantes de magnifiques reflets. Un peu plus bas, étaient assis des secrétaires, des greffiers et des écrivains. L'autre moitié de cette salle était destinée au public; quand nous y parûmes, les spectateurs se levèrent pour nous laisser passer. Le sujet de notre arrivée était connu, et un des juges m'adressant aussitôt la parole, me demanda quelle était ma patrie. . . . .
. . . .
. . . .
. . . .

Nous saluâmes respectueusement nos juges, et la séance étant levée, ils se séparèrent au son d'une flûte. Je me disposais à sortir, lorsque j'aperçus un homme de fort bonne mine qui me regardait très-attentivement; il paraissait avoir assisté à ma réception. Je me félicite, me dit-il, de trouver en vous un digne compatriote; j'espère être assez heureux pour vous être utile. En attendant que je sois digne d'être votre ami, permettez-moi de devenir votre serviteur. Je suis bibliothécaire, et mon nom est Varron. Le jeune Cook s'approchant de moi, me dit tout bas : L'homme que vous voyez devant vous, passe pour le plus savant de la république : c'est pour cela que nous lui avons donné le nom de Varron, si célèbre chez les anciens.

Pendant qu'il me parlait ainsi, quelques noirs de Guinée ayant aperçu Samson, vinrent l'inviter à se divertir avec leurs familles sous un gros calebassier qui était dans la plaine. Ce bon noir vint aussitôt m'en demander la permission ; ce qui me surprit infiniment, car il était plus libre que moi, puisque c'était moi qui avais besoin de lui. Je lui dis : Sois heureux, mon fils, par-tout où tu seras. Alors le jeune Cook me rappelant qu'il devait être, à la fin du jour, de retour au port des Amis, me fit les plus tendres adieux ; je le remerciai de la faveur qu'il venait de me procurer ; il me dit : O mon père ! c'est à vous que je dois le plus grand service que j'aie rendu à ma patrie, celui de lui procurer un bon citoyen. Cependant, les trois sauvages étant redescendus, il se rembarqua dans sa pirogue ; alors je me trouvai seul avec Varron. Enfin, me dit-il, vous êtes à moi, et je suis à vous ; un guide est nécessaire ici à un étranger ; non pas que vous soyez chez un mauvais peuple : il n'y en a pas, je crois, sur toute la terre, qui réunisse autant de qualités bienfaisantes. J'ai voyagé chez les nations les plus policées de l'Europe, et j'ai vu souvent qu'à peine je venais de quitter un homme auquel on m'avait recommandé, qu'un autre, qui lui succédait, m'en disait du mal : c'était une suite perpétuelle de médisances, qui finissaient par me remplir de haine ou de regret. Il en était de même des opinions sur lesquelles je désirais m'éclairer. Les plus répandues, étaient précisément celles qui étaient le plus universellement contredites ; de sorte que je fus réduit en peu de temps à ne plus rien croire sur la foi d'autrui. Ici, c'est tout le contraire. Si vous abordez un citoyen qui vous est inconnu, il est d'abord disposé à vous obliger ; si vous le questionnez, il vous répondra ce qu'il pense ; et s'il n'est pas instruit de ce que vous lui demandez, il vous fera franchement l'aveu de son ignorance. Nous ne dressons point ici les hommes à l'ambition ni à l'intrigue, mais à s'entr'aimer. Le plus petit acte de vertu est préféré au plus brillant trait d'esprit. Ce n'est pas que l'un et l'autre ne soient dignes de toutes nos affections, comme des influences de la Divinité, qui distinguent les hommes des animaux ; mais l'esprit est comme le rayon du soleil qui éclaire la superficie de la terre, et la vérité comme la chaleur que ce feu céleste combine dans son sein, pour en faire sortir la vie.

Je fus frappé de cette comparaison. Oui, lui dis-je, je sens que la vertu est le but de notre existence. C'est la chaîne qui lie les hommes les uns avec les autres, et avec le ciel. Où en avez-vous trouvé les lois ? comment se fait-il qu'elles s'exécutent ici avec tant de facilité, qu'elles semblent avoir tous les attraits du plaisir, tandis que par-tout ailleurs elles se montrent sous un aspect si triste et si sévère, que leur accomplissement paraît exiger des efforts continuels de notre nature, ainsi que l'indique le nom de *vertu?* Aussi, reprit Varron, combien de réformateurs, dans les siècles passés, ont dit du mal de cette nature humaine ! Ils ont employé tous leurs soins à la vaincre, et ils ont cru ne pouvoir y réussir qu'en appelant à leur aide des secours surnaturels. Qu'en est-il arrivé ? que ce sont eux-mêmes qui se sont déformés. Ils ont commencé par inspirer une grande frayeur de l'avenir dans ce monde, où la Providence ne nous présente cependant qu'un cours successif de bienfaits ; et quant à l'autre, ils l'ont peuplé d'êtres épouvantables. Enfin, après avoir subjugué les hommes par la terreur, et s'être emparés de leur crédulité, ils se sont donnés comme les réparateurs et les juges de leurs destinées futures. Pour nous, notre but est de ramener les peuples aux sentiments les plus simples de la nature ; nous ne cherchons que les vertus qui rendent la société bonne et heureuse, en rendant, avant tout, heureux et bon celui qui les possède ; car le bonheur de tous naît du bonheur particulier de chacun. Voyons donc, lui répondis-je, par quelle chaîne céleste vous m'éleverez jusqu'à ces vertus divines. Nous n'aurons besoin d'aucun effort, reprit-il, car elles sont descendues jusqu'à nous.

Comme il parlait ainsi, nous entendîmes un bruit d'orgues et de timbales qui formaient un concert plein de mélodie ; bientôt nous vîmes venir, des extrémités de la terrasse, deux files de chariots attelés de bœufs, et chargés de tables, de bancs, de chaises, et de tous les ustensiles nécessaires au festin d'un grand peuple. Quand ces chariots se furent réunis, le concert cessa ; mais de nouveaux accords plus doux, de musettes et de flûtes, se firent entendre. Alors, douze jeunes garçons et autant de jeunes filles sortirent de chaque arcade ; tous étaient couronnés de fleurs, et ils marchaient deux à deux, en jouant de divers instruments. Voilà, me dit Varron, les candidats qui ont fini aujourd'hui l'année de leur apprentissage, et qui seront reçus ce soir au nombre des citoyens. Ils l'ont commencé deux à deux, un amant et une maîtresse, afin de faire ensemble un essai de la vie sociale ; c'est pourquoi tous leurs principaux exercices ont été réglés par la musique. Maintenant il s'agit de disposer le banquet. En effet, les jeunes garçons se mirent à dresser deux rangs de tables de chaque côté de la terrasse ; les jeunes filles les couvrirent de nappes, de couteaux, de coupes d'argile qu'elles apportaient sur leurs têtes, dans des corbeilles soutenues d'un seul bras, comme ces belles cariatides, dont nous admirons l'attitude dans les monuments des Grecs.

A peine étions-nous à table, que la terrasse se trouva débarrassée des chariots ; et bientôt on entendit les sons mélodieux des instruments. Les douze anciens sortirent d'un groupe immense d'administrateurs, et vinrent se placer à la table même où nous étions. Aussitôt je me levai, et je dis à Varron : Je ne suis qu'un étranger, et il ne m'appartient pas de m'asseoir à la table des sages. Varron me dit : Votre âge est un titre suffisant, et je n'aurais pas commis l'indiscrétion de vous inviter, si je n'étais assuré du consentement des anciens. A l'instant même, nous vîmes arriver, aux deux bouts de la terrasse, une multitude de chars attelés chacun de quatre chevaux ; et lorsqu'ils se furent arrêtés vis-à-vis les tables, on vit sortir de chaque char quatre écuyers tranchants. Ces écuyers, armés de profondes cuillers, de longues fourchettes d'acier, et de grands couteaux, découpaient les viandes, et les déposaient toutes bouillantes dans de vastes plats, que les jeunes gens de service allaient placer sur les tables ; pour les jeunes filles, elles se promenaient autour des tables avec des amphores remplies de liqueurs, de sorbets, de limonades. Une d'elles remit auprès de Varron, deux bouteilles d'excellent vin de Bordeaux, l'une pour lui, l'autre pour moi, de la part de l'ancien de la tribu où je venais d'être reçu.

Un second service succéda au premier, dans le même ordre : il était composé de légumes excellents. Mais ce qui me fit le plus de plaisir, ce fut le troisième service, que nous appelons chez nous dessert. Il consistait en fruits confits ou crus, portés dans des corbeilles ou dans des vases d'argile, de formes élégantes. Il y avait environ deux heures que nous étions à table, lorsque Varron me dit : Nous n'avons plus faim ; on va servir le café et le punch ; allons le prendre avec ma femme et mes enfants. De nouveaux convives vont nous succéder ; ce sont les jeunes citoyens qui ont monté la garde, et les jeunes couples qui nous ont servis. Notre vie n'est-elle pas heureuse ? Nous croyons ici que c'est une affaire de conscience d'user sans excès de tous les biens que Dieu nous donne.

Il était quatre heures après midi, lorsque nous nous mîmes en chemin pour aller à l'habitation de Varron, sur la pente de la montagne. Nous traversâmes la place au delà de la pyramide ; quand nous eûmes fait environ cinquante pas, je vis que le chemin se partageait en deux, l'un bordé d'oliviers, l'autre de palmiers chargés de cocos, entremêlés de palmiers dattiers. Varron me fit remarquer la variété des plans de la nature. L'olivier, qui donne de l'huile aux zones tempérées, porte ses fruits dans son feuillage ; et le cocotier, qui en fournit aux zones torrides, les a suspendus à sa tête, en forme de longues grappes. J'en comptai douze qui renfermaient chacune une trentaine de cocos. Ces fruits présentaient différents degrés de maturité : les plus avancés, d'une couleur rousse, étaient à la naissance de la grappe, et les moins avancés à son extrémité opposée : la même progression de maturité existait entre les grappes de l'arbre et les cocos de la même grappe; car il y en avait de vertes, d'autres nouvellement nouées, d'autres en fleurs, d'autres en boutons qui ne faisaient que d'éclore. On eût dit que leur fructification était en rapport avec les jours et les mois de l'année. Mais ce qui surpassait en beauté les cocotiers, c'étaient les palmiers dattiers; car, outre qu'ils étaient plus élancés, ils portaient leurs longues grappes de dattes, de la plus belle couleur d'or, comme des lustres suspendus au haut de leurs majestueuses colonnes. Ce qui ajoutait encore à leur beauté, c'était un magnifique réseau d'un brun pourpre, qui en entourait et en fortifiait la tête. Une gerbe de palmes verdoyantes la couronnait, en s'élevant vers le ciel, et couvrait à moitié ses longues grappes qui pendaient vers la terre. Ce réseau offrait de doux abris à plusieurs oiseaux, entre autres, à des colombes qui y faisaient leurs nids. A la naissance de ces deux chemins, il y avait deux bornes rouges, l'une creusée, et l'autre bombée dans la partie qui regardait le ciel. Sur la première, on voyait une urne remplie d'une eau vive qui débordait de son sein, et la couvrait de ses bouillons; sur la seconde, on plaçait, chaque soir, sur une tige de bronze, un globe de verre qui renfermait une lampe destinée à éclairer ce lieu. Nos chemins, me dit Varron, sont garnis, à leurs carrefours, de monuments semblables. Que peut-on offrir aux hommes qui leur soit plus agréable que du feu pour les éclairer, et de l'eau pour les rafraîchir? Les animaux mêmes sont sensibles à ces marques d'humanité : elles attirent les oiseaux dans le voisinage de nos habitations qu'ils embellissent.

Pendant que nous parcourions l'avenue de la droite, nous aperçûmes une multitude infinie de petits oiseaux, semblables à des colibris et à des oiseau-mouches étincelants des plus brillantes couleurs. D'autres espèces plus grosses, mais sans éclat, faisaient entendre dans l'ombre du feuillage des sons ravissants. Nous parvînmes, après une heure de marche, à l'extrémité de cette zone si riche, si parfumée. J'aperçus des forêts naturelles à l'Europe, de chênes, de hêtres, d'ormes à moitié dégarnis de leurs feuilles; et, au milieu de ces forêts, des avenues de poiriers, de pommiers, et d'autres arbres fruitiers de nos climats. Par-tout je reconnus les genres, cependant avec des différences qui en rendaient les espèces méconnaissables. Il en était de même des oiseaux : les merles, les sansonnets, les pies, les perdrix même, avaient des épaulettes, des tours de gorge, des pectoraux, rouges, bleus, verts, qui les faisaient distinguer aisément de ceux de l'Europe.

Quant à l'aspect qui se présentait au loin, il n'offrait plus qu'un grand lac, terminé par une vaste forêt de sapins noirs, et de bouleaux couverts de leurs écorces blanches. Au delà de cette forêt, s'élevaient les sommets pourprés des Paramas surmontés de neiges inaccessibles. Voyez-vous, me dit Varron, cette maison rouge et blanche, qui est à trois cents pas de nous, sur le bord de cette petite rivière qui sort du lac? c'est là que je passe une partie de ma vie, avec ce que j'ai de plus cher au monde, ma femme et mes deux enfants; c'est là que je vais jouir souvent du même air que j'ai respiré à ma naissance. La république, touchée de mon zèle pour son service, m'a fait construire cette maison en pierres monumentales, comme le sont toutes celles qui s'élèvent sur la croupe de la montagne. J'aurais pu choisir un climat plus doux et des plantations plus agréables; mais j'ai préféré ce qui convenait le mieux à ma santé et à mon esprit. Je passe souvent de mon ermitage à la bibliothèque, et de la bibliothèque à mon ermitage, et toujours avec un nouveau plaisir. Comme il disait ces mots, nous arrivâmes à la porte de sa maison ; elle s'ouvrit, et j'aperçus une femme de trente-cinq ans environ, d'une figure pleine d'intérêt : elle avait à sa droite et à sa gauche, deux filles de quinze ou seize ans, d'une physionomie charmante. A leur toilette, on voyait qu'elles se préparaient à se rendre à la fête. Varron dit à son épouse : Chère amie, voici un nouveau compatriote que je te présente : il est père de famille, comme moi ; mais il est privé de sa femme et de ses enfants : tâchons de les lui faire oublier. Je vais le recevoir dans le cabinet des Muses, prépare-nous quelques cordiaux ; ensuite nous retournerons à la fête, si notre hôte n'aime mieux passer cette nuit dans mon ermitage. Après avoir ainsi parlé, Varron me prit par la main, et me conduisit au fond de son jardin, sous un bosquet de vieux chênes et de sapins, au milieu duquel étaient une rotonde de granit, et une table de bois d'acajou couverte de manuscrits et de livres. Il alluma, au moyen d'un phosphore, une lampe d'argile, et nous nous assîmes sur le canapé. C'était l'asyle du repos : le silence du lieu, le murmure des chênes et des sapins agités par les vents, tout invitait à la méditation. Voici, me dit Varron, un manuscrit qui est un *compendium* de nos lois : il renferme tout ce que nous sommes obligés d'apprendre pendant l'année d'épreuves. Il n'a point été inspiré par l'étude des lois, mais par celle de la nature ; aussi, les principes en sont-ils gravés dans le cœur de tous les hommes. Nous avons encore parmi nous plusieurs de ceux qui ont travaillé, avec Benezet, à poser les fondements de ce bel ouvrage : tel est entre autres le brame, qui a aujourd'hui cent trente-sept ans. J'ai cru devoir ajouter un commentaire à ce code : c'est l'application des principes de la nature aux institutions de la société humaine. Vous le lirez, si vous le voulez ; vous en aurez le temps, car cette lecture ne demande que trois heures. Varron m'ayant alors remis son cahier : Il faut que je parte, me dit-il, ma présence est nécessaire à la fête ; je vous laisse maître de la maison. Tâchez de venir nous rejoindre ; toute la route sera illuminée, et de votre vie vous n'aurez vu un aussi magnifique spectacle. En disant ces mots, il m'embrassa, et partit avec toute sa famille. . . .

. . . .

. . . .

« L'auteur, marchant sur les traces de Platon,
» se proposait de développer ici le système com-
» plet du gouvernement de l'Amazone. Nous
» ignorons si cette partie de son ouvrage était
» bien avancée ; mais nous n'avons pu en retrou-
» ver que des fragments, dont, malgré nos ef-
» forts, il nous a été impossible de former un
» tout digne d'être publié. »

DE LA NATURE

DE

LA MORALE.

FRAGMENT.

PRÉFACE DE L'ÉDITEUR

SUR LES TRAVAUX

DE BERNARDIN DE SAINT-PIERRE

A L'INSTITUT.

Parmi les rapports et les mémoires que Bernardin de Saint-Pierre fut chargé de présenter à l'Institut, les uns ne nous sont connus que par des copies imparfaites; les autres, esquissés pour des circonstances fugitives, ne pouvaient avoir qu'un intérêt du moment. Une lecture attentive de ces divers manuscrits nous a convaincus qu'il suffirait d'en tracer l'analyse, et d'en rapporter les passages les plus remarquables. Entraînés par l'importance de certaines questions, nous avons quelquefois osé les traiter nous-mêmes; quelquefois aussi nous avons cru devoir soumettre à un examen sévère des principes dont le triomphe serait la condamnation de la vertu : c'est au lecteur à juger ces principes, et le siècle qui les a vus naître, et le siècle qui les écoute sans indignation. Le premier exemple que nous allons offrir est effrayant ; on pourrait refuser d'y croire si les pièces n'étaient sous nos yeux, et si les mêmes hommes ne nous menaçaient encore des mêmes excès et des mêmes doctrines.

En 1798, la date est digne de remarque, Bernardin de Saint-Pierre fut chargé, par la classe des sciences morales et politiques de l'Institut, de faire un rapport sur les mémoires qui avaient concouru pour le prix. Il s'agissait de résoudre cette question : *Quelles sont les institutions propres à fonder la morale d'un peuple?* question qu'on ne pouvait développer sans créer un plan complet de législation ; et dont les résultats devaient être nuls, la corruption de l'Europe étant devenue plus puissante que ses lois. L'énoncé même de la question pouvait être l'objet de la critique, car les institutions ne font pas les mœurs d'un grand peuple ; elles les conservent ou les dirigent. Les lois punissaient autrefois l'adultère et le duel ; les mœurs les favorisaient, et les mœurs avaient fini par affaiblir et par désarmer les lois. Toutes les législations frappent le vol; cependant, combien de concussions honteuses, de vols manifestes, de grandeurs usurpées, sont absous, non par l'opinion, mais par l'immoralité publique, et reçoivent même les hommages de ceux qui devraient les punir! L'on ne peut donc attendre de la multitude, dans un état corrompu, que les progrès rapides du vice. Il n'appartient pas à la loi de retremper les ames et d'épurer les cœurs. Elle peut faire trembler le crime, mais non l'empêcher; elle peut récompenser la vertu, mais non inspirer les actions vertueuses: *Quid possent leges sine moribus?* La question eût donc été mieux présentée en la renversant; car ce n'est pas aux institutions à fonder la morale, mais à la morale à fonder les institutions. Que si cette vérité pouvait être méconnue, il suffirait de rappeler l'époque où cette question fut proposée, et de demander ce qui est resté des institutions libérales qui pesaient alors sur la France.

Les nombreux mémoires adressés à l'Institut, et dont nous avons les analyses sous les yeux, suffiraient sans doute pour appuyer ces réflexions, et pour montrer l'état déplorable des mœurs, et l'inutilité du concours. Jamais projets plus insensés ne trouvèrent des apologistes de meilleure foi. On présentait froidement au jugement d'une académie des discours qui, dans un autre siècle, auraient été un objet de mépris ou de dérision. En un mot, c'était sur l'immoralité qu'on proposait de fonder la morale : heureux lorsque les plans proposés n'étaient que ridicules!

Celui-ci demandait l'établissement d'un livre de famille qui aurait consacré à perpétuité le souvenir des fautes des enfants, sans doute pour les faire respecter de leur postérité; celui-là voulait élever, dans les places publiques, des colonnes infamantes pour flétrir à jamais les noms des criminels : toujours des monuments durables des fautes des hommes chez une nation qui oublie si facilement les vertus de ceux qui la servent. Quelques-uns, suivant une marche contraire, proposaient de rédiger un journal officiel, où tous les actes de vertu seraient publiés; ils voulaient en outre faire prononcer, dans chaque village, des éloges anniversaires de ceux qui auraient bien mérité du pays. D'autres prétendaient, dans les jours solennels, faire cultiver aux enfants des écoles publiques, le jardin de la veuve, du vieillard et des orphelins; ce qui eût fait donner, par nos petits citoyens, le spectacle des vertus philanthropiques. Enfin, on réclamait l'érection de tribunaux de censure, véritables organes de la conscience publique. Le nombre des censeurs devait être de trois pour les plus petites communes, et de vingt-quatre pour les plus grandes; de sorte qu'en prenant un terme moyen, la France eût vu cinq cent mille censeurs se répandre dans son sein, ce qui aurait été quatre cent mille neuf cent quatre-vingt-dix-huit de plus que la république romaine.

Mais les auteurs des mémoires développaient des idées bien autrement libérales dans l'établissement d'un système d'instruction publique. Toutes les doctrines bizarres que nous avons vues se succéder si rapidement dans le cours de la révolution, semblaient leur avoir été révélées. Un des concurrents, entre autres, voulait que les mères échangeassent leurs enfants, et les fissent passer de main en main, de maison en maison, jusqu'à l'âge de quinze ans : par ce moyen, on espérait leur faire connaître le monde, et répandre sur la nation entière la bienveillance d'un sentiment paternel. Mais on ne remarquait pas qu'il devait arriver à ces jeunes voyageurs, dont les affections seraient brisées à chaque nouvelle séparation, ce qui arrive à de jeunes arbrisseaux transplantés tous les ans, et dont les racines, sans cesse rompues, ne nourrissent plus que des tiges faibles et des branches stériles. Cependant l'auteur ne se bornait pas à créer un petit peuple de Bohémiens, sans parents et sans patrie; il prétendait encore faire voyager, ainsi que les enfants, les écoles, les boutiques, les tribunaux, tous les états, toutes les institutions. On est tenté de croire que lui-même ne pouvait marcher; car, comme dit La Fontaine, gens boiteux haïssent le logis.

Le tableau de ce concours serait incomplet si nous passions sous silence un mémoire que le siècle ne peut désavouer. L'auteur commençait par rejeter toutes les idées religieuses; et regardait le sentiment de l'immortalité de l'ame comme un sentiment d'orgueil, comme un mensonge propre à flatter la vanité de l'homme. Ce système le jetait dans les contraditions les plus étranges : il ne voulait pas qu'on parlât de Dieu aux enfants; et conseillait de leur offrir l'exemple des grands hommes de l'antiquité, qui tous étaient remplis du sentiment de la Divinité! Il proposait de fonder les écoles publiques sur la méthode de J.-J. Rousseau; et J.-J. Rousseau n'a élevé qu'un solitaire, et a écrit la Profession de foi du Vicaire savoyard! Pour remplacer l'influence des idées religieuses, il instituait des fêtes nationales à la manière des Grecs et des Romains, des récompenses publiques et des jugements des morts comme chez les Égyptiens; rendant ainsi un hommage involontaire à la Divinité qu'il rejetait: car toutes ces institutions seraient illusoires pour un peuple qui briserait ses autels, étoufferait sa conscience, établirait son repos et sa morale sur le néant, et, dans un étourdissement de lui-même, repousserait cette grande autorité de Dieu, qui réprime tout, qui résiste à tout.

Il est facile de juger, par cette analyse, que rien dans ces mémoires n'était déguisé : on y avouait sans pudeur les doctrines les plus perverses, les systèmes les plus honteux; et tout ce qui aurait déshonoré un écrivain dans le siècle de Fénelon, semblait être devenu un titre de gloire dans le siècle de la philosophie. Tel était enfin l'état déplorable des mœurs, qu'aucun des nombreux concurrents n'avait cru nécessaire d'employer cette tactique, devenue si commune aujourd'hui, qui consiste à changer la signification des mots pour feindre au moins de rendre hommage à la vertu : tactique du mensonge qui sert à tout confondre, et qui nous rend semblables à ces libellistes dont parle Thucydide, qui, pendant la guerre du Péloponèse, donnaient le nom d'adresse à la duplicité, de tyrannie à la faiblesse, de fidélité à la trahison, de liberté et d'égalité à la licence et à la domination ; changeant ainsi les vertus en vices, et les vices en vertus, et trouvant le moyen de faire l'apologie de leurs crimes.

Le croira-t-on! l'auteur du dernier mémoire n'avait pas même daigné discuter les doctrines qui servaient de base à son système. Nulle objection ne paraissait s'être élevée dans son âme ; il avait regardé la question comme jugée, et doutait de tout, excepté de son opinion. Manière étrange de traiter des plus grands intérêts de l'homme! et cependant l'expérience nous apprend que ces mêmes doctrines ne peuvent servir qu'à tranquilliser les coupables : ce qui suffirait seul pour en prouver la fausseté. Ayant réussi par des voies criminelles, ils se disent : S'il y avait un Dieu, je ne serais pas heureux ; et ils sont eux-mêmes leur argument contre la Providence. Mais, pour traiter l'importante question proposée par l'Institut, il fallait commencer par établir les preuves d'une doctrine; et pour établir ces preuves, il fallait d'un seul regard embrasser l'univers et l'homme. Certes, une aussi ravissante contemplation ne conduira jamais à l'athéisme; car c'est une vérité digne des méditations du sage, qu'on peut prouver l'existence de Dieu par le désordre des sociétés, comme par l'ordre de la nature. D'ailleurs il eût suffi de prévoir les résultats de la doctrine contraire pour la faire rejeter. La vérité ne peut être fatale à l'homme: or, ce qui ne profite qu'au méchant, ne peut être la vérité.

L'homme éprouve deux genres de bonheur bien opposés : celui qui appartient à son corps, est passager comme lui; celui qui dépend de son ame, est infini comme elle. Cette fleur que vous admirez, ne sera plus la même demain; quelques heures suffiront pour changer l'aspect de cette prairie, de ces montagnes, de ces vallons. Les jours, les mois, les années, renouvellent et modifient nos plaisirs; de tous ces objets que nous aimons, les uns nous échappent par le sommeil ou la mort, les autres par notre inconstance. Ainsi le spectacle de l'univers est variable comme nos sensations. Mais quel désordre si les vérités éternelles changeaient comme les beautés de la nature! si tout-à-coup il nous paraissait qu'il y a une œuvre, et qu'il n'y a pas d'ouvrier! si les actions de bienfaisance nous révoltaient! s'il était beau de trahir son ami, de dévaster sa patrie! si la dégradation devenait une vertu, et l'athéisme un titre à la reconnaissance publique! Dira-t-on qu'un pareil bouleversement est impossible? que les esprits les plus pervers le repoussent, ou n'osent l'avouer? Alors nous demanderons d'où peut venir ce sentiment incorruptible; et il faudra bien reconnaître qu'il est des vérités éternelles, indépendantes du temps et des hommes, et supérieures à tous les raisonnements; que ces vérités veillent dans notre ame sans notre aveu, et qu'elles survivent à nos désirs, à nos passions et à nos intérêts. Ainsi les plaisirs des sens consistent dans la variété, ceux de l'ame dans la constance; ils sont en harmonie avec la durée des facultés qui les font naître. Les sens devant mourir, n'ont que des jouissances fugitives, tandis que celles de l'ame s'appuient sur des vérités immortelles, et qui servent à prouver son immortalité.

Si les concurrents ne se livrèrent à aucune de ces réflexions, c'est que l'esprit d'incrédulité ne réfléchit pas plus que l'esprit de parti. Ils s'imaginaient voir dans l'univers le désordre qui n'était que dans leur raison; semblables à la folle de Sénèque, qui, ayant subitement perdu la vue, ne sentait pas qu'elle était aveugle, et s'en prenait à sa maison, qu'elle croyait dans l'obscurité. Mais leurs mémoires étaient tombés entre les mains d'un de ces hommes qui n'ont d'autre passion que la vérité. Frappé de l'étrange résultat de ce concours, effrayé de l'audace de ces écrivains, qui ne daignaient respecter ni le public ni leurs juges, Bernardin de Saint-Pierre voulut terminer son rapport par une déclaration solennelle de ses principes religieux. On peut voir, dans la Vie de l'Auteur, comment sa profession de foi fut accueillie de cette classe morale, qui, heureusement pour la morale, ne dura que cinq ans. Il eut à lutter contre un parti qui menaçait dès lors de tout envahir, et qui disposait des places, des honneurs et des pensions. Il était seul, il n'avait ni appui, ni fortune ; et il fut sans hésitation et sans faiblesse. Condamné au silence dans le sein de l'Institut, il crut de son devoir de mettre sa réclamation sous les yeux de la France. Le morceau suivant, qui terminait son rapport, fut donc imprimé, et on le distribua à la porte même de l'Académie. Mais l'auteur, en satisfaisant à sa conscience, ne voulut pas instruire le public des motifs qui le forçaient à cette publication ; et ce trait, l'un des plus honorables d'une vie consacrée à la vertu, serait tombé dans l'oubli, si nous n'avions retrouvé dans ses papiers une copie de la lettre qu'il écrivit à ce sujet. Cette lettre, que nous publions dans la Vie, prouve que, comme Socrate, il aurait su mourir pour la vérité.

Parmi les autres rapports de Bernardin de Saint-Pierre, il en est un qui peut être le sujet de quelques observations intéressantes. La classe des sciences mathématiques et physi-

ques, et la classe des sciences morales et politiques de lI'nstitut, désiraient partager les prérogatives de la classe de littérature, en donnant une grande solennité à la distribution des prix. Bernardin de Saint-Pierre fut chargé de traiter cette question ; mais, loin de condescendre aux désirs secrets de ses collègues, il ne craignit pas de leur faire entendre la vérité. Considérant la question sous un point de vue philosophique, il osa s'élever contre toutes les espèces de concours, et voulut prouver que non-seulement les prix étaient inutiles au progrès des sciences, des lettres et des arts, mais encore qu'ils étaient funestes à l'établissement de la morale. Dans cette dernière partie de son mémoire, il se contentait de rappeler cette pensée, qu'il a développée avec tant de force dans les Études, que l'émulation du premier âge fait l'ambition de toute la vie. « L'Europe, disait-il, présente
» l'émulation à ses enfants comme une jeune
» palme qui s'élève pour eux à l'extrémité
» de la carrière ; mais c'est le premier jet de
» cet arbre fatal qui couvre la terre de fruits
» empoisonnés. La coupe de Circé ne renfermait point de sucs aussi dangereux ; si

» la volupté change les hommes en porcs, » l'ambition les change en tigres. » Cette pensée, qui semble exagérée, renferme cependant une vérité que l'expérience démontre inutilement chaque jour. C'est l'émulation qui dit à chacun de nous, dès l'enfance : Sois le premier. Mais la terre, alarmée, crie au genre humain : Préparez-vous à la guerre ou à l'esclavage ; l'Europe vous élève des tyrans. Et cependant tel est encore aujourd'hui le résultat des concours ambitieux de nos écoles et de nos académies !

Voulez-vous offrir à la jeunesse une récompense digne d'elle? laissez-lui se proposer pour but unique, la perfection des lettres ou des sciences qu'elle cultive : elle n'y atteindra jamais, si elle ne se propose que les applaudissements des spectateurs. La patrie vous demande des hommes, et vous faites des comédiens ! Vous les verrez se détourner de leur route par la crainte de déplaire, par le désir de flatter, et par le besoin de se diriger d'après les vaines rumeurs d'une faveur populaire et inconstante. Ceux qui n'alimentent leurs études que de l'opinion d'autrui, perdent toujours leurs talents, mais après avoir perdu leur conscience. C'est alors que, semblables aux coursiers du soleil sous les rênes de Phaéton, ils renversent le char de la lumière, et embrasent cette terre qu'ils devaient éclairer.

Nous avons vu que Bernardin de Saint-Pierre établissait en principe que les concours sont inutiles au progrès des sciences, des lettres et des arts. On doit regretter qu'il n'ait pas cru nécessaire de s'appuyer d'une multitude d'exemples que lui offrait l'histoire littéraire. On eût aimé à le voir rappeler le souvenir de ces grands écrivains qui n'ont eu besoin, pour devenir habiles, ni de concours, ni d'applaudissements; et qui, pour la plupart, composèrent leurs chefs-d'œuvre au milieu des sollicitudes de la fortune, et des persécutions qui ne flétrissent que les ames communes. C'est ainsi qu'Ésope inventa ses premières et ses plus touchantes fables dans la servitude; c'est ainsi que les poëmes héroïques d'Homère lui furent inspirés dans l'indigence; et que Plaute composa ses comédies en tournant la meule d'un moulin. Épictète écrivait ses pensées sublimes dans le plus dur esclavage; et son disciple Marc-Aurèle, qui le surpassa, méditait les siennes au milieu des soucis bien plus grands du trône. Que si nous ramenons notre pensée sur les temps modernes, nous voyons notre bon La Fontaine ne se proposer aucun rival. Cet enfant de la nature ne crut qu'imiter de loin Ésope, Lockman et Phèdre; et ce fut lui qui devint inimitable. Que dirons-nous de Michel Cervantes, du Dante, du Camoëns, de Shakespeare, de J.-B. Rousseau? Comment auraient-ils dû leur talent à des concours, dans une carrière qu'ils avaient ouverte, où ils étaient entrés les premiers, où ils n'avaient pas seulement un maître qui pût leur crier, de temps en temps, des bords de la lice : Courage, mon fils? Ils n'avaient pour stimulant que le malheur, pour rivaux que des ennemis, pour perspective que les persécutions et la misère. Quel prix aurait donc pu les dédommager de tant de sacrifices? Mais, tandis que ces grands hommes ne se proposaient d'autre but que la perfection de leur art, voyait-on sortir des concours académiques de jeunes triomphateurs dignes de leur disputer la palme? Aucun, si l'on en excepte Jean-Jacques, ne peut aspirer à cette gloire. Loin de révéler des talents nouveaux, combien de fois l'injustice des juges n'aurait-elle pas étouffé les premiers essais du génie, si le génie pouvait se décourager? Les *Pôles brûlants* de l'abbé du Jarry l'emportent devant l'Académie française sur la poésie de Voltaire. N'as-tu point de honte des victoires que tu remportes sur moi, disait Ménandre à un poëte médiocre, qui souvent avait été son vainqueur? Enfin Euripide, humilié par d'indignes rivaux, se voit forcé de suivre l'exemple d'Eschyle, et d'aller mourir loin de sa patrie : il est vrai qu'à la nouvelle de sa mort, Athènes prit le deuil, et envoya une ambassade solennelle redemander ses cendres, qui lui furent refusées.

C'est sans doute à ces souvenirs touchants qu'il faut attribuer l'éloignement de Bernardin de Saint-Pierre pour toute espèce de concours, et la véhémence avec laquelle il les attaqua jusqu'au sein de l'Académie. Ah! sans doute le plus beau triomphe du génie est dans le chef-d'œuvre inspiré par la nature, et qui doit faire les délices du genre humain; comme le plus beau prix que les hommes puissent donner, est dans l'enthousiasme d'un peuple entier, dans l'hommage d'une admiration universelle: tel fut le triomphe d'Euripide. L'armée d'Athènes avait été défaite dans les plaines de la Sicile; les soldats, vendus comme esclaves, ou jetés dans les carrières, se consolent en récitant des vers d'Andromaque et d'Iphigénie. A ces accents divins, les vainqueurs se laissent toucher, chaque soldat trouve un bienfaiteur dans son maître; tous doivent leur salut aux vers d'Euripide, et, rendus à la liberté, ils arrivent à Athènes, et vont saluer le poëte qui fut leur libérateur.

Ces réflexions nous ont été inspirées par le besoin de défendre des principes qui furent vivement attaqués. On accusait alors Bernardin de Saint-Pierre de blesser les priviléges d'un corps dont il faisait partie; et sans doute il avait commis une grande faute, celle de croire que, dans une académie, l'intérêt de la vérité pourrait l'emporter sur l'intérêt des académiciens.

Au reste, nous regrettons de ne pouvoir publier ce rapport, qui ne nous est connu que par deux ou trois fragments informes; il en est de même des trois mémoires suivants, qui ont dû également être présentés à l'Institut:

1º Sur les contrefaçons;

2º Sur la nécessité de motiver le choix des candidats proposés par chaque classe;

3º Sur un mémoire du sieur Romme, relatif aux marées de l'hémisphère austral.

Nous avons sous les yeux un quatrième mémoire sur le régime diététique, et les observations nautiques à suivre par le capitaine Baudin dans le cours de son voyage. L'auteur, après avoir rappelé des expériences ingénieuses, qu'il avait indiquées ailleurs, pour s'assurer de la direction des courants, s'attache à faire sentir la nécessité de procurer quelques distractions aux matelots, afin de les maintenir *en gaieté et en santé* pendant les fatigues des longues traversées. Voici comme il s'exprime à ce sujet : « Il importe qu'il y ait
» des joueurs d'instruments à bord des équi-
» pages destinés aux voyages de long cours.
» Les anciens connaissaient toute l'influence
» de la musique sur leurs nautoniers. Sous
» le voile de la fable, on voit que la lyre
» animait les vaisseaux : Orphée charmait
» avec elle les soucis des Argonautes; en
» chantant les louanges des héros et des dieux;
» et leurs plus grands périls, dans leurs

» courts voyages, étaient le chant des Sirènes.
» La lyre d'Arion suspendit aussi la fureur de
» ses meurtriers, et rendit sensibles jusqu'aux
» monstres marins. La musique et les danses
» n'ont pas moins de pouvoir sur nos mélan-
» coliques matelots. Elles leur rappellent en
» pleine mer les amusements de leurs villages,
» et dans ses vastes solitudes, les doux ressou-
» venirs de la patrie. A l'ombre des mâts et de
» leurs noirs cordages, ils se croient encore
» sous le feuillage des ormeaux, et toujours
» entourés de leurs femmes et de leurs en-
» fants.......Ne soyons point indifférents au
» bonheur de ces infortunés, qui, souvent pri-
» vés du nécessaire, vont chercher notre su-
» perflu jusqu'aux extrémités du monde. Ne
» nous séparons point de ceux que les mers
» séparent de nous : nous devons tout notre
» luxe à leurs dangers. Hommes, animaux,
» végétaux, métaux, éléments, tout est lié
» sur le globe par les chaînes de l'harmonie :
» les gens de mer en sont les derniers an-
» neaux. Par eux le genre humain est une
» famille dont tous les membres se corres-
» pondent, et l'Océan un grand fleuve dont
» les sources sont aux pôles. »

Tels furent les travaux de Bernardin de Saint-Pierre à l'Institut. Ils ont ce caractère particulier, que l'auteur s'y montre toujours ferme dans ses principes, sans aucune considération pour l'époque à laquelle il écrit. Le temps peut changer les systèmes et les hommes; mais il ne peut changer la vérité, et faire que l'athéisme devienne une vertu. La vérité est immuable, et chaque siècle qui commence, la retrouve jugeant les erreurs du siècle qui vient de s'écouler. Bernardin de Saint-Pierre fut immuable comme elle, et pour elle; et lorsque la classe morale de l'Institut, marchant avec le siècle, n'encourageait que les efforts de l'incrédulité, il osa lui faire entendre * ces belles pages de la Mort de Socrate, où le sage se console de l'injustice des hommes par la certitude de son immortalité.

---

* Cette lecture fut faite le 2 vendémiaire an 7 (23 septembre 1798); une pareille date dispense de toute réflexion.

DE LA NATURE
DE
LA MORALE.

Fragment d'un Rapport sur les Mémoires qui ont concouru pour le prix de l'Institut national, dans sa séance publique du 15 messidor de l'an 6 (3 juillet 1798), sur cette question : QUELLES SONT LES INSTITUTIONS LES PLUS PROPRES A FONDER LA MORALE D'UN PEUPLE ?

LA classe des sciences morales et politiques, n'ayant pas jugé à propos de couronner aucun des mémoires du concours, j'ai cru, comme rapporteur de sa commission pour l'examen de ces mémoires, devoir publier la fin de mon rapport, parce qu'elle contient des idées que je crois essentielles à la nature de la morale. J'ai usé en cela du droit de tous les citoyens, et j'ai suivi l'exemple des représentants du peuple, qui font imprimer les discours destinés pour la tribune, lorsqu'ils ne peuvent y être admis. L'impression de celui-ci sera un peu plus étendue que la lecture que j'en ai faite à ma classe, parce que je m'entretiens avec plus de loisir et de confiance avec un lecteur, qu'avec des auditeurs. J'ai distingué, par un signe d'indication, mes additions, entre lesquelles sont quelques preuves de l'existence de Dieu. Je sais bien que Dieu n'a pas besoin de mon faible témoignage, pour manifester son existence ; mais j'ai besoin de m'en rappeler le souvenir, lorsque j'ai affaire aux hommes.

FRAGMENT.

.... Nous nous permettrons quelques réflexions rapides, mais importantes, sur la nature de la morale. Les auteurs des quinze mémoires du concours, quoique très-estimables à bien des égards, ne l'ont définie que par ses effets, quand ils l'ont définie. Il en est résulté qu'ils se sont trouvés dans un grand embarras pour en asseoir les fondements. Les uns les ont placés dans l'éducation, les autres dans les lois ; ceux-ci, dans des fêtes et des spectacles ; ceux-là, dans notre propre cœur si versatile.

La morale n'est point, comme l'ont prétendu quelques philosophes modernes, l'amour de soi ; car elle ne différerait point de nos passions, qui ont aussi leur morale. Elle ne peut être, comme le veulent quelques autres, l'amour de l'ordre social, qui quelquefois nous opprime, ou fait le malheur d'une nation : tel que serait une république de brigands. Elle n'est pas même notre intérêt particulier, fondé sur l'intérêt général, lequel, souvent, lui est contraire. Enfin elle n'est pas une simple sympathie avec nos semblables, comme la définit Smith, puisqu'elle nous impose des devoirs avec nous-mêmes, jusque dans la solitude.

Sans doute, pour trouver l'origine de tant d'opinions et de coutumes qui rendent les mœurs des hommes si variées et si variables, il faudrait admettre encore, à l'exemple d'écrivains célèbres, des morales d'âge, de sexe, de tempérament, de saison, de climat, de nation, de religion, de gouvernement, etc.: d'où il résulterait qu'il n'y aurait point de morale proprement dite. Ainsi l'homme, sans cesse agité par ses propres instincts ou par ceux d'autrui, serait dans la vie, comme un vaisseau sur la mer, chargé de toutes sortes de voiles, mais sans gouvernail, et le jouet perpétuel des vents et des courants.

Pour fixer nos idées sur le premier mobile de l'homme et de ses sociétés, nous admettrons deux morales, comme les Anciens, deux Vénus : l'une terrestre, source de mille passions ; l'autre céleste, prototype de toute beauté. Il y a de même deux morales, l'une humaine et l'autre divine ; l'une résulte de nos passions, l'autre est la raison qui les gouverne ; l'une est la connaissance des usages particuliers à chaque société, l'autre est le sentiment des lois que Dieu a établies de l'homme à l'homme ; l'une est une science qui s'acquiert par la connaissance du monde, l'autre est une conscience donnée par la nature.

La morale des passions divise les hommes entre eux. Elle se subdivise d'abord elle-même en deux troncs principaux, l'Amour et l'Ambition, qui ont autant de têtes que l'hydre. L'amour dégénérant en voluptés de toute espèce, substitua les affections dépravées aux naturelles, les concubines et les sérails aux épouses légitimes ; il repoussa l'enfant du sein maternel ; et le livrant à une nourrice, puis à un instituteur étranger, il rompit les premiers liens des fils avec leurs parents, et ceux des frères avec les sœurs. L'ambition, à son tour, se composant de toutes sortes de cupidités, classa les hommes, à leur naissance, en serfs et en nobles, en aînés fortunés et en cadets indigents. Elle fit naître les jalousies entre les frères, les duels parmi les citoyens, l'intolérance dans les corps, les guerres chez les nations, la discorde, les ressentiments et les vengeances dans tout le genre humain. Enfin ne voyant plus sur la terre que les maux qu'elle y a faits, devenue impie ou superstitieuse, elle nie l'auteur de la nature à la vue du ciel, ou va le chercher au fond des enfers.

La morale de la raison, au contraire, est le sentiment des lois que la nature a établies entre tous les hommes. C'est elle qui, dès la mamelle, attacha la mère à l'enfant par l'habitude des bienfaits, et l'enfant à sa mère par celle de la reconnaissance. C'est elle qui en montrant à l'homme, dès l'aurore de la vie, les biens dont la terre est couverte, lui fit entrevoir un bienfaiteur dans les cieux; et des amis destinés à recueillir ces biens avec lui, dans ses semblables. Elle forma dans l'adolescence le premier anneau de la concorde entre les frères, dans la jeunesse celui de l'amour conjugal entre les époux, dans l'âge viril celui de l'amour paternel entre le père et les enfants. Elle harmonia les familles en tribus par leurs services mutuels, les tribus en nations par l'amour de la patrie, et les nations avec les nations par celui de l'humanité. Enfin ce fut elle qui, en inspirant à l'homme seul, de tous les animaux, l'instinct de la gloire et de l'immortalité, lui montra la récompense de ses vertus dans les cieux, comme un prix placé à la fin de sa carrière.

C'est du sentiment des lois établies par la nature, de l'homme à l'homme, que sont dérivées toutes les vertus fondamentales des sociétés: la piété envers le ciel, la tempérance envers nous-mêmes, la justice à l'égard des autres, la force contre les événements. C'est cette morale céleste, innée dans chacun de nous, qui seule nous fait supporter l'ordre social, lors même qu'il nous opprime. Elle éloigne des jouissances corrompues du monde la jeune fille laborieuse, et en la revêtissant d'innocence et de pudeur, la rend bien plus digne d'être aimée que celle que le vice couvre de diamants. Le cœur lui doit ses sacrifices, la conscience son repos, le ciel une récompense. C'est au ciel qu'elle attache la chaîne dont elle lie tous les habitants innocents de la terre les uns aux autres : c'est par elle qu'ils s'approchent encore sans se connaître, qu'ils s'entendent sans se parler, et qu'ils se servent sans autre intérêt que celui de s'obliger.

Hélas ! elle porta autrefois l'habitant de l'Afrique à tendre une main amie à l'Asiatique, qui la couvrit de fers ; et celui de l'Amérique à offrir sa cabane hospitalière à l'Européen, qui la baigna de sang ! Mais quand la politique des puissances invoque la patrie pour détruire les patries ; quand la morale de leurs passions a sanctionné leurs crimes par des religions corrompues ; quand les infortunés sans défense semblent n'avoir plus d'espoir, la morale céleste fait entendre leur voix. Toutes les ames sont émues, toutes les tyrannies sont ébranlées. Le fil de la pitié, touché par elle, a des secousses plus rapides que le fil électrique agité par la foudre.

Ce fut elle qui montrant le corps sanglant de Lucrèce au peuple romain, renversa le pouvoir odieux des Tarquins. C'est elle qui jetant les Sabines entre deux armées qui couraient à la vengeance, fit oublier à leurs soldats furieux les noms de *Sabins* et de *Romains*, pour les rappeler à ceux de frères, de pères et d'époux ; et fit tomber de leurs mains les épées tranchantes, en leur opposant, pour boucliers, de petits enfants nus, sur le sein maternel. C'est elle qui ébranle aujourd'hui les deux mondes, en criant aux rois et aux *sujets*, aux blancs et aux noirs : Vous êtes tous des hommes !

Elle n'a pas besoin de diplômes pour constater les droits du genre humain ; elle les a renfermés dans le cœur de chacun de nous. Elle y a imprimé ce sentiment ineffaçable : *Ne faites pas à autrui ce que vous ne voudriez pas qu'on vous fît.* Plus habile que la politique des nations, elle seule composa l'intérêt général des intérêts particuliers. Elle ne varie point avec celle-ci ; mais elle est immuable comme la Divinité, sur laquelle elle s'appuie. C'est d'elle seule qu'elle espère sa récompense : en effet, si l'homme moral l'attendait de ses semblables, combien de fois il serait tenté de s'écrier comme Brutus : *O vertu, tu n'es qu'un vain nom !*

Je vous prends à témoin, génies de tous les siècles, qui avez bien mérité des hommes, malgré leurs persécutions : Confucius, Pythagore, Homère, Socrate, Platon, Epictète, Marc-Aurèle,

Fénelon, Jean-Jacques, et vous tous qui avez excellé en vertus, en science, en arts, en éloquence: soit que vous ayez vécu dans la solitude ou dans les assemblées des nations, sur le trône ou dans les fers; c'est cette lueur divine qui vous a guidés. Elle seule éclaire l'esprit et réchauffe le cœur. Sans elle, tout est froid mortel, et obscurité profonde; et il est bien remarquable que parmi les hommes aveuglés par leur ambition, qui ont eu le malheur de la méconnaître, il n'y en a pas un seul qui ait fait une découverte utile au genre humain.

En effet, nous n'avons rien que d'emprunt, et c'est de la Divinité que nous recevons tout. Socrate disait à Aristodème qui niait les dieux: « Vous croyez que vous avez de l'intelligence;
» comment donc pouvez-vous croire qu'il n'y
» ait point aussi dans la nature un être universel
» intelligent? Vous savez que votre corps n'est
» formé que d'une petite portion des élé-
» ments; il n'y aurait donc que votre entende-
» ment qui vous serait venu de je ne sais où, par
» un bonheur tout-à-fait extraordinaire? Vous
» êtes bien persuadé que c'est cet entendement
» qui conduit votre corps dans toutes ses actions;
» comment pouvez-vous donc penser qu'il n'y
» ait pas aussi une intelligence qui dirige le grand
» corps de l'Univers, et qui en ait rangé toutes
» les parties dans l'ordre admirable que vous y

» voyez? Je ne vois pas, me direz-vous, cette
» Divinité qui gouverne toutes choses; mais vous
» ne voyez pas non plus votre ame; en conclu-
» rez-vous que ce n'est pas elle qui vous conduit,
» mais le hasard seulement? Croyez-vous que
» votre vue puisse embrasser un paysage, et que
» celle de la Providence ne s'étende pas à tout le
» monde? Pensez-vous que votre esprit puisse
» songer tour-à-tour aux affaires d'Athènes, de
» Sicile et d'Égypte, et que l'esprit universel ne
» puisse s'occuper à-la-fois de toutes celles de
» l'Univers? »

Aristodème ayant répondu à Socrate, qu'il concevait une si haute idée de la Divinité, qu'il en concluait qu'elle n'avait pas besoin de ses services : « Vous pensez donc, reprit Socrate, qu'on ne
» doit point de reconnaissance à son bienfaiteur?
» Plus la Divinité a fait paraître de magnificence
» dans le soin qu'elle a pris des hommes, plus ils
» lui doivent de respect. En effet, considérez
» qu'elle a réuni dans les hommes seuls toutes les
» jouissances qu'elle a dispersées dans les autres
» animaux ; qu'elle a revêtu leurs corps des plus
» belles formes; qu'elle n'a donné qu'à eux la fa-
» culté de parler et de converser; qu'elle a mis
» le comble à ses bienfaits en leur donnant des
» ames capables de la connaître, d'imiter ses
» ouvrages par leur intelligence, et d'entrer en
» communication avec elle par leurs vertus. »

Socrate avait sans doute raison. On peut même pousser ses arguments plus loin. On peut dire que c'est sur l'intelligence seule de la nature que se forme la nôtre, à la différence de l'instinct des animaux, qui naît avec eux. Il y a apparence que si un enfant était élevé tout seul, dès sa naissance, dans une caverne obscure, il y resterait constamment dans un état d'imbécillité. Si cette caverne était remplie des monuments de l'industrie humaine, et qu'elle vînt à être éclairée par la lumière d'une lampe, sans doute il acquerrait bientôt quelque connaissance des arts, sans toutefois se former aucune idée de la Divinité. Supposons qu'un Vaucanson lui apparaisse avec quelque machine qui pourvoie à ses besoins, il est vraisemblable qu'un sentiment religieux s'éleverait dans son cœur avec celui de la reconnaissance : l'inventeur d'un art utile serait pour lui un Dieu. C'est ainsi que des peuples enfants ont déifié une Minerve, une Cérès, un Bacchus. Supposons maintenant que la lampe s'éteigne, que la machine disparaisse, mais que tout-à-coup les portes de la caverne s'ouvrent, et qu'il voie, pour la première fois, une terre couverte de verdure et de fleurs, des vergers chargés de fruits, une forêt, une rivière, des oiseaux, une jeune fille au pied d'un arbre, et un astre au haut des cieux, baignant tous ces objets des flots de sa lumière ; oh ! dans quel ravissement seraient tous ses sens!

Croyez-vous qu'il méconnût alors un Dieu dans la nature ? Voyez comme sa curiosité l'agite! Semblable à un enfant de nos villes qui, après un rigoureux hiver, sort dans les campagnes, sans précepteur, il interroge tout ce qui l'environne ; il creuse la terre, il effeuille une fleur, il escalade un arbre. Il veut tout voir, tout manier, tout connaître : son corps et sa raison se forment à-la-fois, d'après les lois et les dons de la nature. Pénétré de cette puissance qui l'environne de bienfaits, il l'adore dans l'arbre qui le nourrit, dans la fontaine qui le désaltère, dans le soleil qui l'éclaire et le réchauffe, et bientôt dans l'objet de ses amours. C'est ainsi que vous vivez encore, peuples simples, vous que nous appelons ignorants et sauvages! Pour nous, habitants des cités, nous n'adorons que les ouvrages de notre esprit et de nos mains : des monuments, des statues, des systèmes. Mais ne nous enviez point nos arts fastueux et nos doctrines trompeuses ; les prairies sont vos lycées, des jeux innocents vos exercices, de majestueuses forêts vos temples toujours révérés. Au sein de la nature vous n'en méconnaissez jamais l'auteur ; et sans doute, à ses yeux, c'est vous qui vivez à la lumière, et nous dans d'obscurs souterrains.

Quelque haute opinion que nous ayons de nos sciences et de nos arts, tous les modèles en sont dans la nature. Que dis-je ? nos ouvrages les plus vantés n'en sont que de vaines images. Le génie le plus sublime n'en est qu'un faible nourrisson; il n'est industrieux que de son industrie. C'est par les convenances qu'elle lui montre, qu'il entrevoit les convenances qu'elle lui cache. Christophe Colomb, pénétré de cette seule vérité, que Dieu n'a rien fait en vain, juge à l'aspect d'un globe, que sa partie occidentale ne peut être réservée tout entière à l'Océan : il s'embarque, et il découvre un nouveau monde.

Si notre intelligence ne se développe que sur celle de la Divinité, notre morale ne se modèle que sur le sentiment de sa bienfaisance. L'homme juste, semblable à elle, est bienfaisant sans se mettre en peine de la reconnaissance des hommes. Il fait du bien, même à ses ennemis, comme l'arbre fruitier, dit Marc-Aurèle, qui donne ses fruits à ceux mêmes qui lui jettent des pierres.

Confucius prêche la morale aux rois corrompus de la Chine; il la fonde sur les lois de la nature et sur la souveraine raison de l'Univers; il établit sur elle la politique des nations : il vit et il meurt persécuté. Cependant un philosophe sur le trône se revêt, après lui, de son auguste sacerdoce. Les diverses nations de la Chine, éprises de cette doctrine céleste, se réunissent à ses états, et forment un empire qui dure depuis quatre mille ans. Un sage paraît dans un royaume prêt à se dissoudre; il veut en rappeler les habitants aux lois éternelles de la morale : il paie sa mission de sa vie. Mais ses divins documents se répandent dans le monde ; ils étayent pendant des siècles les ruines de l'empire romain ; et son énorme colosse ne s'écroule aujourd'hui, que parce que les vices en avaient sapé tous les fondements.

Que dirai-je de ces hommes si chers au genre humain, qui ont tant de fois guéri ses plaies par les seules influences de la morale ? Guillaume Penn, fuyant les troubles de son pays, appelle ses frères persécutés sur les bords de la Delaware, et il y établit un état toujours pacifique au milieu même des anthropophages. Fénelon, avec un seul livre, ramène les rois de l'Europe, de l'esprit destructeur des conquêtes à celui de l'agriculture, et prépare de loin notre liberté. Cook et Banks vont transplanter nos végétaux utiles dans un autre hémisphère, et les sauvages admirent, pour la première fois, des Européens qui abordent sur leurs côtes pour leur faire du bien. Howard parcourt toutes les prisons pour adoucir le sort des criminels, et son humanité inspire au gouvernement britannique, de fonder avec eux Botany-Bay. Vincent de Paul donne des berceaux et du lait à des milliers d'enfants trouvés. Un philosophe, égaré par l'exemple, expose les siens dans un pays où les mères les abandonnaient à des nourrices mercenaires ; en expiation de sa faute, il compose un livre sur l'éducation, et son cœur affligé de si tristes ressouvenirs, lui inspirant une éloquence paternelle, il rend les mères à leurs enfants et les enfants à leurs mères. Ainsi le Ciel indulgent traça à nos pas incertains, deux routes vers la vertu, l'innocence et le repentir.

Tant de bienfaiteurs de l'humanité, si éclairés, auraient-ils fait des sacrifices si longs, si pénibles, pour des hommes inconstants et ingrats, s'ils n'avaient senti qu'il existait un Dieu?

Non-seulement cette morale sainte protége les nations contre les erreurs et les fureurs de la politique, mais elle guérit les hommes des maux regardés par la médecine même comme incurables.

Je vais vous en citer un exemple bien digne de vos réflexions. Un médecin, * vient de présenter au gouvernement une méthode curative de la folie par des remèdes moraux. En effet, la folie est une maladie morale qui se combine souvent, ainsi que les passions, avec la santé physique la plus robuste. Parmi les preuves que ce respectable philanthrope rapporte de la bonté de ses moyens, certifiée par deux médecins célèbres, dont l'un, le citoyen Désessarts, est un de nos confrères, il y en a une fort touchante. Une fille,

---

* M. Boutet.

âgée de vingt-cinq ans, était devenue folle par les injustices réitérées de son père. Il lui enlevait tous les fruits de ses travaux pour les donner à son frère. Il lui promit une croix d'or en dédommagement, mais il lui manqua de parole. L'infortunée ne put résister à ce dernier trait ; elle en perdit la raison. Elle entrait en fureur au seul nom de l'auteur de ses jours. On l'emmena au célèbre hospice des Insensés, à Avignon. Le médecin moraliste, après lui avoir fait administrer, sans succès, les remèdes physiques accoutumés, la console, lui dit que son père se repent de ses torts, qu'il lui a acheté le bijou qu'il lui a promis, et qu'il a envoyé son frère au loin apprendre une profession. La fille écoute, et devient pensive. Bientôt le père se présente à elle, mais elle le repousse. Après quelques nouvelles tentatives, il s'en rapproche, la caresse, lui présente le bijou fatal. La fille émue, verse des larmes, lui tend la main, l'embrasse, et en peu de temps recouvre sa santé. Ainsi le père retrouva sa tendresse dans le malheur de sa fille, et la fille sa raison dans l'amour de son père, et tous deux baignèrent de leurs larmes la main du sage qui les avait guéris.

Notre ame ne ressemble que trop souvent à cette fille égarée. Combien d'hommes ont méconnu un père dans la nature, à cause de la perte imprévue des objets de leurs affections ! Il n'y a point de Dieu, s'écrient-ils, ou, s'il en est un, il est injuste! Ah! sans doute, s'il disait à chacun d'eux : Enfant de la terre, reprends ta jeunesse fugitive, tes amours inconstants, tes dignités si vaines, et vis heureux, si tu le peux; ils reconnaîtraient peut-être un père au retour de ses bienfaits. Mais ses dons ne sont pas nos propriétés; il nous les prête pour un temps, pour les faire passer bientôt à d'autres.

« La vie, dit Marc-Aurèle, est un banquet où
» nous sommes invités tour-à-tour. N'en sortons
» pas sans remercier la Divinité qui nous y a
» appelés. » Ne semble-t-elle pas nous dire, par le spectacle de la terre et des cieux : « J'ai donné
» à vos passions des biens passagers comme elles,
» j'en destine d'immortels à vos vertus? La bonté
» est dans mon essence, la justice dans mes dis-
» tributions, l'éternité dans mes plans, et l'infini
» dans mes ouvrages. »

Laborieux naturalistes, qui essayez d'en faire des nomenclatures, dites-nous si vous entrevoyez seulement sur la terre les limites de sa puissance. Poëtes, peintres, musiciens, avez-vous jamais exprimé ce que ses harmonies vous ont fait sentir? Avez-vous jamais créé dans vos plus charmants tableaux, des êtres vivants, parlants, aimants? Orateurs diserts, philosophes profonds, qui remontez aux sources de la pensée, et qui cherchez à en perfectionner les signes, arrangez vos types et vos dilemmes! une femme timide, éloquente des seules formes de la nature, va, d'un sourire, troubler votre logique, ou la renverser avec ses larmes. La même intelligence qui a protégé la faiblesse et l'ignorance sur la terre, confond le savoir et l'orgueil dans les cieux. Croirat-on que les astres obéissent aux lois du hasard, parce que leurs mouvements sont réguliers? Que dirait-on de plus s'ils étaient irréguliers? Peut-on dire que l'astre des nuits n'est pas fait pour les éclairer, parce que dans le cours de son mois, il luit d'une lumière tantôt croissante, tantôt décroissante? Mais l'astre du jour luit aussi, dans le cours de l'année, d'une lumière inégale. Les heures du jour ont les mêmes phases que les mois et les années. Celle qui sort la première du sein de l'aurore, et celle qui rentre la dernière sous le manteau de la nuit, sont moins lumineuses que leurs sœurs, qui brillent au haut des cieux, dans les feux du midi. Toutes ces filles du soleil, d'âges différents, distribuent la lumière à des êtres dont la vie est en rapport avec leurs périodes. Des harmonies aussi variées règnent dans l'immensité des cieux. Des réverbères nocturnes, contournés en globes ou en anneaux, circulent autour des planètes; les planètes autour d'un soleil ; des soleils divers en grandeur sont semés dans le firmament, comme les grains de sable sur la terre, et leurs moindres distances entre eux sont incommensurables. O toi, qui calculas leurs lois apparentes, sublime Newton [1], dis-nous quel était le sentiment profond de ton néant, quand ton génie parcourant leurs orbites, ta tête s'inclinait vers la poussière au seul nom de l'Éternel !

La même main qui a lié leurs sphères entre elles par les lois de l'attraction, a lié les cœurs des hommes par celles de la morale. C'est elle qui réunit les sciences, les lettres, les arts, qui, sans leur moralité, deviendraient funestes au genre humain. C'est elle qui en rapproche les diverses sections dans l'Institut national, et qui de toutes les parties du globe, les appelle comme des frères et des sœurs dans ce Panthéon des Muses. Savants, artistes, littérateurs, qui voulez courir dans ses lices, ou vous y reposer un jour, dirigez toutes vos études vers la morale. Répandez-en les devoirs et les charmes sur toutes les productions de votre génie et sur tous les besoins de la société ; que vos toiles et que vos marbres la respirent. C'est cette fille du ciel qui couvre d'une vénération religieuse les berceaux de l'innocence et les tombeaux de la vertu. C'est elle qui donne tant d'étendue à nos regrets dans le passé, et à nos espérances dans l'avenir. Ses rayons divins luisent au milieu des ténèbres les plus profondes de l'antiquité, se fixent sur ses ruines, et réchauffent encore ceux qui s'en approchent.

C'est elle qui a ranimé par la cendre des Catons et des Brutus, la mourante Italie. C'est par elle que vous illustrerez jusqu'aux rochers de la France, et que vous réformerez les cœurs de ses citoyens. Elle seule peut guérir nos passions insensées, depuis le délire d'une faible fille, jusqu'à celui des nations. Mais si la fortune vous est contraire, si les hommes vous persécutent, si enfin les talents vous manquent, que vous restera-t-il pour bien mériter de la patrie? la morale encore. Si l'ordre particulier naît de l'ordre général, l'ordre général, à son tour, résulte de l'ordre particulier. O heureux mille fois qui fait le bien des hommes, loin de leurs vains applaudissements! Heureux qui ne cherche d'autres témoins de ses actions que le ciel et sa conscience! Vécût-il dans les fers comme Épictète, mourût-il victime de la calomnie, comme Socrate, en s'instituant avec lui-même, il fondera non-seulement la morale d'un peuple, mais celle du genre humain.

FIN.

NOTES

DU

PRÉAMBULE DE L'ARCADIE.

L'USAGE des notes, si commun aujourd'hui dans nos livres, vient, d'une part, de la maladresse des auteurs, qui se trouvent embarrassés pour interpoler dans leurs ouvrages des observations qu'ils croient intéressantes; et de l'autre, de la délicatesse des lecteurs, qui ne veulent point être interrompus dans leur lecture, par des digressions. Les anciens, qui écrivaient mieux que nous, n'ajoutaient point de notes à leur texte; mais ils s'y écartaient à droite et à gauche, suivant leurs besoins. C'est ainsi qu'ont écrit les philosophes et les historiens les plus célèbres de l'antiquité, tels qu'Hérodote, Platon, Xénophon, Tacite, le bon Plutarque..... Leurs digressions répandent, à mon avis, une agréable variété dans leurs ouvrages. Ils vous font voir bien du pays en peu de temps, et vous promènent par des lacs, des montagnes, des forêts, en vous conduisant toutefois au but; ce qui n'est pas aisé. Mais cette marche fatigue nos auteurs et nos lecteurs modernes, qui ne veulent voyager que dans des plaines. Pour ôter donc aux autres, et sur-tout à moi, une partie de l'embarras du chemin, j'ai fait des notes, et je les ai mises à part. Cet ordre, de plus, a cela de commode pour le lecteur, qu'il ne sera point obligé de les lire si le texte l'ennuie.

¹ PAGE 9.

Dieu m'a fait cette insigne faveur, que quelque trouble qu'ait éprouvé ma raison, je n'en ai jamais perdu l'usage à mes yeux, et sur-tout à ceux des autres hommes. Dès que je sentais les paroxysmes de mon mal, je me retirais dans la solitude. Quelle était donc cette raison extraordinaire qui m'avertissait que ma raison ordinaire se troublait? Je suis tenté de croire qu'il y a dans notre ame un foyer inaltérable de lumières, que les plus épaisses ténèbres ne peuvent obscurcir entièrement. C'est, je pense, ce *sensorium* qui avertit l'homme ivre que sa raison est exaltée, et le vieillard caduc que son jugement est affaibli. Pour voir luire ce flambeau au dedans de nous, il faut le calme des passions, la solitude, et sur-tout l'habitude de rentrer en soi-même. Je regarde ce sentiment intime de nos fonctions intellectuelles, comme l'essence même de notre ame et une preuve de son immatérialité.

² PAGE 10.

Le docteur Roux, auteur du Journal de Médecine, et le docteur Buquet, professeur de la Faculté de Médecine de Paris; tous deux morts, dans la force de l'âge, de leurs propres remèdes contre les maux de nerfs.

³ PAGE 12.

Quoique j'aie coutume de nommer dans mes écrits, lorsque j'en trouve l'occasion, les personnes qui m'ont rendu quelque service, et auxquelles j'ai des obligations essentielles, ce n'en est ni le temps ni le lieu. Je n'ai mis ici, des mémoires de ma vie, que ce qui pouvait servir de préambule à mon ouvrage sur l'Arcadie.

4 PAGE 20.

Il y avait, ce me semble, plusieurs défauts dans les établissements des jésuites au Paraguay. Comme ces religieux ne se mariaient pas, qu'ils n'avaient point en eux-mêmes de principe indépendant d'existence, qu'ils se recrutaient toujours avec des Européens, et qu'ils formaient dans leurs Rédemptions même une nation dans une autre nation, il est arrivé que la destruction de leur ordre en Europe a entraîné celle de leurs établissements en Amérique. D'ailleurs, la régularité conventuelle et les cérémonies multipliées qu'ils avaient introduites dans leur administration politique, ne pouvaient convenir qu'à un peuple enfant, qu'il faut sans cesse tenir par la lisière et conduire par les yeux. Ils n'en méritent pas moins une louange immortelle, pour avoir rassemblé une multitude de barbares sous des lois humaines, et leur avoir enseigné les arts utiles à la vie, en les préservant de la corruption des peuples civilisés.

5 PAGE 20.

Ils mangent aussi des chiens, ces amis naturels de l'homme. J'ai remarqué que tout peuple qui avait cette coutume, n'épargnait pas dans l'occasion la chair de ses semblables : manger des chiens est un pas vers l'anthropophagie.

6 PAGE 21.

Nom des hommes du peuple à l'île de Taïty, et dans les îles de cet archipel. Il ne leur est pas permis de manger de chair de porc, qui y est excellente, quoique cet animal y soit fort commun. Elle est réservée pour les E-Arrés, qui sont les chefs. Les toutous élèvent les porcs, et les E-Arrés les mangent. ★

★ Voyez les Voyages du capitaine Cook.

7 PAGE 60.

Ces comparaisons sont des beautés qui semblent réservées à la poésie; mais je crois que la peinture pourrait se les approprier et en tirer de grands effets. Par exemple, lorsqu'un peintre représente sur le devant d'un tableau de bataille, un jeune homme d'un caractère intéressant tué et étendu sur l'herbe, il pourrait mettre auprès de lui quelque belle plante sauvage analogue à son caractère, dont les fleurs seraient pendantes et les tiges à demi-coupées. Si c'était dans un tableau de bataille moderne, il pourrait y mutiler, et, si j'ose le dire, y tuer des végétaux d'un plus grand ordre, tels qu'un arbre à fruit, ou même un chêne; car nos boulets font bien un autre désordre dans nos campagnes, que les flèches et les javelots des anciens. Ils labourent les gazons des collines, brisent les forêts, coupent les jeunes arbres en deux, et enlèvent de grands éclats du tronc des plus vieux chênes. Je ne crois pas avoir jamais vu aucun de ces effets dans les tableaux de nos batailles modernes. Ils sont cependant bien communs dans nos guerres, et redoublent les impressions de terreur que les peintres se proposent de faire naître en représentant de pareils sujets. La désolation d'un pays a encore plus d'expression que des groupes de morts et de mourants. Ses bocages brisés, les sillons noirs de ses prairies et ses rochers écornés, montrent les effets de la fureur des hommes, qui s'étendent jusqu'aux antiques monuments de la nature. On y reconnaît la colère des rois, qui est leur dernière raison, ainsi qu'on le lit sur leurs canons: *Ultima ratio regum.* On pourrait même exprimer dans toute l'étendue d'un tableau de bataille, les détonations du bruit de l'artillerie, que les vallons répètent à plusieurs lieues de distance, en représentant, dans les lointains, des bergers effrayés qui s'éloignent avec leurs troupeaux, des volées d'oiseaux qui fuient vers l'horizon, et des bêtes fauves qui abandonnent les bois.

Les consonnances physiques redoublent les sensations morales, sur-tout lorsqu'elles passent d'un règne de la nature à un autre règne.

[8] PAGE 66.

Voilà les raisons personnelles qu'il pouvait avoir de parler peu dans les cercles ; mais je ne doute pas qu'il n'en eût de beaucoup plus fortes, du côté même de nos sociétés. Je trouve ces raisons générales si bien déduites dans l'excellent chapitre des Essais de Montaigne, *Sur l'art de conférer*, que je ne peux m'empêcher d'en extraire ici quelques lignes, afin d'engager le lecteur à le lire tout entier.

« Comme notre esprit se fortifie par la communication des
» esprits vigoureux et réglés, il ne se peut dire combien il se perd
» et s'abâtardit par le continuel commerce et la fréquentation des
» esprits bas et maladifs. Il n'est contagion qui s'espande comme
» celle-là. Je sais, par assez d'expérience, combien en vaut
» l'aune. J'aime à contester et à discourir ; mais c'est avec peu
» d'hommes et pour moi : car de servir de spectacle aux grands,
» et faire à l'envi parade de son esprit et de son caquet,
» je trouve que c'est un métier très-messéant à un homme
» d'honneur. »

C'est en effet, pour des gens de lettres, jouer chez les grands le même rôle que les Grecs affranchis, la plupart gens de lettres et philosophes, jouaient chez les Romains.

Voilà pour la conversation active de l'honnête homme chez les gens du monde ; et voici, quelques pages plus loin, pour la conversation passive :

« La gravité, la robe et la fortune de celui qui parle, donnent
» souvent crédit à des propos vains et ineptes. Il est à présu-
» mer qu'un Monsieur si suivi, si redouté, n'ait au dedans quel-

» que suffisance autre que populaire, et qu'un homme à qui
» on donne tant de commissions et de charges, si dédaigneux
» et si morguant, ne soit plus habile que cet autre qui le salue
» de si loin, et que personne n'emploie. Non-seulement les
» mots, mais aussi les grimaces de ces gens-là, se considèrent
» et mettent en compte, chacun s'appliquant à y donner quel-
» que belle et solide interprétation. S'ils se rabaissent à la
» conférence commune, et qu'on leur présente autre chose
» qu'approbation et révérence, ils vous assomment de l'autorité
» de leur expérience. Ils ont ouï, ils ont vu, ils ont fait : vous
» êtes accablé d'exemples. »

Qu'aurait donc dit Montaigne, dans un siècle où tant de petits se croient grands ; où chacun a deux, trois, quatre titres pour se rehausser ; où ceux qui n'en ont pas, se retranchent sous le patronage de ceux qui en ont? A la vérité, la plupart commencent par se mettre aux genoux d'un homme qui fait du bruit ; mais ils finissent par lui monter sur les épaules. Je ne parle pas de ces importants qui, s'emparant d'un écrivain pour avoir l'air de lui rendre service, s'interposent entre lui et les sources des graces publiques, afin de le mettre dans leur dépendance particulière, et qui deviennent ses ennemis, s'il se refuse au malheur d'en être protégé. L'heureux Montaigne n'avait pas besoin de la fortune. Mais qu'aurait-il dit de ces hommes apathiques, si communs dans tous les rangs, qui, pour sortir de leur léthargie, recherchent la société d'un auteur célèbre, et attendent en silence qu'il leur débite à chaque phrase des sentences toutes neuves ou des bons mots ; qui n'ont pas même le sentiment de les connaître, ni l'esprit de les recueillir, s'ils ne sont débités d'un ton qui leur en impose, ou s'ils ne les voient vantés dans les journaux ; et qui enfin, s'ils en sont frappés par hasard, ont souvent la malignité de leur donner un sens médiocre ou dangereux, pour affaiblir une réputation qui leur fait ombrage ? Certes, si Michel Montaigne lui-même ne se fût présenté dans nos cercles que comme Michel, malgré son jugement exquis, son élocution si naïve, son érudition si vaste et qu'il appliquait si à propos, il se fût trouvé par-tout réduit au silence comme Jean-Jacques. Je me suis un peu étendu sur ce chapitre, pour l'honneur de l'auteur d'Émile et de celui des Essais. On leur a reproché à tous deux d'être silencieux et de peu d'intérêt dans la conversation, à tous deux d'être égoïstes dans leurs écrits, mais bien injustement sur ce dernier point comme sur l'autre. C'est l'homme qu'ils décrivent toujours dans leurs personnes ; et je trouve que, quand ils parlent d'eux, ils parlent aussi de moi.

Pour revenir à Jean-Jacques, il fuyait bien sincèrement la vanité ; il rapportait sa réputation, non à sa personne, mais à quelques vérités naturelles répandues dans ses écrits, d'ailleurs s'estimant peu lui-même. Je lui racontais un jour qu'une demoiselle m'avait dit qu'elle serait volontiers sa servante. « Oui, » reprit-il ; afin que je lui fisse pendant six ou sept heures des » discours d'Émile. » Il m'est arrivé plus d'une fois de combattre quelques-unes de ses opinions ; loin de le trouver mauvais, il convenait avec plaisir de son erreur dès que je la lui faisais connaître.

J'en citerai un exemple à ma louange, dût-on m'accuser à mon tour de vanité, quoique, en vérité, je n'aie ici d'autre intention que de l'en disculper lui-même. Pourquoi, lui dis-je un jour, avez-vous parlé dans Émile, du serpent qui est dans le déluge du Poussin, comme de l'objet principal de ce tableau ? C'est l'enfant, que sa mère pose sur un rocher. Il réfléchit un moment et me dit : « Oui ; oui, vous avez raison : je me suis » trompé. C'est l'enfant ; certainement, c'est l'enfant ; » et il parut plein de joie de ce que je lui avais fait faire cette observation. Mais il n'avait pas besoin de mes faibles remarques pour revenir sur ses pas. Il me dit un jour : « Si je faisais une nou- » velle édition de mes ouvrages, j'adoucirais ce que j'y ai écrit » sur les médecins. Il n'y a pas d'état qui demande autant » d'études que le leur. Par tout pays, ce sont les hommes les

» plus véritablement savants. » Une autre fois, il me dit : « J'ai
» mis un peu trop d'humeur dans mes querelles avec M. Hume.
» Mais le climat sombre de l'Angleterre, la situation de ma
» fortune, et les persécutions que je venais d'essuyer en
» France, tout me jetait dans la mélancolie. » Il m'a dit plus
d'une fois : « Je l'avoue, j'ai aimé la célébrité; mais, ajoutait-il
» en soupirant, Dieu m'a puni par où j'avais péché. »

Cependant, des personnes très-estimables lui ont reproché jusqu'au mal qu'il a dit de lui-même dans ses Confessions. Qu'auraient-elles donc dit, si, comme tant d'autres, il y avait fait indirectement son éloge? Plus les fautes dont il s'y accuse sont humiliantes, plus l'aveu qu'il en fait est sublime. Il y a à la vérité quelques endroits où on peut l'accuser d'indiscrétion envers autrui; c'est sur-tout lorsqu'il y parle des passions peu délicates de son inconstante bienfaitrice, madame de Warens. Mais j'ai lieu de croire que ses œuvres posthumes ont été altérées dans plus d'un endroit. Il est possible qu'il ne l'ait pas nommée dans son manuscrit; et s'il l'a nommée, il a cru pouvoir le faire sans conséquence, parce qu'elle n'a pas laissé de postérité. D'ailleurs, il en parle par-tout avec intérêt. Il arrête toujours, au milieu de ses désordres, l'attention du lecteur sur les qualités de son ame. Enfin, il a cru devoir dire le bien et le mal des personnages de son histoire, à l'exemple des plus fameux historiens de l'antiquité. Tacite dit positivement au commencement de son histoire, livre premier : « Je n'ai aucun sujet
» d'aimer ni de haïr Othon, Galba et Vitellius. Il est vrai que
» je dois ma fortune à Vespasien, comme j'en dois le progrès
» à ses enfants : mais lorsqu'il est question d'écrire l'histoire,
» il faut oublier les faveurs ainsi que les injures. » En effet, Tacite reproche à Vespasien, son bienfaiteur, l'avarice et d'autres défauts. Jean-Jacques, qui avait pris pour devise, *Vitam impendere vero*, a pu se piquer d'autant d'amour pour la vérité dans sa propre histoire, que Tacite dans celle des empereurs romains.

Ce n'est pas que j'approuve la franchise sans réserve de Jean-Jacques dans un ordre de société tel que le nôtre, et que je n'aie trouvé d'ailleurs à reprendre de l'inégalité dans son humeur; des inconséquences dans ses écrits, et quelques actions dans sa conduite, puisqu'il a lui-même publié celles-ci pour les condamner. Mais où est l'homme, où est l'écrivain, où est sur-tout l'infortuné qui n'ait point d'erreurs à se reprocher? Jean-Jacques a agité des questions si susceptibles de pour et de contre; il s'est trouvé à-la-fois une ame si grande et une fortune si misérable, des besoins si pressants et des amis si trompeurs, qu'il a été souvent forcé de sortir des routes communes. Mais lors même qu'il s'égare, et qu'il est la victime des autres ou de lui-même, on le voit par-tout oublier ses propres maux pour ne s'occuper que de ceux du genre humain ; par-tout il est le défenseur de ses droits, et l'avocat des malheureux. On pourrait écrire sur son tombeau ces paroles touchantes d'un livre dont il a fait un si sublime éloge, et dont il portait toujours avec lui quelques pages choisies, dans les dernières années de sa vie : « ON LUI A BEAUCOUP REMIS, PARCE » QU'IL A BEAUCOUP AIMÉ. »

9. PAGE 67.

Voici le jugement qu'en porte Philippe de Comines, le Plutarque de son siècle pour la naïveté:

« Cosme de Médicis, qui fut le chef de cette maison et la
» commença, homme digne d'être nommé entre les très-grands,
» et en son cas, qui était de marchandise, était la plus grande
» maison que je crois qui ait jamais été au monde. Car leurs ser-
» viteurs ont eu tant de crédit sous couleur de ce nom Médicis,
» que ce serait merveille à croire ce que j'en ai vu en France et en
» Angleterre.... J'en ai vu un de ses serviteurs, appelé Guérard
» Quannèse, presque être occasion de soutenir le roi Édouard

» le quart en son état, étant en guerre en son royaume d'An-
» gleterre. »

Et plus bas : « L'autorité des prédécesseurs nuisait à ce
» Pierre de Médicis, combien que celle de Cosme, qui avait
» été le premier, fût douce et aimable, et telle qu'elle était né-
» cessaire à une ville de liberté. * »

* Livre VII.

NOTES

DE L'ARCADIE.

PAGE 85.

IL y avait en Grèce plusieurs fleuves et ruisseaux de ce nom. Il ne faut pas confondre ce ruisseau qui sortait du mont Lycée, avec le fleuve du même nom, qui descendait du Pinde et séparait l'Étolie de l'Acarnanie. Ce fleuve Achéloüs, selon la fable, se changea en taureau pour disputer à Hercule, Déjanire, fille d'Œnée, roi d'Étolie. Mais Hercule, l'ayant saisi par une de ses cornes, la lui rompit; et le fleuve désarmé fut obligé, pour ravoir sa corne, de lui donner une de celles de la chèvre Amalthée. Les Grecs voilaient les vérités naturelles sous des fables ingénieuses. Voici le sens de celle-ci. Les Grecs donnaient le nom d'Achéloüs à plusieurs fleuves, du mot Ἀγέλη (Aghélè) qui signifie troupeau de bœufs, ou à cause du mugissement de leurs eaux, ou plutôt, parce que leurs têtes se séparent ordinairement, comme celles des bœufs, en cornes ou embouchures, qui facilitent leur confluence entre eux ou dans la mer, ainsi que nous l'avons observé dans nos Études précédentes. Or, l'Achéloüs étant sujet à se déborder, Hercule, ami d'Œnée, roi d'Étolie, tira de ce fleuve, suivant Strabon, un canal d'arrosement qui affaiblit une de ses embouchures, ce qui fit dire qu'Hercule lui avait rompu une de ses cornes. Mais comme, d'un autre côté, il résulta de ce canal beaucoup de fertilité pour le pays, les Grecs ajoutèrent qu'Achéloüs, à la place de sa corne de taureau, avait donné en échange celle de la chèvre Amalthée, qui, comme on sait, était le symbole de l'abondance.

² PAGE 93.

Memnon, fils de Tithon et de l'Aurore, fut tué au siége de Troie par Achille. On lui érigea à Thèbes, en Égypte, un superbe tombeau, dont les ruines subsistent encore sur les bords du Nil, dans un lieu appelé par les anciens Memnonium, et aujourd'hui, par les Arabes, Médinet Habou, c'est-à-dire, ville du Père. On y voit les débris colossaux de sa statue, d'où sortaient autrefois des sons harmonieux au lever de l'aurore.

Je me propose de faire ici quelques observations au sujet du bruit que produisait cette statue, parce qu'il intéresse particulièrement l'étude de la nature. D'abord, on ne peut révoquer ce fait en doute. L'Anglais Richard Pocoke, qui vit en 1738 les restes du Memnonium, dont il nous a donné une description aussi détaillée qu'on puisse la faire aujourd'hui, rapporte sur l'effet merveilleux de la statue de Memnon, plusieurs autorités des anciens, que voici en abrégé.

Strabon dit qu'il y avait dans le Memnonium, entre autres figures colossales, deux statues à peu de distance l'une de l'autre; que la partie supérieure de l'une avait été renversée, et qu'il sortait une fois le jour, de son piédestal, un bruit pareil à celui qu'on entend, lorsqu'on frappe sur quelque chose de dur. Il ouït lui-même le son, étant sur le lieu avec Ælius Gallus; mais il ne put savoir s'il venait, ou de la base, ou de la statue, ou de ceux qui étaient autour.

Pline le naturaliste, bien plus circonspect qu'on ne le croit, lorsqu'il s'agit d'attester un fait extraordinaire, se contente de rapporter celui-ci sur la foi publique, en employant ces expressions de doute : *Narratur, ut putant, dicunt*, dont il se sert si fréquemment dans son ouvrage. C'est en parlant de la pierre de basalte, *Hist. nat.*, *l.* 36, *ch.* 7.

Invenit eadem Ægyptus in Æthiopiâ quem vocant basalten, ferrei coloris atque duritiæ....

Non absimilis illi narratur in Thebis, delubro Serapis, ut putant, Memnonis statuâ dicatus; quem quotidiano solis ortu contactum radiis crepare dicunt.

« Les Égyptiens trouvent aussi en Éthiopie une pierre appelée ba-
» salte, qui a la couleur et la dureté du fer.... »

« On raconte que c'est de cette même pierre qu'est faite à Thèbes,
» dans le temple de Sérapis, la statue de Memnon, qui, dit-on, fait du
» bruit chaque jour, lorsqu'elle est touchée par les rayons du soleil
» levant. »

Juvénal, si en garde contre les superstitions, et sur-tout contre celles de l'Égypte, adopte ce fait dans sa satire 15°, qu'il a dirigée contre ces mêmes superstitions :

Effigies sacri nitet aurea cercopitheci,
Dimidio magicæ resonant ubi Memnone chordæ,
Atque vetus Thebe centum jacet obrutà portis.

« Le simulacre doré d'un singe sacré, à longue queue, brille encore
» où résonnent les cordes magiques de la moitié de la statue de Mem-
» non, dans l'ancienne Thèbes ensevelie sous les débris de ses cent
» portes. »

Pausanias rapporte que ce fut Cambyse qui brisa cette statue; que la moitié du tronc était par terre; que l'autre moitié rendait tous les jours, au lever du soleil, un son pareil à celui que rend la corde d'un arc, qui casse, pour être trop tendue.

Philostrate en parle comme témoin. Il dit, dans la vie d'Apollonius de Tyane, que le Memnonium était non-seulement un temple, mais un forum; c'est-à-dire, un lieu de très-grande étendue, ayant ses places publiques, ses bâtiments particuliers, etc. Car les temples, dans l'antiquité, avaient beaucoup de dépendances extérieures, des bois qui leur étaient consacrés, des logements pour les prêtres, les victimes, et pour recevoir les étrangers. Philostrate assure qu'il vit la statue de Memnon entière; ce qui suppose que de son temps on en avait réparé la partie supérieure. Il la représente sous la forme d'un jeune homme assis, qui regardait le soleil levant. Elle était de pierre noire. Elle avait ses deux pieds de niveau, comme toutes les statues anciennement faites avant Dédale, qui le premier, dit-on, porta les pieds des statues l'un devant l'autre. Ses deux mains étaient appuyées sur ses cuisses, comme si elle voulait se lever.

On aurait cru, à ses yeux et à sa bouche, qu'elle allait parler. Philostrate et ses compagnons de voyage, ne furent point surpris de l'attitude de cette statue, parce qu'ils ignoraient sa vertu : mais, lorsque les rayons du soleil levant vinrent à darder sur sa tête, ils ne furent pas plutôt arrivés à sa bouche, qu'elle parla en effet, ce qui leur parut un prodige.

Ainsi, voilà une suite d'auteurs graves, depuis Strabon qui vivait sous Auguste, jusqu'à Philostrate sous Caracalla et Géta, c'est-à-dire, pendant un espace de deux cents ans, qui affirment que la statue de Memnon faisait du bruit au lever de l'aurore.

Pour Richard Pocoke, qui n'en vit que la moitié en 1738, il la trouva dans le même état que Strabon l'avait vue environ 1738 ans auparavant, excepté qu'il n'en sortait aucun son. Il dit qu'elle est d'une espèce particulière de granit dur et poreux, tel qu'il n'en avait jamais vu, qui ressemble beaucoup à la pierre d'aigle. A trente pieds d'elle, au nord, il y a, ainsi que du temps de Strabon, une autre statue colossale entière, bâtie de cinq assises de pierres, dont le piédestal a trente pieds de long et dix-sept de large. Mais le piédestal de la statue mutilée, qui est celle de Memnon, a trente-trois pieds de long sur dix-neuf pieds de largeur. Il est d'une seule pièce, quoique fendu à dix pieds du dos de la statue. Pocoke ne parle point de la hauteur de ces piédestaux, sans doute parce qu'ils sont encombrés dans les sables; ou plutôt parce que l'action perpétuelle et insensible de la pesanteur, les aura fait enfoncer dans la terre, ainsi qu'on le remarque à tous les anciens monuments qui ne sont point fondés sur le roc vif. Cet effet s'observe même sur les canons et sur les piles de boulets posés sur le sol de nos arsenaux, qui s'y enterrent au bout de quelques années, s'ils ne sont supportés par de bonnes plate-formes.

Quant au reste de la statue de Memnon, voici les dimensions que Pocoke en donne :

Depuis la plante des pieds jusqu'à la cheville, 2 pieds 6 p.

Idem, jusqu'au coude-pied, 4 pieds.

Idem, jusqu'au haut du genou, 19 pieds.

Le pied a cinq pieds de largeur, et la jambe quatre pieds d'épaisseur.

Il y a apparence que Pocoke rapporte ces dimensions au pied anglais, ce qui les diminue à-peu-près d'un onzième. Au reste, il trouva sur le piédestal, ainsi que sur les jambes et les pieds de la statue, plusieurs inscriptions en caractères inconnus; d'autres très-anciennes, grecques et latines, assez mal gravées, qui sont des témoignages de ceux qui ont entendu le son qu'elle rendait.

Les restes du Memnonium offrent tout autour, jusqu'à une grande distance, des ruines d'une immense et étrange architecture, des excavations dans le roc vif, qui font partie d'un temple, de grands pans de murs renversés et à moitié détruits, et d'autres debout; une porte pyramidale, des avenues, des piliers carrés, surmontés de statues dont la tête est brisée, qui tiennent un *lituus* d'une main et un fouet de l'autre, comme celle d'Osiris; plus loin, des débris de figures gigantesques épars sur la terre, des têtes de six pieds de diamètre et de onze pieds de longueur, des épaules larges de vingt-un pieds, des

oreilles humaines de trois pieds de long et de seize pouces de large;
enfin, d'autres figures qui semblent sortir de terre, dont on ne
voit que les bonnets phrygiens. Tous ces ouvrages gigantesques
sont faits des matériaux les plus précieux : de marbre noir et
blanc, de marbre tout noir, de marbre tacheté de rouge, de
granit noir, de granit jaune, et sont chargés la plupart d'hié-
roglyphes. Quels sentiments de respect et d'admiration devaient
produire sur des peuples superstitieux, ces énormes et mysté-
rieuses fabriques, sur-tout, lorsque dans leurs parvis silencieux
on entendait, aux premiers rayons de l'aurore, des sons plain-
tifs sortir d'une poitrine de pierre, et le colossal Memnon sou-
pirer à la vue de sa mère !

Ce fait est trop bien attesté et a duré trop long-temps, pour
qu'on puisse le révoquer en doute. Cependant, plusieurs savants
l'ont attribué à quelque artifice extérieur et momentané des prêtres de Thèbes. Il paraît même que Strabon, témoin du bruit de la
statue, le donne à entendre. En effet, nous savons que les ven-
triloques peuvent, sans remuer les lèvres, faire ouïr des paroles
et des bruits qui semblent venir de bien loin, quoiqu'ils les
produisent de fort près. Pour moi, quelque durable qu'on suppose l'effet merveilleux de la statue de Memnon, je le conçois
produit par l'aurore, et facile à imiter sans qu'on soit obligé
d'en renouveler l'artifice qu'après des siècles. On sait que les
prêtres de l'Égypte faisaient une étude particulière de la nature ;
qu'ils en avaient fait une science connue sous le nom de magie,
dont ils se réservaient la connaissance. Ils n'ignoraient pas sans
doute l'effet de la dilatation des métaux, et entre autres du
fer, que le froid raccourcit et que la chaleur alonge. Ils pouvaient avoir placé dans la grande base de la statue de Memnon,
une longue verge de fer en spirale, et susceptible, par son
étendue, de se contracter et de se dilater à la plus légère action
du froid et de la chaleur.

Ce moyen était suffisant pour y faire résonner quelque tim-
bre de métal. Leurs statues colossales étant creuses en partie,

comme on le voit au sphinx, près des pyramides du Caire, ils y pouvaient disposer toutes sortes de machines. La pierre même de la statue de Memnon étant, selon Pline, un basalte qui a la dureté et la couleur du fer, peut fort bien se contracter et se dilater comme ce métal, dont elle paraît composée. Elle est certainement d'une nature différente des autres pierres, puisque Pocoké, qui en avait observé de toutes les espèces, dit qu'il n'en avait jamais vu de semblable. Il lui attribue un caractère particulier de dureté et de porosité qui convient en général aux pierres ferrugineuses. Elle pouvait donc être susceptible de contraction et de dilatation, et avoir ainsi en elle-même un principe de mouvement, sur-tout au lever de l'aurore, où le contraste du froid de la nuit et des premiers rayons du soleil levant, a le plus d'action.

Cet effet devait être infaillible, sous un ciel comme celui de la haute Égypte, où il ne pleut presque jamais. Les sons de la statue de Memnon, au moment où le soleil paraissait sur l'horizon de Thèbes, n'avaient donc rien de plus merveilleux que l'explosion du canon du Palais-Royal, et celle du mortier du Jardin du Roi au moment où le soleil passe au méridien de Paris. Avec un verre ardent, des mèches et de la poudre à canon, on pourrait rendre, au milieu d'un désert, une statue de Jupiter foudroyante, à tel jour de l'année, et même à telle heure du jour et de la nuit que l'on voudrait. Elle paraîtrait d'autant plus merveilleuse, qu'elle ne tonnerait qu'en temps serein, comme les foudres à grands présages chez les anciens. Quels prodiges n'opérerait-on pas aujourd'hui sur des peuples prévenus des préjugés de la superstition, avec l'électricité, qui, au moyen d'un fil de fer ou de cuivre, frappe d'une manière invisible, peut tuer un homme d'un seul coup, fait tomber le tonnerre du sein de la nue, et le dirige où l'on veut dans sa chute ? Quel effet ne pourrait-on pas produire avec l'aérostatique, cet art nouveau parmi nous, qui, au moyen d'un globe de taffetas enduit de gomme élastique, et rempli d'un air putride huit ou dix fois plus léger que celui que nous respirons, élève plusieurs hommes à-la-fois au-dessus des nuages, où les vents les transportent à des distances prodigieuses, en leur faisant faire neuf ou dix lieues par heure sans la moindre fatigue? A la vérité, nos aérostats nous sont inutiles, parce qu'ils ne vont qu'au gré des vents, et que nous n'avons pas encore trouvé le moyen de les diriger; mais je suis persuadé qu'on atteindra un jour à ce point de perfection. Il y a, au sujet de cette invention, un passage fort curieux dans l'histoire de la Chine, qui prouve que les Chinois ont connu anciennement les aérostats, et qu'ils savaient les conduire où ils voulaient, de jour et de nuit. Cela ne doit point surprendre de la part d'une nation qui avait inventé avant nous l'imprimerie, la boussole, et la poudre à canon.

Je vais rapporter ce fait des annales chinoises en entier, afin de rendre nos lecteurs incrédules, plus circonspects, lorsqu'ils traitent de fables ce qu'ils ne comprennent pas dans l'histoire de l'antiquité, et les lecteurs crédules, moins faciles, lorsqu'ils attribuent à des miracles ou à la magie, des effets que la physique moderne imite aujourd'hui publiquement.

C'est au sujet de l'empereur Ki, selon le père Le Comte, ou Kieu, selon la prononciation du père Martini, qui nous a donné une histoire des premiers empereurs de la Chine, d'après les annales du pays. Ce prince, qui régnait il y a environ trois mille six cents ans, se livra à tant de cruautés et à de si grands désordres, que son nom est encore aujourd'hui détesté à la Chine, et que lorsqu'on veut y parler d'un homme déshonoré par toutes sortes de crimes, on lui donne le nom de Kieu. Pour jouir sans distraction de ses voluptés, il se retira avec son épouse et ses favoris, dans un superbe palais fermé de tous côtés à la clarté du soleil. Il y suppléait par un nombre prodigieux de magnifiques lanternes, dont la lumière lui semblait préférable à celle de l'astre du jour, parce qu'elle était toujours constante, et qu'elle ne lui rappelait point, par les révolutions du jour et de la nuit, le cours rapide de la vie humaine. Ainsi, au milieu de ses appartements toujours illuminés, il renonça au gouvernement de l'empire, pour subir le joug de ses propres passions. Mais les peuples dont il abandonnait les intérêts, s'étant révoltés, le forcèrent de sortir de sa retraite infâme, d'où il fut errant pendant toute sa vie, ayant privé, par sa conduite, ses descendants de la couronne, qui passa dans une autre famille, et laissant une mémoire en si grande exécration, que les historiens chinois ne l'appellent jamais que le Brigand, sans lui donner le titre d'empereur.

« Cependant, dit le père Le Comte, on détruisit son palais,
» et, pour conserver à la postérité la mémoire d'une si indigne
» action, on en suspendit les lanternes dans tous les quartiers
» de la ville. Cette coutume se renouvela tous les ans, et de-
» vint, depuis ce temps-là, une fête considérable dans tout
» l'empire. On la célèbre à Yamt-Cheou avec plus de magni-
» ficence que nulle autre part, et l'on dit qu'autrefois les illu-
» minations en étaient si belles, qu'un empereur n'osant quit-
» ter ouvertement sa cour pour y aller, se mit avec la reine et
» plusieurs princesses de sa maison entre les mains d'un magi-
» cien, qui promit de les y transporter en très-peu de temps.
» Il les fit monter, durant la nuit, sur des trônes magnifiques,
» qui furent enlevés par des cygnes, et qui, en un moment,
» arrivèrent à Yamt-Cheou.

» L'empereur porté en l'air, sur des nuages qui s'abaissèrent
» peu-à-peu sur la ville, vit à loisir toute la fête : il en revint
» ensuite avec la même vitesse et par le même équipage, sans
» qu'on se fût aperçu à la cour de son absence. Ce n'est pas
» la seule fable que les Chinois racontent. Ils ont des histoires
» sur tout ; car ils sont superstitieux à l'excès ; et en matière
» de magie, soit feinte, soit véritable, il n'y a pas de peuple
» au monde qui les ait égalés. » *Mémoires sur l'état présent de la Chine, par le père Louis Le Comte, lettre* 6.

Cet empereur, qui fut porté en l'air, s'appelait Tam, selon

le père Magaillans, et cet événement arriva deux mille ans après le règne de Kieu; c'est-à-dire, il y a environ seize cents ans. Le père Magaillans, qui ne révoque point cet événement en doute, quoiqu'il le suppose opéré par la magie, ajoute, d'après les Chinois, que l'empereur Tam fit faire en l'air, par ses musiciens, un concert de voix et d'instruments qui surprit beaucoup les habitants d'Yamt-Cheou. Cette ville est à environ dix-huit lieues de Nankin, où on peut supposer qu'était alors l'empereur. Cependant, s'il était à Pékin, comme Magaillans le donne à entendre, en disant que le courrier d'Yamt-Cheou fut un mois en route pour lui porter la nouvelle de cette musique extraordinaire qu'on attribuait à des habitants du ciel, le voyage aérien fut de cent soixante-quinze lieues en ligne droite.

Mais, sans sortir du fait en lui-même, si le père Le Comte avait vu en plein midi, ainsi que tous les habitants de Paris, de Londres et de plusieurs villes considérables de l'Europe, des physiciens suspendus à des globes au-dessus des nuages, portés en peu d'heures à quarante et cinquante lieues du point de leur départ, et un d'entre eux traverser dans les airs le bras de mer qui sépare l'Angleterre de la France, il n'aurait pas traité si légèrement de fable la tradition des Chinois. Je trouve d'ailleurs une grande analogie de formes, entre ces *trônes magnifiques* et ces *nuages qui s'abaissaient peu-à-peu sur la ville d'Yamt-Cheou*, et nos globes aérostatiques auxquels on peut donner si aisément ces décorations volumineuses. Il n'y a que les cygnes qui les guidaient, qui peuvent nous paraître difficiles à conduire. Mais pourquoi les Chinois n'auraient-ils pu dresser au simple vol les cygnes, oiseaux herbivores, si aisés à apprivoiser par la domesticité, tandis que nous avons instruit le faucon, oiseau de proie toujours sauvage, à attaquer le gibier, et à revenir ensuite sur le poing du chasseur ? Les Chinois, mieux policés, plus anciens et plus pacifiques que nous, ont eu, sur la nature, des lumières que nos discordes continuelles ne nous ont permis d'acquérir que bien tard, et ce sont sans doute ces lumières naturelles que le père Le Comte, d'ailleurs homme d'esprit, regarde comme une *magie feinte ou véritable*, dans laquelle il avoue que les Chinois surpassent toutes les nations. Pour moi, qui ne suis pas magicien, je crois entrevoir, d'après quelques ouvrages de la nature, un moyen facile de diriger les aérostats, même contre le vent ; mais je ne le publierais pas, quand je serais certain de son succès. Quels maux n'a pas attirés au genre humain la perfection de la boussole et de la poudre à canon ! Il ne s'agit pas de nous rendre plus savants, mais meilleurs. La science est un flambeau qui éclaire entre les mains des sages, et qui incendie entre les mains des méchants.

3 PAGE 94.

Amasis était Égyptien, et l'Egypte est en Afrique ; mais les anciens la mettaient en Asie. Le Nil servait de limite à l'Asie du côté de l'occident. *Voyez Pline et les anciens géographes.*

4 PAGE 97.

C'est l'île de Malte.

5 PAGE 97.

C'est le coton en herbe : il est originaire d'Égypte. On en fait maintenant à Malte de très-jolis ouvrages, qui servent à faire vivre la plupart du peuple, qui y est fort pauvre. Il y en a une seconde espèce en arbrisseau, que l'on cultive en Asie et dans nos colonies d'Amérique. Je crois même qu'il y en a une troisième espèce en Amérique, portée par un grand arbre épineux, tant la nature a pris soin de répandre une végétation si utile dans les parties chaudes du monde ! Ce qu'il y a de certain, c'est que les sauvages des parties de l'Amérique comprises entre les tropiques, se faisaient des habits et des hamacs de coton, lorsque Colomb y aborda.

6. PAGE 97.

Les cailles passent encore à Malte à jour nommé et marqué sur l'almanach du pays. Les coutumes des animaux ne varient point; mais celles des hommes ont un peu changé dans cette île. Quelques grands-maîtres de l'ordre de Saint-Jean, auxquels cette île appartient, y ont fait des travaux pour l'utilité publique; entre autres, ils y ont conduit l'eau d'un ruisseau jusque dans le port. Il y reste sans doute bien d'autres projets à faire pour le bonheur des hommes.

7 PAGE 98.

Ce sont aujourd'hui les îles de Saint-Pierre et de Saint-Antioche. Elles sont fort petites; mais on y pêche une grande quantité de thons, et on y fait beaucoup de sel.

8 PAGE 99.

Quelques philosophes ont poussé la chose plus loin. Ils ont prétendu que l'exercice du corps était l'aliment de l'ame. L'exercice du corps n'est bon que pour la santé; l'ame a le sien à part. Rien n'est si commun que de voir des hommes délicats qui ont de la vertu, et des hommes robustes qui en manquent. La vertu n'est pas plus le résultat des qualités physiques, que la force du corps n'est l'effet des qualités morales. Tous les tempéraments sont également propres au vice et à la vertu.

9 PAGE 106.

Il y a, en effet, à l'embouchure de la Seine, sur sa rive gauche, une montagne formée de couches de pierres noires et blanches, qui s'appelle la Hève. Elle sert de renseignement aux marins, et on y a placé un pavillon pour signaler leurs vaisseaux.

10 PAGE 109.

Cette montagne d'eau est produite par les marées qui entrent de la mer dans la Seine, et la font refluer contre son cours. On l'entend venir de fort loin, sur-tout la nuit. On l'appelle *la Barre*, parce qu'elle barre tout le cours de la Seine. Cette barre est ordinairement suivie d'une seconde barre encore plus élevée, qui la suit à cent toises de distance. Elles courent beaucoup plus vite qu'un cheval au galop.

11 PAGE 115.

On peut consulter sur les mœurs et la mythologie des anciens peuples du Nord, Hérodote, les Commentaires de César, Suétone, Tacite, l'Éda de M. Mallet, et les Collections suédoises traduites par M. le chevalier de Kéralio.

12 PAGE 115.

César dit précisément la même chose dans ses Commentaires.

13 PAGE 117.

Les Lapons savent filer l'étain avec beaucoup d'art. En général, on reconnaît une grande perfection dans tous les arts exercés par les peuples sauvages. Les canots et les raquettes des Esquimaux; les pros des insulaires de la mer du Sud; les filets, les lignes, les hameçons, les arcs, les flèches, les haches de pierre, les habits et les parures de tête de la plupart de ces nations, ont la plus exacte conformité avec leurs besoins. Pline attribue l'invention des tonneaux aux Gaulois. Il loue leur étamure, leur teinture en pastel, etc.

14 PAGE 119.

Voyez les Commentaires de César.

15 PAGE 120.

Voyez Tacite sur les mœurs des Germains.

16 PAGE 122.

Les Gaulois, ainsi que les peuples du Nord, appelaient Vénus Siofne, et Cupidon Sifionne. *Voyez l'Éda.* L'arme la plus dangereuse chez les Celtes, n'était ni l'arc, ni l'épée; mais le couteau. Ils en armaient les Nains, qui triomphaient, avec cette arme, de l'épée des Géants. L'enchantement fait avec un couteau ne pouvait plus se rompre. L'Amour gaulois devait donc être armé, non d'un arc et d'un carquois, mais d'un couteau. Les manches de couteau dont il s'agit ici, sont des coquillages bivalves et alongés en forme de manche de couteau, dont ils portent le nom. On en trouve abondamment sur les grèves de la Normandie, où ils s'enfouissent dans le sable.

17 PAGE 122.

Et peut-être des procès si communs en Normandie, puisque cette pomme fut, dans son origine, un présent de la Discorde. On pourrait trouver une cause moins éloignée de ces procès, dans le nombre prodigieux de petites juridictions dont cette province est remplie, dans ses coutumes litigieuses, et sur-tout dans l'éducation européenne, qui dit à chaque homme, dès l'enfance : *Sois le premier.*

Il ne serait pas si aisé de trouver les causes morales ou physiques de la beauté singulièrement remarquable du sexe dans le pays de Caux, sur-tout parmi les filles de la campagne. Ce sont des yeux bleus, une délicatesse de traits, une fraîcheur de teint, et des tailles qui feraient honneur aux plus jolies femmes de la cour. Je ne connais qu'un autre canton dans tout le royaume, où les femmes du peuple soient aussi belles : c'est à Avignon. La beauté y a cependant un autre caractère. Ce sont de grands yeux noirs et doux, des nez aquilins, des têtes d'Angelica Kauffmann. En attendant que la philosophie moderne s'en occupe, on doit permettre à la mythologie des Gaulois de rendre raison de la beauté de leurs filles, par une fable que les Grecs n'auraient peut-être pas rejetée.

18 PAGE 126.

Peut-être est-ce des noms de ces deux dieux cruels du Nord, que s'est formé le mot de torture.

19 PAGE 129.

C'est Montmartre, *Mons Martis*. On sait que cette colline, dédiée à Mars, dont elle porte le nom, est formée d'un rocher de plâtre. D'autres, à la vérité, dérivent le nom de Montmartre de *Mons martyrum*. Ces deux étymologies peuvent fort bien se concilier. S'il y a eu autrefois beaucoup de martyrs sur cette montagne, c'est qu'il est probable qu'il y avait quelque idole fameuse à laquelle on les sacrifiait.

20 PAGE 134.

Les portes étaient difficiles à faire pour des peuples sauvages qui ne connaissaient point l'usage de la scie, sans laquelle il est fort malaisé de réduire un arbre en planches. Aussi quand ils quittaient un pays, ceux qui avaient des portes, les emportaient avec eux. Un héros de Norwège, dont je ne me rappelle plus le nom, celui qui découvrit le Groënland, jeta les siennes à la mer, pour connaître où les destins voulaient le fixer, et il s'établit dans la partie du Groënland où elles abordèrent. Les portes et leurs seuils étaient et sont encore sacrés dans l'Orient.

21 PAGE 151.

La noix et la châtaigne croissent à une grande hauteur; mais ces fruits tombent quand ils sont mûrs, et ils ne se brisent pas dans leur chute, comme les fruits mous, qui d'ailleurs viennent sur des arbres faciles à escalader.

22 PAGE 152.

Les Gaulois vivaient, ainsi que tous les autres peuples sauvages, de bouillie ou de fromentée. Les Romains eux-mêmes ont ignoré, pendant trois cents ans, l'usage du pain. Suivant Pline, la bouillie ou fromentée leur servait de principale nourriture.

23 PAGE 157.

On prétend que c'est l'ancienne église de Sainte-Geneviève, élevée à Isis avant l'établissement du christianisme dans les Gaules.

24 PAGE 159.

L'anserina potentilla se trouve fréquemment sur les rivages de la Seine, aux environs de Paris. Elle les rend quelquefois tout jaunes à la fin de l'été, par la couleur de sa fleur. Cette fleur est en rose, de la largeur d'une pièce de 24 sous, sans tige élevée. Elle tapisse la terre, ainsi que son feuillage, qui s'étend fort loin en forme de réseau. Les oies aiment beaucoup cette plante. Ses feuilles en forme de pates d'oie, qui sont collées contre la terre, permettent aux oiseaux aquatiques de s'y promener comme sur un tapis; et la couleur jaune de ses fleurs forme un contraste très-agréable avec l'azur de la rivière et la verdure des arbres, mais sur-tout, avec la couleur marbrée des oies qu'on y aperçoit de fort loin.

25 PAGE 171.

Voyez la Voluspa des Islandais. Cette histoire de Balder a une ressemblance singulière avec celle d'Achille plongé, par Thétis sa mère, dans le Styx jusqu'au talon, pour le rendre invulnérable, et tué ensuite, par cette partie de son corps qui n'y avait pas été plongée, d'un coup de flèche que lui décocha l'efféminé Pâris. Ces deux fables des Grecs et des peuples sauvages du Nord renferment un sens moral bien vrai; c'est que les forts ne doivent jamais mépriser les faibles.

26 PAGE 177.

Les Carnutes étaient les habitants du pays Chartrain; les Cénomanes, ceux du Mans; et les Diablintes, ceux des environs. Les Redons qui habitaient la ville de Rennes, avaient les Curiosolites dans leur voisinage; et les peuples de Dariorigum étaient voisins des Vénétiens, qui habitaient Vannes en Bretagne. On prétend que les Vénitiens du golfe Adriatique, qui portent le même nom en latin, tirent leur origine d'eux. Voyez César, Strabon et la géographie de Danville.

27 PAGE 182.

La plupart des fruits qui renferment une agrégation de semences, comme les grenades, les pommes, les poires, les oranges, et même les productions des graminées, telles que les épis de blé, les portent divisées par des peaux molles, sous des capsules fragiles; mais les fruits qui ne contiennent qu'une seule semence, ou rarement deux, comme la noix, la noisette, l'amande, la châtaigne, le cocotier, et tous les fruits à noyau, tels que la cerise, la prune, l'abricot, la pêche, la portent enveloppée de capsules fort dures, de bois, de pierre ou de cuir, faites avec un art admirable. La nature a assuré la conservation des semences agrégées, en multipliant leurs cellules, et celles des semences solitaires, en fortifiant leurs enveloppes.

28 PAGE 183.

Il semble que le premier état des nations soit celui de barbarie. On est tenté de le croire par l'exemple des Grecs, avant Orphée; des Arcadiens, sous Lycaon; des Gaulois, sous les Druides; des Romains, avant Numa, et de presque tous les sauvages de l'Amérique.

Je suis persuadé que la barbarie est une maladie de l'enfance des nations, et qu'elle est étrangère à la nature de l'homme. Elle n'est souvent qu'une réaction du mal que des peuples naissants éprouvent de la part de leurs ennemis. Ce mal leur inspire une vengeance d'autant plus vive, que la constitution de leur état est plus aisée à renverser. Ainsi, les petites hordes sauvages du Nouveau-Monde mangent réciproquement leurs prisonniers de guerre, quoique les familles de la même peuplade vivent entre elles dans une parfaite union. C'est par une raison semblable que les animaux faibles sont beaucoup plus vindicatifs que les grands. L'abeille enfonce son aiguillon dans la main qui s'approche de sa ruche; mais l'éléphant voit passer près de lui la flèche du chasseur, sans se détourner de son chemin.

Quelquefois, la barbarie s'introduit dans une société naissante, par les individus qui s'agrègent à elle. Telle fut, dans l'origine, celle du peuple romain, formé en partie de brigands rassemblés par Romulus, et qui ne commencèrent à être civilisés que par Numa. D'autres fois, elle se communique, comme une épidémie à un peuple déjà policé, par la simple fréquentation de ses voisins. Telle fut celle des Juifs, qui, malgré la sévérité de leurs lois, sacrifiaient des enfants aux idoles, à l'exemple des Cananéens. Le plus souvent, elle s'incorpore à la législation d'un peuple par la tyrannie d'un despote, comme en Arcadie, sous Lycaon; et encore plus dangereusement, par l'influence d'un corps aristocratique qui la perpétue pour l'intérêt de son autorité, jusque dans les âges de civilisation. Tels sont de nos jours les féroces préjugés de religion inspirés aux Indiens si doux, par leurs brames; et ceux de l'honneur aux Japonais si polis, par leurs nobles.

Je le répète pour la consolation du genre humain: le mal moral est étranger à l'homme ainsi que le mal physique. Ils ne naissent l'un et l'autre que des écarts de la loi naturelle. La nature a fait l'homme bon. Si elle l'avait fait méchant, elle, qui est si conséquente dans ses ouvrages, lui aurait donné des griffes, une gueule, du venin, quelque arme offensive, ainsi qu'elle en a donné aux bêtes dont le caractère est d'être féroce. Elle ne l'a pas seulement armé d'armes défensives, comme le reste des animaux; mais elle l'a créé le plus nu et le plus misérable de tous, sans doute pour l'obliger de recourir sans cesse à l'humanité de ses semblables, et d'en user envers eux. La nature ne fait pas plus des nations entières d'hommes jaloux, envieux, médisants, désirant se surpasser les uns les autres, ambitieux, conquérants, cannibales; qu'elle n'en fait qui ont constamment la lèpre, le pourpre, la fièvre, la petite-vérole. Si vous rencontrez même quelque individu qui ait ces maux physiques; attribuez-les, à coup sûr, à quelque mauvais aliment dont il se nourrit, ou à un air putride qui se trouve dans son voisinage. Ainsi, quand vous trouvez de la barbarie dans une nation naissante, rapportez-la uniquement aux erreurs de sa politique ou à l'influence de ses voisins, comme la méchanceté d'un enfant aux vices de son éducation ou au mauvais exemple.

Le cours de la vie d'un peuple est semblable au cours de la vie d'un homme, comme le port d'un arbre ressemble à celui de ses rameaux.

Je m'étais occupé dans mon texte, du progrès moral des sociétés : la barbarie, la civilisation et la corruption. J'avais jeté ici un coup-d'œil non moins important sur leur progrès naturel : l'enfance, la jeunesse, l'âge viril et la vieillesse ; mais ces rapprochements se sont étendus bien au delà des bornes d'une simple note.

D'ailleurs, pour porter sa vue au delà de son horizon, il faut grimper sur des montagnes trop souvent orageuses. Redescendons dans les paisibles vallées. Reposons-nous entre les croupes du mont Lycée, sur les rives de l'Achéloüs. Si le temps, les muses et les lecteurs favorisent ces nouvelles Études, il suffira à mes pinceaux et à mon ambition de peindre les prés, les bois et les bergères de l'heureuse Arcadie.

NOTE DU FRAGMENT
SUR LA NATURE DE LA MORALE.

[1] PAGE 440.

L'ATTRACTION est la faculté que les corps ont de s'attirer mutuellement. Quelques philosophes de l'antiquité l'ont connue sur le globe, comme on le voit dans Plutarque, qui cherche à les réfuter. Parmi les modernes, Képler l'a admise le premier dans le cours des astres, et Newton ensuite en a calculé les lois.

Suivant Newton, le soleil attire les planètes, qui iraient se réunir à lui, si chacune d'elles n'avait un mouvement d'impulsion proportionné à sa masse, lequel l'obligerait d'aller toujours en ligne droite, si elle n'était attirée par le soleil. De ces deux forces, l'une d'attraction, l'autre d'impulsion, il résulte le mouvement circulaire ou elliptique, auquel chaque planète obéit en traçant son orbite autour du soleil.

Je hasarderai contre ce système, une objection qui me paraît insoluble. Si les planètes doivent leur cours à ces deux lois combinées de l'attraction et de l'impulsion, le soleil doit aussi y être assujetti proportionnellement à sa masse; or, comme celle-ci est beaucoup plus considérable que celle de toutes les planètes ensemble, il devrait être emporté par la force d'impulsion hors du centre de leur système, et s'en séparer pour jamais. Mais comme cet effet n'arrive point, il faut donc supposer qu'il n'en éprouve pas la cause. Voilà donc une exception qui détruit la moitié du système newtonien, pour ce qui concerne le soleil. Ainsi, quoique les Newtoniens d'aujourd'hui regardent l'attraction et l'impulsion, comme des lois immuables et purement mécaniques, ils doivent reconnaître qu'un être très intelligent les dirige, puisqu'il les a étendues toutes deux aux planètes, et qu'il a suspendu l'effet de la dernière dans le soleil, à cause des inconvénients qui en seraient résultés. C'est la seule conséquence que je veux tirer ici de mon objection.

On trouverait encore de nouvelles exceptions à ces deux lois, prétendues primitives; car celle de l'attraction, calculée par les astronomes, varie dans les satellites nouvellement découverts; celle de l'impulsion en ligne droite n'exerce pas même d'action sur les corps qui sont sur la terre; car si elle y existait, il n'en resterait aucun à sa surface, et lorsqu'un fruit tomberait d'un arbre, il décrirait un cercle autour d'elle. Ce que je dis de la force d'impulsion, doit s'appliquer aussi à la centrifuge.

Au reste, j'admets volontiers ces deux forces combinées dans notre système planétaire, mais comme une explication humaine d'un effet naturel que nous ne saurions comprendre autrement. Cependant je pense que la nature peut aussi bien donner à un globe la faculté de tourner autour du soleil, d'un mouvement simple que d'un mouvement composé; comme elle a donné à un amant de tourner autour de l'objet aimé, sans être mu par deux forces, l'une directe, l'autre latérale.

Cependant si les mêmes lois qui régissent notre architecture terrestre, ont aussi lieu dans celle des cieux, je regarde l'attraction des planètes vers le soleil, comme la ligne d'aplomb d'un édifice, laquelle tend vers le centre de la terre, et l'impulsion qui les pousse en avant dans des zones différentes mais parallèles, comme la ligne de niveau qui en règle les diverses assises. Mais ceux qui ne voient dans l'univers que ces deux forces motrices, ne me semblent pas différer des simples maçons qui ne verraient dans un magnifique palais, que les effets de l'équerre et du niveau, sans avoir aucun égard aux distributions et aux décorations de l'architecte. Nous ririons, certes, si nous les entendions tenter d'expliquer, par ces deux causes mécaniques, la formation des péristyles et des colonnades, des tableaux de Le Sueur et du Poussin, et des statues de Girardon et du Puget, etc.; parce que leurs auteurs auraient employé l'équerre et le cordeau pour tracer les premiers linéaments de leurs ouvrages. Combien donc ne sont pas plus insensés les attractionnaires qui veulent rapporter à ces seules lois, les merveilles de la végétation et de l'animation! Ils ignorent eux-mêmes les premiers usages des éléments.

On ne lit point sans surprise, dans un traité moderne d'astronomie, fort vanté par eux, que la lune n'est pas destinée à éclairer la nuit, parce que sa lumière croît et décroît dans le cours de son mois. Ils nous diront bientôt que le soleil n'est pas fait pour éclairer le jour, parce que sa lumière croît et décroît aussi dans le cours de l'année : en effet les jours de l'hiver sont plus courts que ceux de l'été. Mais ces astronomes ignorent que les divers genres des êtres organisés sur la terre, ont des existences proportionnées aux diverses phases de ces deux astres qui, l'un et l'autre, sont dans la plus parfaite harmonie. Le mois lunaire est l'image de l'année solaire : la lune a son croissant, son plein, son décours et son occultation; comme le soleil son printemps, son été, son automne et son hiver. Le jour aussi n'est qu'une consonnance de l'année, dans son aurore, son midi, son couchant et sa nuit. L'homme lui-même, comme tous les êtres organisés, est soumis à ces lois célestes ; il en éprouve successivement les périodes, dans l'enfance, la jeunesse, l'âge viril et la vieillesse. Si ceux qui croient connaître les harmonies du soleil avec la terre avaient fait ces réflexions si simples, ils n'auraient pas, contre l'ordre de la nature, coupé par le milieu l'année de notre hémisphère, et fixé son commencement à son automne, et sa fin à son été. C'est comme s'ils avaient marqué le premier terme de la vie humaine, à l'âge viril ; et son dernier, à celui de la jeunesse.

FIN DES NOTES.

TABLE DES MATIÈRES

CONTENUES DANS CE VOLUME.

L'ARCADIE. . . . . page 1
    Fragment servant de Préambule à l'Arcadie 3
    L'Arcadie. — Livre premier. — Les Gaules. 81
FRAGMENTS DE L'ARCADIE. 187
    Préface de l'Éditeur sur les manuscrits de l'Arcadie. 189
    Fragment du livre second 235
    Fragment du livre troisième. 275
FRAGMENTS DE L'AMAZONE 287
    Commencement de mon journal 289
    Suite de mon journal. 303
DE LA NATURE DE LA MORALE. — Fragment 399
    Préface de l'Éditeur sur les travaux de Bernardin de Saint-Pierre à l'Institut. 401
    De la Nature de la Morale 423
NOTES DU PRÉAMBULE DE L'ARCADIE. 442
NOTES DE L'ARCADIE 452
NOTE DU FRAGMENT SUR LA NATURE DE LA MORALE. . 472

FIN DE LA TABLE.

www.ingramcontent.com/pod-product-compliance
Lightning Source LLC
Chambersburg PA
CBHW072109220426
43664CB00013B/2054